KB057605

청동기시대의 고고학 4
분묘와 의례

지은이(집필순)

이영문	국립목포대학교
배진성	부산대학교
하문식	세종대학교
平郡達哉	島根大學 法文學部
이동희	인제대학교
김승근	고대문화재연구원
김재현	동아대학교 고고미술사학과
윤호필	중부고고학연구소
김권구	계명대학교

한국고고환경연구소 학술총서 12

청동기시대의 고고학 4 : 분묘와 의례

초판인쇄일	2017년 6월 26일
초판발행일	2017년 6월 30일
편 저 자	이영문, 윤호필
발 행 인	김선경
책 임 편 집	김소라
발 행 처	**서경문화사**
	주소 : 서울시 종로구 이화장길 70-14(동숭동) 105호
	전화 : 743-8203, 8205 / 팩스 : 743-8210
	메일 : sk8203@chol.com
등 록 번 호	제300-1994-41호
ISBN	978-89-6062-125-1 94900(세트)
	978-89-6062-129-9 94900

© 한국고고환경연구소, 2017

※ 파본은 본사나 구입처에서 교환하여 드립니다.

정가 17,000원

청동기시대의 고고학 4
분묘와 의례

이영문 · 윤호필 편

서경문화사

서 문

대한민국의 고고학은 해방 이후 1946년에 경주의 호우총을 처음 발굴하면서 비로소 탄생기를 맞이하게 되었다. 그 뒤 한국고고학 전문 서적으로 국가 주도의 『한국사론』이 1983년 국사편찬위원회에서 출판되었지만, 시대 구분이 가능할 정도의 단순한 편년만을 갖추고 있어 한국고고학은 소아기를 벗어나지 못하고 있었다. 아직 발굴을 통한 고고자료가 많이 부족한 상태였고, 발굴기법이나 유물에 대한 기록도 미숙하였으며, 연구 인력도 대학과 국립박물관에 한정된 상태였다.

한국고고학이 질풍노도와 같은 사춘기를 겪기 시작한 것은 1994년 발굴조사연구기관이 설립된 이후이다. 1995년에는 전해보다 40%를 초과하는 발굴조사가 진행되었고, 이때부터 발굴조사는 급격히 상승하여 2001년에는 469건의 유적이 조사되었다. 이는 거의 하루에 1건 이상의 유적이 발굴되었음을 의미하는 것이다. 그리고 취업의 문이 넓어진 탓에 젊은 연구자가 양산되었다. 특히 산더미처럼 쌓이는 고고자료는 과거처럼 소수 연구자에 의한 연구의 주도를 불가능하게 하였고, 각 지역마다 별도의 성과를 도출할 수밖에 없었다. 따라서 다수의 연구자에 의한 다양성의 시기였으며 또한 혼란의 시기이기도 했다. 그 중에서도 청동기시대에 대한 유적 조사가 압도적이었고, 이에 상응하여 청동기시대를 연구하는 분위기도 고조되었다.

2007년 비로소 한국청동기학회가 창립되면서 청동기시대 모든 연구자가 특유의 인화력을 중심으로 정보의 공유, 발굴현장의 공개, 연구토론 등을 펼쳐나가게 되었다. 그 결과로서 각 지역의 대표적인 회원들이 그들의 연구력을 집약하여 출판하게 된 것이 본 『청동기시대의 고고학』 전 5권이다. 1권은 『인간과 환경』, 2권은 『편년』, 3권은 『취락』, 4권은 『분묘와 의례』, 5권은 『도구론』으로 구성되었는데, 약 50명의 연구자가 참가하여 다양한 주제를 치밀하게 다루고 있다.

본서의 내용은 각 연구자마다 다른 주장처럼 보이겠지만, 언젠가 각자의 논리들은 하나의 학설로 융합하여 다양한 색채로서 역사적 진실의 공간을 채울 것이라 확신한다. 따라서 본서는 현재 우리들의 자화상이고, 또 미래를 향한 또 다른 사색의 출발점이기도 하다. 이 점을 본서의 출판이 가지는 가장 큰 가치라 보고 싶다. 이 출판을 통하여 한국 국가 발생의 맹아적 성격을 가진 청동기시대 연구가 한국고고학을 청년기로 이끌어 나갈 수 있을 것이라 믿어 의심치 않는다.

끝으로 바쁘신 중에도 원고의 집필을 수락하여 옥고를 제출해 주신 50여 명의 집필진과 특히 2인 1조로 각 권의 책임편집을 맡아주신 10명의 편집자 분들, 그리고 책의 출판을 허락해 주신 서경문화사 관계자 여러분들께 감사의 말씀을 올린다.

2017년 6월

제3대 한국청동기학회장 안 재 호
한국고고환경연구소장 이 홍 종

목 차

총 설

이영문 국립목포대학교

I. 분묘(무덤)의 의미

墳墓(무덤)는 장례 의식의 하나로 주검(屍身)을 안치한 매장시설이다. 지하의 매장시설 또는 지상에 드러난 매장주체시설을 구획 보호한 시설도 포함되는 무덤을 말한다. 일반적으로 선사시대와 중·근세에 조영된 모든 무덤을 분묘라 하며, 삼국시대에 해당되는 고대국가 형성과 그 존속기간에 조영된 무덤을 古墳이라 하여 구분하기도 한다.

무덤을 뜻하는 한자는 墓와 墳이 있다. 묘는 시상대 위에 안치한 주검을 풀이나 나무로 덮은 상형문자이다. 장사지낼 葬도 같은 의미를 가진 한자이다. 또 墳은 조개껍질 30짐 가량 부피의 흙으로 덮은 상형문자이다. 不封不樹나 古者墓而不墳라 표현된 墓는 봉분이 없는 일반적인 무덤으로, 土之高者, 積土라 한 墳은 흙으로 쌓은 봉분이 있는 무덤으로

그림 1 _ 완도 청산도 초분 모습

구분되어 있다. 이로 보아 원래 무덤의 형태는 草墳과 같은 형태로 추정되며, 주검의 부패로 인한 흉한 모습이나 전염병 같은 위생적인 면에서 주검을 땅에 매장하는 풍습에서 흙으로 덮은 무덤이 생겨났다고 한다.

분묘는 당시 사람들이 신앙에 기초를 둔 사회적인 관습의 하나이기 때문에 끈질긴 전통을 지니고 있어 외부의 영향을 쉽게 받지 않는 것이 특징이다. 무덤 축조는 피장자의 주검이 묻힌 표시로, 幽宅 또는 성역으로 생각하는 내세관에서 비롯된 것이다. 우리나라 무덤은 구석기나 신석기시대에도 나타나지만 청동기시대에 와서 일정한 형태가 갖추어지고 집단적으로 조영되기 시작한다.

1. 주검의 처리와 매장 방법

주검의 처리는 당시 사람들의 생활과 신앙, 전통에서 각 종족마다 다른 풍습을 가지고 있다. 주검을 처리하는 방법은 종족과 지역에 따라 다양하게 행해지고 있다. 무덤의 원초적인 형태는 주검을 매장한 움무덤(土葬, 土壙墓)이다. 토광을 파고 주검을 바로 묻는 움무덤은 구석기시대 중기부터 보편적으로 나타나는 무덤이다. 이외 땅에 묻는 매장을 비롯하여 물속에 주검을 안치하는 水葬, 큰 나무에 주검을 안치하는 風葬, 산상에 주검을 안치하여 독수리 같은 새들에 먹히도록 한 鳥葬, 주검을 불에 때워서 뼈만 추려 안치한 火葬, 매장하였다가 일정한 시간이 지난 후에 뼈만 추려서 다시 매장한 洗骨葬(二次葬) 등이 있다. 일부 지역에서는 주검을 안치한 나무널을 절벽 위에 안치한 縣棺葬도 있다.

주검의 매장방법은 바로펴묻기(伸展葬)와 굽혀묻기(屈葬)가 일반적이지만 화장한 경우도 많다. 화장한 대표적인 사례로 춘천 발산리와 나주 복암리 랑동 고인돌(支石墓), 평택 토진리 돌널무덤(石棺墓), 광주 역동 돌덧널무덤(石槨墓) 등이 있다. 이 화장한 주검은 다른 곳에서 화장한 후 유골만 가져다가 매장한 것으로 추정되지만, 경기 광주 역동에서는 무덤 안에서 화장한 흔적도 남아 있다. 이외 주검을 뒤집어 묻는 俯身葬도 있다.

2. 무덤의 종류와 명칭

매장은 주검을 어떤 구조물에 안치하느냐에 따라 무덤 명칭들이 달라진다. 예를 들면 나무판자를 사용하면 나무널무덤(木棺墓), 판돌(板石)을 사용하면 돌널무덤(石棺墓), 깬돌(割石)을 이용하면 돌덧널무덤(石槨墓), 토기 항아리를 사용하면 독널무덤(甕棺墓) 등으로 불린다. 외형적인 형태나 무덤 구조에 따라 지상의 큰 돌이 상징인 고인돌, 매장주체시설 주위에 도랑시설이 둘러져 있으면 도랑무덤(周溝墓), 매장주체부 주위를 원형이나 장방형으로 묘역 시설을 한 구획묘 등으로 부른다.

3. 매장의 사회적 의미

분묘란 기본적으로 종족이나 집단의 성향을 가장 잘 드러낸 문화요소 중 하나이다. 주검을 매장하였다는 것은 사후세계에 대한 인식이나 피장자에 대한 관념이 어느 정도 확립되었음을 의미한다. 구석기시대에도 주검을 별도로 안치한 예가 있는 것으로 알려져 있고, 매장한 예는 신석기시대에도 있었다. 그러나 분묘의 구조나 매장 방법에 있어서 일관성을 가지게 되는 것은 농경사회로 들어오면서부터인 청동기시대이다. 주검을 처리하는 방법 중의 하나인 매장의 습속은 정주생활의 결과로 농경사회의 기념물로서 무덤이 조성되기 시작하였다. 무덤은 보통 선조의 주검을 묻는 것으로, 피장자의 죽음을 사회적으로 공인하는 표시물의 역할을 하였다. 이는 이미 神의 경지에 다다른 조상의 숭배, 또는 조상과 후손이라는 인식의 증거가 될 수 있다. 한편으로 분묘 축조는 축조집단이 건재하고 있음을 의미하고 피장자의 사후에도 그 존재를 사회 내에서 영원히 남게 하려는 표현이며, 피장자와 축조 집단의 사회적 성취를 통하여 죽음을 초월하려는 의식의 일환이라고 할 수 있다.

무덤은 묘지 선정에서부터 묘의 축조, 부장품 등 매장풍습에 이르기까지 당시의 문화나 사회상을 반영하고 있다. 사후 세계에 대한 생사관과 조영관 등 원시신앙(종교)이나 사상에 기초하여 관습적으로 축조된다. 특히 고인돌은 거석을 무덤으로 채택한 당시 사람들이 가지고 있는 신앙적인 측면, 덮개돌을 채석해서 옮기는데 따른 경제적·정치적인 측면, 무덤에 묻힌 피장자의 사회적인 측면, 유물을 통한 문화적인 측면 등 여러 측면에서 복합되어 있다.

이처럼 분묘의 축조는 주검의 매장에 이르는 전 과정은 범 집단적 차원에서 치러진다. 거기에는 집단 공동의 의례도 포함되어 있다. 조상신을 숭배하고 분묘를 조성하는 관념은 일차적으로는 정착생활과 관련이 있다. 나아가 농경사회가 되면서 그러한 관념은 더욱 구체화되었다. 무엇인가를 남기고자 하며, 전통을 계속 이어나간다는 생각은 혈연집단을 중심으로 한 농경사회가 되면서 확고해졌다고 볼 수 있는 것이다.

4. 분묘 연구의 경향

분묘 연구는 형식분류와 분류를 통한 변천 과정, 유물에 대한 연구 등이 주를 이루고 있지만 입지와 분포의 분석 연구, 특정지역에서 집중적인 발굴 성과를 중심으로 한 지역연구, 출토유물을 중심으로 한 개별 유물과 부장풍습에 대한 연구 이외에 채석과 운반문제, 고인돌의 기능과 장제, 성격문제, 사회구조(계급, 계층, 영역권)문제 등 다방면에서 접근한 연구가 진행되고 있다고 할 수 있다.

입지와 분포의 연구는 지표조사된 자료를 통한 입지의 선정과 군집에 따른 집단의 성격, 밀집분포권과 발굴된 석실 군집을 통한 축조집단의 단위와 영역권, 발굴자료를 분석해 입지에 따른 축조순서, 장축방향의 선정 문제를 살피고 있다. 지역연구는 발굴이 집중적으로 이루어진 지역에 대한 연구로 강 유역이나 행정단위별로 연구되는 경향이다. 특정지역의 고인돌에 대한 종합적인 분석 연구가 주를 이룬다. 분묘의 구조 분석은 유물과 함께 각 무덤의 변화 발전 과정을 살피고 있고, 더 나아가 피장자의 사회적 지위문제, 지역성까지도 언급되고 있다. 출토유물에 대해서 연구는 분묘와 함께 유물을 분석하는 편이지만 대표적인 부장유물인 석검, 석촉, 비파형동검, 적색마연토기, 채문토기, 옥 등 개별 유물 연구를 비롯해 부장풍습을 통해 지역성과 축조집단의 성격을 밝혀보려는 시도가 있다. 고인돌의 채석과 운반문제에 대해서도 화순 지석묘군에서 채석장의 발견과 용담댐에서의 운반로가 발견되어 이에 대한 관심이 증대되고 있다.

고인돌의 기능과 성격문제는 석실이 없는 대형고인돌에 대한 의문점을 풀고자 무덤 이외 제단이나 묘표석으로 기능을 구분한 것이 있고, 대형의 무석실 고인돌과 고창과 영광을 중심으로 지역적 특징을 보인 주형 지석의 의미를 파악하거나 매장이 이루어지기 전에 시신을 임시로 안치하는 가매장 시설의 가능성을 제시하기도 한다. 무덤에서 발견된 인골은 당시의 장송의례에서 매장 자세와 같이 다양한 유물의 부장풍습을 통해 당시 장제와 지역성을 살피고 있다. 또한 인골의 과학적 분석은 주검의 신장이나 나이, 영양 및 건강 상태, 선호하는 식생활, 죽음의 원인 등을 밝혀낼 수 있으며, DNA의 측정으로 친연성 관계 등도 규명할 수 있다.

청동기시대 사회에 대해서는 주로 고인돌을 중심으로 논의 되고 있다. 1980년대 초 제기된 전문 장인집단과 계급사회의 논의는 그 후 계층문제나 복합사회, 족장사회 이외 유력자나 유력집단의 형성이나 위계나 계층화 등에 꾸준히 그 영역을 넓혀가면서 연구되고 있다. 이는 거대한 고인돌에 대한 의문점에서 비롯된 것으로 규모와 군집, 묘역시설에서 축조집단의 성격, 신분 상징으로 석검, 청동검, 옥 장신구 등 출토유물을 통한 사회구조에 대한 추론에서 연구되고 있다.

한편 시기가 다른 후대의 유물이 발견되는 고인돌의 경우 축조된 이후에도 거석신앙의 숭배에서 계속적으로 제의 행위나 재사용이 이루어져 장기간에 걸쳐 그 전통과 숭배가 존속된 문화 요소이다. 다시 말해서 고인돌문화의 성행은 새로운 문화에 의해 축조된 것이 아니라 기존의 고인돌문화 요소에 새로운 문화 요소와의 접촉의 결과라는 인식이 필요하다.

Ⅱ. 의례

1. 의례 제사 제의의 의미

삼국지 위지 동이전에 의하면 한국 고대 제사습속은 귀신제와 천신제로 이원화되어 있다. 鬼神은 지모신이나 죽은 사람의 넋이며, 天神은 천군이나 하늘의 신령이다. '국조오례의'에 의하면 祭는 地祇(지신, 땅의 혼령)에게 지내는 의미이고, 祀는 천신에게 지내는 의미를 뜻한다. 갑골문자에서 유래된 祭의 한자 의미는 피가 흐르는 산 짐승(소, 양, 돼지 등)이나 고기를 제단에 바치는 의미라고 한다.

儀禮는 제사 제의 공헌 등 다양한 방식으로 표출되는 일정한 의식을 갖춘 일반적인 절차를 의미하며, 祭祀는 신령에게 음식을 바치며 기원하거나 죽은 이를 추모하는 의식의 총칭이다. 祭儀는 제사 의례를 말한다. 청동기시대 연구에서는 이러한 용어들이 혼용되고 있다. 제사 보다 그 범위가 넓은 개념인 의례는 일상생활과 관련된 세속적인 행사까지도 포함하고 있다.

2. 의례의 기원과 목적

인간보다 우월한 존재나 초자연적인 힘에 의존하면서 무엇인가를 기원하는 의도에서 의례나 제의 행위가 기원하였다고 본다. 의례는 자연 질서에 대한 두려움과 의존도에서 외경심과 숭배의 결과로 자연과 신, 초자연적인 존재와 인간을 연결하려는 행위에서 비롯되었다고 할 수 있다. 신석기시대부터 토테미즘이나 애니미즘 같은 원시 신앙과 조상신이나 자연신과 관련된 신화가 형성되었다고 보고 있지만 문헌 자료에서는 거의 찾아볼 수 없다. 고고학적으로 청동기시대부터 각종 의례가 행해졌던 흔적들이 밝혀지고 있다.

그림 2 _ 간돌검에 기원하는 사람 모습(여수 오림동)

의례의 목적은 안녕, 풍요, 벽사, 종족 또는 마을의 수호 등이 주요한 요인이다. 청동기시대에는 농경의례나 장송의례가 대표적이다. 농경의례는 풍요와 다산을 기원하는 의미가 있고, 장송의례는 조상에 대한 존경과 숭배로 무덤 조성 과정에서 여러 의식이 이루어졌다. 태양 숭배 사상과 관련된 바위그림도 제의와 관련된 것으로 보고 있다.

3. 고고자료로 본 의례유적

의례(제사)유적은 제사 의식을 베풀거나 의식을 행하던 장소인 祭場과 특정한 장소에서 의례가 행해졌다고 판단되는 유적 등 크게 두 가지가 있다. 일반적으로 제의와 관련 유물은 손, 머리, 얼굴 등 神과 靈의 형상물, 새나 말 같은 인간과 소통하는 신의 사자, 鳥裝 같은 사제의 모습, 도랑이나 경계를 이룬 제장 출토유물, 조형목제품이나 솟대 같은 제의에 필요한 유물과 유구, 이외 신전이나 제의에 사용된 곡물자료 등이 있다.

청동기시대 의례는 분묘의례, 생활의례, 생산의례로 나눌 수 있다. 분묘의례는 분묘 축조과정에서 장송의례와 축조 후 제사 의례가 있는데, 그와 관련 유물은 축조과정에서 부장품 매납과 장송관련 유물, 축조 후 제의에 사용된 유물 등이 있다. 생활의례는 개인이나 종족의 평화와 안녕을 기원하는 의례로 마을의 내부와 그 주변 및 자연을 대상으로 한 수혈이나 구상유구에서 다량의 파쇄된 유물이 발견된다. 생산의례는 풍요와 다산을 기원한 의례로 논 밭 등 농경지, 토기나 옥 등 생산과 관련된 의례로 수혈이나 수로 등 수변에서 소형 모조품이나 파쇄된 유물이 출토된다. 이외 제단 유적이나 파쇄행위를 한 유적이 있다. 제단으로 쓰인 것은 선돌을 중심으로 한 것과 고인돌을 가운데에 두고 주변에 설치한 장방형 제단 유적이 있다. 의례유적 주변에서는 많은 민무늬토기편들이 출토되어 당시 사람들의 자연거석을 대상으로 한 신앙 행위의 수행과정에서 이루어진 파의식의 산물이다. 그리고 하천변의 바위절벽이나 구릉 계곡에 위치한 바위 등에 새겨진 바위그림 유적이 의식을 거행하던 터(祭場)로 이용되기도 한다. 태양 등을 상징하는 동심원이나 신상 같은 상징적 무늬와 사슴, 호랑이, 고래 등의 동물과 이를 포획하는 사람들의 모습이 새겨져 있다.

Ⅲ. 분묘와 의례 연구의 문제점과 과제

분묘 연구는 조상 숭배에 기초를 둔 신앙(종교)적 건조물로 파악하고 그 구조나 부장유물이 그 중심 대상이다. 이를 통해 편년과 형식분류 문제를 비롯하여 분묘의 전통과 계통문제, 사회적 신앙적 기능 문제, 정치 경제적인 측면에서의 접근, 기존 조사유적의 재검토 문제 등 많은 과제 들이 산적해 있다.

분묘의 구조나 유물로 편년과 분류는 기본이라 할 수 있으며, 더 나아가 각각의 무덤들이 축조된 원인과 축조 이유에 대한 논의, 당시의 정치적 사회적 기능이나 사상적 종교적 기능에 대한 연구는 미진한 편이다. 분묘의 분류를 통한 변화 발전상에 대한 논의는 많이 이루어지고 있지만 그 분묘간의 동시기적 다양성이나 축조 집단의 성향을 파악하려는 논의는 거의 이루어지고 있지 않다. 형식분류에 있어서도 구조적 특징만을 대상으로 하기보다는 다양한 변화상이 반영된 특징적 속성들의 최대공약수를 바탕으로 제시할 필요가 있다. 너무 세분된 형식분류는 오히려 묘제 연구 진전에 장애 요인이 될 수 있다.

분묘의 편년 연구 한계는 유물의 편년에 종속된 감이 있고, 형식 분류의 부재나 지역상을 살피지 못한 점, 토기나 주거지에 비해 구체적인 편년이 이루어지고 있지 않는 점, 학자간 편년에 상당한 차이점이 드러나고 있는 점 등을 들 수 있다. 이를 극복하기 위해 기존 조사 유적이나 연구의 검토와 함께 새로운 연구 대상이나 방법론 제시가 있어야 한다. 이에 대한 대안으로 보다 철저한 현장 조사를 바탕으로 지역별 분묘 문화의 성격 파악, 주거지와의 관계, 묘제간의 관계, 축조연대의 재검토, 사회 구조 파악 등이 있을 수 있다. 이와 더불어 새로운 유적이나 자료의 도출을 기다릴 것이 아니라 기존에 조사된 유적에 대한 재검토도 동시에 이루어져야 한다. 즉 단위 유적과 유구의 재검토로 제시된 성과를 바탕으로 지역간 분묘의 비교 연구가 진전된다면 분묘의 광역 편년 수립이 가능하다고 본다.

분묘의 구조와 부장품의 형식을 통해 축조 집단의 문화 영향권을 확인할 수 있다. 그 형식들의 시·공간적 분포를 통해 특정 문화의 공시적이고 통시적인 전개과정을 파악할 수 있다. 하지만 분묘 연구에서 매장 행위에 대한 실질적인 접근 보다는 구조나 유물의 사실적인 분석 수준에 머물러 있다고 할 수 있다. 분묘 출토 부장품이 피장자의 사회적 정체성을 직접적으로 반영하고, 생전에 소유했던 물건으로 이해할 때 부장품을 통해 피장자의 부나 사회적 지위, 정체성을 유추할 수 있는 것이다.

분묘에는 구조와 부장품 이외에 당시 축조과정에서 일어났던 모든 행위들에 대한 정보가 담겨져 있다. 행위의 정보는 일상생활과는 다른 비일상적이고 의례적인 성격으로 산 사람들의 의도적인 행위의 결과이다. 전통적으로 계승된 경험에 의해 축조된 분묘는 살아있는 사람들의 생각과 행위 등 많은 정보를 가지고 있기 때문에 당시의 분묘 자료를 통해 의식적인 행위를 유추할 수 있다. 즉 매장 행위에 반영된 사회 재생산 문제, 분묘 건축물에 나타난 현상학적 접근, 분묘 축조를 통한 사회 계층화 문제, 사회적 정체성과 관련된 부장품 매납 행위 문제, 주검의 관찰 경험을 통한 매장 행위의 실험고고학적 접근 등이 있을 수 있다.

당시 사회를 반영하는 분묘자료는 사회 복합도에 대한 유용한 정보를 제공하고 있다고 볼 때 매장행위의 복합성과 소비되는 에너지가 사회 복합도와 개인의 사회적 지위를 추론할 수 있다. 민족지 자료의 매장 행위에 대한 일련의 일반화된 법칙을 제시하고, 분묘의 규모, 입지와 위치, 의례 규모와 지속기간, 시신처리 등 분석을 통한다면 당시 사회조직도 규명할 수 있다고 생각된다.

의례와 관련된 유물과 유구를 근거로 한 의례 연구는 당시 의례와 주술 행위가 함의하는 정신세계와 사회사상을 연구하는 접근 방법이 필요하다. 당시 사회에 내재된 의례행위의 유형화 및 정신문화를 복원하는 연구는 신화학, 인류학, 민속학, 심리학, 사회학 등 학제간 연구가 필수적이라 할 수 있다.

참고문헌 ——

고일홍, 2010, 「무덤자료를 바라보는 새로운 시각」 『한강고고』 4호.

배진성, 2007, 『무문토기문화의 성립과 계층사회』, 서경문화사.

윤호필, 2013, 『축조와 의례로 본 지석묘사회 연구』, 목포대학교 박사학위논문.

이상길, 2000, 『청동기시대 의례에 관한 고고학적 연구』, 대구효성카톨릭대학교 박사학위논문.

이성주, 2007, 『청동기 · 철기시대 사회변동론』, 학연문화사.

이영문, 2002, 『한국 지석묘사회 연구』, 학연문화사.

이영문, 2014, 『고인돌, 역사가 되다』, 학연문화사.

장철수, 1995, 『옛무덤의 사회사』, 웅진출판.

국립민속박물관, 1990, 『영원한 만남 한국 상장례』, 미진사.

경남발전연구원 역사문화센터, 2012, 『무덤을 통해 본 청동기시대 사회와 문화』, 학연문화사.

복천박물관, 2006, 『선사 · 고대의 제사 풍요와 안녕의 기원』, 웅진출판.

한국고고학회 편, 2007, 『계층사회와 지배자의 출현』, 사회평론.

한국고고학회, 2008, 『무덤연구의 새로운 시각』, 제51회 전국역사학대회 고고학부 발표자료집.

호남고고학회, 2014, 『호남지역 선사와 고대의 제사』, 제22회 호남고고학회 학술대회.

제1부
청동기시대의 분묘

제1장
분묘의 기원과 형성

배진성 부산대학교

　한반도 선사시대의 분묘는 주로 청동기시대의 유적에서 확인된다. 구석기시대의 분묘는 발견되지 않으며, 신석기시대에는 특정 시기의 토광묘나 옹관묘 등이 일부 확인되기는 하지만, 한반도에서 분묘가 본격적으로 축조되기 시작하는 때는 청동기시대이다. 청동기시대의 분묘는 농경사회의 구성 요소로서 집단의 전통성과 집단 내외의 계층성을 상징적으로 보여주며, 공공의 의례와도 관련되는 등 당시의 사회적 복합도를 대변해 주는 중요한 고고학 자료라고 할 수 있다.

　특히 지석묘는 전공자가 아닌 일반 사람들에게도 많이 알려져 있다. 이것이 어떻게 해서 한반도에 나타났는가 하는 기원 및 전래의 문제는 연구의 초창기라고 할 수 있는 일제강점기부터 여러 사람들에게 관심의 대상이었다. 지석묘 외에 석관묘나 토광묘 등은 언제부터 어떻게 해서 한반도에 등장하였는가 하는 문제도 흥미롭지 않을 수 없다. 이로 인해 분묘의 기원과 형성이라는 문제는 오래 전부터 논의되어 많은 진척이 있지만, 아직 명쾌한 해답에 이르지 못한 부분도 많다.

　여기서는 청동기시대의 분묘에 대해 지석묘의 기원론이 어떻게 전개되어 왔고, 편년연구가 진전된 현재 이른 시기 분묘의 종류와 특징, 그 원류와 축조배경에 대한 연구의 흐름을 정리해 보았다. Ⅰ장은 지석묘의 기원론이 어떻게 시작되고 어떠한 과정과 내용으로 전개되어 왔는지에 대한 것으로, 주로 북한의 평안도와 황해도가 있는 서북지역이 중심을 이룬다. Ⅱ장은 최근 많은 자료가 축적된 남한지역의 전기 분묘를 대상으로 그 특징과 출현을 다루었다.

Ⅰ. 지석묘의 기원론

1. 초창기의 인식

한반도에서 고고학적 조사가 시작되던 20세기 전반기의 주요한 고고자료라고 하면, 고구려·백제·신라의 대규모 고분이나 낙랑의 분묘 등과 함께 선사시대의 것으로는 지석묘를 가장 대표적인 자료로 들 수 있을 것이다. 지상에 거대한 규모의 상석이 있는 바둑판식지석묘나 탁자식지석묘는 선사시대의 고고자료 가운데 가시성이 뛰어나며, 유독 한반도에서 많이 발견되기 때문일 것이다.

고인돌·고임돌·撐石·支石 등으로 불리어 온 지석묘는 20세기 초에 와서야 비로소 선사시대의 분묘로 인식되기 시작하였고, 동시에 남부지역과 북부지역에 서로 다른 구조의 것이 분포한다는 특징도 지적되었다(鳥居龍藏 1917·1926). 이로 인해 비로소 지석묘는 학문적인 연구의 영역으로 다루어지기 시작하였는데, 한반도에서 고고학이라는 학문이 시작되기 이전인 19세기경까지는 민간의 전설 속에 머물러 있었다. 이와 관련한 이야기로는 조선에 힘이 센 장수가 많아 그 기를 누르기 위해 중국인이 가져다 놓은 돌이라거나 天上의 神들이 놓고 간 돌이라고도 하며(鳥居龍藏 1926), 칠성바위나 거북바위 등으로 불리기도 하였다(이영문 2001).

이같은 민간의 전설에 대해 상세히 언급한 孫晉泰(1948)에 의하면, 고려시대의 문헌인 東國李相國集에 支石은 옛날에 聖人이 고여 놓은 것이라는 기술이 있고, 장수의 무덤이라는 이야기와 함께 서북지역에서는 전설 속에 나오는 신선 할머니를 뜻하는 麻姑할머니의 집이라는 이야기가 널리 퍼져 있었다고 한다. 이는 당시에 지석묘가 종교적인 숭배물이나 제단 등으로 활용되었던 사정을 짐작하게 한다. 그리고 중국 고대의 문헌인 후한서나 삼국지 등에도 지석묘의 형태와 그에 대한 호기심이 묘사되어 있는데, 당시에는 무덤이 아니라 마을의 제단 등으로 인식되고 있었으며(이영문 2001), 풍수지리의 地氣와 관련된 이야기도 전해져 온다. 19세기 말에 한반도의 지석묘를 소개

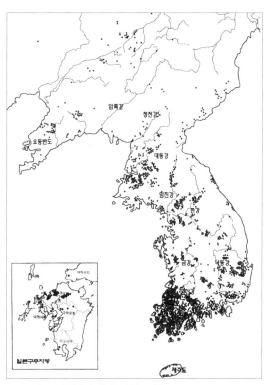

그림 1 _ 동북아시아 지석묘 분포도(이영문 2012)

한 서양인들은 이것이 임진왜란 때 일본인들이 조선의 地氣를 누르기 위해 놓아 둔 것이라고 하였는데, 이같은 인식은 아마도 조선시대까지 전해져 온 민간전승의 영향 때문이었을 것이다.

2. 남방기원설의 전개

지석묘에 대한 최초의 정식 발굴조사로는 1927년에서 1938년 사이 여러 차례에 걸쳐 실시된 대구 대봉동 지석묘를 들 수 있는데, 이 조사의 중심적인 인물 가운데 한 사람이었던 藤田亮策은 한반도에서의 조사와 연구를 바탕으로 지석묘의 기원과 전파에 대한 견해를 구체화하기 시작하였다. 그는 문화란 외부로부터의 자극에 의해 더욱 발달한다는 관점에서 세계적으로 분포하는 지석묘는 주로 해안가에 입지하는 경우가 많다는 점에 주목하였다. 이어서 아시아에서 벼의 기원지가 동남아시아인 점과 인도 등에서의 지석묘도 해안가에 입지하는 점을 중시하여, 중국 동북지역과 한반도의 지석묘는 벼와 함께 南方으로부터 전해진 것이라고 하였다(藤田亮策 1949). 이것이 이른바 남방기원설의 시작이라고 할 수 있다. 지석묘의 세계적 분포는 19세기 서양인들에 의한 소개나 鳥居龍藏의 연구에서도 자주 보이지만, 藤田亮策은 여기에 그치지 않고 학문적으로 더욱 구체화시켰던 것이다.

이와 유사한 입장에서 남방기원설은 펼친 학자로는 도유호(1959 · 1960)를 들 수 있는데, 藤田亮策의 남방기원설에 머무르지 않고 한 단계에 더 나아갔다. 그는 탁자식을 가장 이른 형태의 지석묘로 보았고, 이것이 북방적인 석관묘 및 적석묘와 결합하여 이른바 침촌리형 지석묘가 등장하였다고 한다. 이 견해는 남방기원설을 보강하는 동시에 한반도의 거석문화를 나름대로 정의하려 하였던 점에서 주목된다. 즉 북방의 석관묘와 남방의 지석묘가 한반도 서북지역에서 융합되어 한반도적인 거석문화가 형성되었다고 규정함으로써, 한반도 선사문화의 형성과정에 대해 처음으로 구체화하려한 연구로 평가할 수 있을 것이다(배진성 2012, 7쪽).

이로써 鳥居龍藏으로부터 시작된 지석묘의 기원에 대한 학문적 연구는 20세기 중반에 와서 더욱 진전된 학설로 발달하게 되었다. 이후 지석묘와 卵生神話의 분포 범위를 통해 동남아시아와 관련시킨 연구도 있었다(金秉模 1981). 그러나 남방기원설 자체는 도유호 이후로는 급격히 쇠퇴하게 되었고, 세계적 분포라는 현상에 기반하였던 지석묘의 기원론은 현재는 더 이상 통용되지 않고 있다.

3. 북방기원설과 자생설

지석묘의 지리적 분포를 중시하였던 일제강점기의 연구들과는 달리 그 이후에는 동북아시아 선사문화 속에서 지석묘의 기원을 찾으려는 경향이 강해졌다. 먼저 梅原末治(1946)는 한반도의 지석묘가 서양의 돌멘과 같은 거석기념물적인 특징이 있지만, 兩者를 간단히 연결하는 데에는 많은 의

문이 있다고 하였다. 그러면서 지석묘는 이미 동북아시아에 존재하고 있었던 석관묘가 확대되어 그 蓋石이 지상에 표현된 것이라고 하여 北方의 석관묘가 발전된 것으로 보았다. 三上次男(1951)도 이러한 북방기원설을 논하였는데, 그는 지석묘를 축조하기 위해서는 많은 노동력이 필요하며 이를 위한 지배관계가 생겨났음을 말해주기 때문에 지석묘의 존재는 곧 계층화된 정치적 사회의 성립을 의미한다고 하면서, 이러한 사회적 상황 속에서 이전부터 존재하였던 석관묘가 지상화하고 거대해지면서 탁자식지석묘가 나타난 것이라고 하였다. 이로 인해 단지 지석묘 자체의 기원만이 아니라 그것이 등장하게 된 사회적 의미에 대한 추론으로까지 연구가 진전되기 시작하였다.

이처럼 20세기 중반경부터는 지석묘가 어느 한 지역에서 시작되어 차츰 전 세계적으로 확산되었다는 단순한 전파론보다는 동북아시아의 고고학적 자료를 통해 기원과 의미를 밝히려 연구가 대두되기 시작하였음을 알 수 있다. 이어서 북방기원설은 점차 한반도 자생설로 연결되어 갔는데, 그러한 논의의 중심에 있었던 곳은 한반도 서북지역이었다. 여기에는 석광준(1979)의 연구를 가장 대표적인 것으로 들 수 있는데, 그는 이전의 어느 연구보다 지석묘를 치밀하게 분류하고 편년하였으며 구조적인 측면에서 석관묘와 연결시켰다. 이른바 침촌리형에서 오덕리형(북방식)으로의 변화를 설명하면서 서북지역의 지석묘 가운데 가장 이른 침촌리 긴동 지석묘의 매장주체부 구조가 석관묘와 유사하다고 하였다(그림 2). 上石 주위에 돌을 깐 묘역시설이 있는 긴동 지석묘(침촌리 제1유형)는 석관묘에서 볼 수 있는 壁石과 石蓋가 있고 그 위에 上石을 얹은 구조이기 때문에 석관묘가 발달된 것으로 보았다. 나아가 석관묘에서 지석묘로의 전개를 보여주는 과도기적인 사례로서 황해남도 연안군 장곡리의 분묘를 들고 있다. 장곡리의 분묘에는 석관묘의 石蓋 위에 이보다 훨씬 두터운 石蓋가 또 놓여져 있는데(그림 3), 이러한 형태를 지석묘의 상석으로 완성되기 전의 과도기적인 모습으로 보았던 것이다.

석관묘에서 침촌리형 지석묘로 이행한다는 견해는 도유호의 연구에도 있었는데, 그는 탁자식을

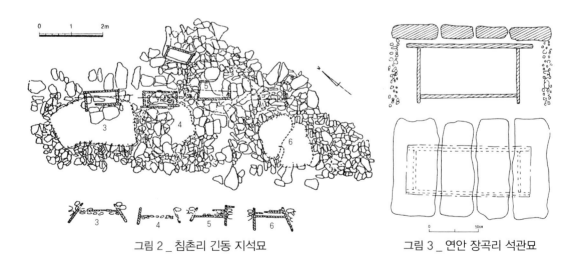

그림 2 _ 침촌리 긴동 지석묘   그림 3 _ 연안 장곡리 석관묘

가장 이른 형태의 지석묘로 보고 이것이 석관묘와 결합하여 침촌리형이 나타났다고 한 반면, 석광준은 침촌리형이 변천해 가는 과정에서 탁자식이 등장한 것으로 보았기 때문에 가장 이른 형태의 지석묘를 바라보는 시각에는 차이가 있었다. 이후 석광준의 연구는 지석묘의 편년과 침촌리형에서 탁자식지석묘로의 변천 과정을 가장 잘 설명한 것으로 여러 연구자들에 의해 높게 평가되고 있다 (甲元眞之 1980, 262쪽; 田村晃一 1990, 275쪽).

가장 초기의 지석묘가 무엇인지에 대해서는 이견이 있었지만 도유호와 석광준의 연구에 의해 북방의 석관묘가 한반도 지석묘의 발생에 큰 역할을 하였다는 점은 이후의 학계에 많은 영향력을 끼쳤던 것은 분명한 것 같다. 이로 인해 지석묘는 세계적으로 분포하지만 한반도의 지석묘는 석관묘가 서북지역에서 지석묘로 발전된 것이라는 인식이 확산되면서(李榮文 1993, 213쪽; 甲元眞之 1973; 田村晃一 1990; 金貞姬 1988) 중국 동북지역을 더욱 주목하게 되었다.

위와 같이 북방의 석관묘를 주목한 이른바 북방기원설과 이것이 한반도에서 지석묘로 발전하였다는 자체발생설은 같은 거의 맥락에서 전개되어 왔다고 할 수 있다. 이후의 지석묘 연구에서도 한반도 나아가 동북아시아의 지석묘는 석관묘와 깊은 관련이 있다고 인식하는 경향이 늘어났다. 하지만 이러한 지석묘의 기원에 대한 연구가 어느 정도 성과를 거두어 왔음에도 불구하고, 탁자식과 바둑판식 및 개석식지석묘 가운데 어떤 것이 가장 먼저 등장하였는지에 대해서는 아직도 의견이 분분하며, 이는 지석묘의 기원 문제가 풀리지 않고 있는 하나의 원인이기도 하다. 특히 출토유물이 잘 확인되지 않는 탁자식지석묘의 편년에 있어서는 더욱 그러하다.

II. 전기의 분묘

1. 종류와 특징

한반도 서북지역을 중심으로 전개되어 온 지석묘의 기원에 대한 연구는 북한지역의 발굴조사가 급격히 감소하면서 1980년대 이후로는 쇠퇴하였다. 반면, 남한지역에서는 1990년대 후반부터 자료가 급증하면서 지석묘의 전성기라고 할 수 있는 송국리단계보다 앞선 청동기시대 전기의 분묘가 다양하게 확인되고 있다.

전기 분묘는 군집하지 않고 소수 계층에 한정되며(河仁秀 2003), 계층성이 반영되고(裵眞晟 2007; 李榮文 2009), 주구묘나 구획묘와 같은 새로운 형태가 등장하는(李柱憲 2000; 李相吉 2006; 金承玉 2006) 점 등이 주요한 특징으로 파악되고 있다. 이어서 근래의 자료를 집성하면서 전기 분묘의 종류와 특징이 전체적으로 정리되고, 출현의 배경과 원류에 대한 문제가 새롭게 다루어지고 있다(裵眞晟 2011 · 2012).

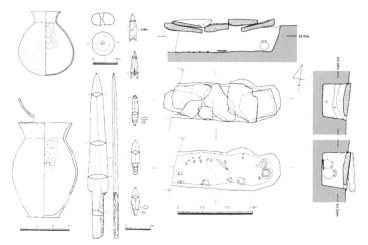

그림 4 _ 사천 이금동 51호묘

이와 같은 연구 성과들을 바탕으로 전기 분묘의 현황을 정리해보면, 우선 묘제의 종류는 크게 토광묘·석관묘·지석묘·주구묘·구획묘로 분류된다. 토광묘는 판석 등을 설치하지 않고 수혈 자체를 매장주체부의 벽면으로 한 것이지만, 해평 월곡리나 김천 신촌리 유적 등에서는 木棺의 보

강석처럼 보이는 판석이나 할석이 한 두 매 확인된다. 화성 동화리 1호묘에서는 양 장벽을 따라 굵은 목탄 덩어리가 검출되기도 하였다. 이로 인해 전기부터 목관이 사용되었을 개연성이 높은 것으로 인식되고 있다. 영남지역의 경우 1990년대까지는 토광묘의 사례가 드물어 송국리문화의 파급에 의해 나타난 것으로 보기도 하였지만(河仁秀 2003, 204쪽), 이후 사천 이금동이나 진주 이곡리 등 여러 유적에서 전기의 토광묘가 확인되었다(그림 4).

사진 1 _ 광주 역동 석관묘

사진 2 _ 대전 비래동 지석묘

석관묘는 지석묘와 더불어 청동기시대 전 시기를 통해 가장 많이 확인되는 묘제이다. 이것은 매장주체부의 벽면을 판석으로 조립한 것, 할석으로 쌓아서 축조한 것, 두 가지를 혼용한 것이 있는데, 석곽묘로 불리기도 하는 할석 석관묘가 많은 편이다.

지석묘는 상석이 후대에 유실된 경우가 많아 하부구조만으로는 석관묘인지 지석묘인지 구분하기 어려운 사례도 많다. 대다수의 지석묘는 후기(송국리단계)에 속하는데, 전기의 지석묘로는 구획묘로 분류될 수 있는 것을 제외하면 발굴조사 된 것 가운데 상석이 확인된 것으로는 개석식 지석묘로 분류되는 대전 비래동 지석묘가 가장 대표적인 사례일 것이다(사진 2).

그리고 근래에 많이 확인되고 있는 것으로 주구묘가 있다. 이것은 매장주체부 주위에 큰 (세) 장방형의 周溝를 설치한 것인데, 매장주체부가 확인되지 않거나 상부가 결실된 사례가 많아 반지상식의 매장주체부가 있었던 것으로 예상된다. 이로 인해 주구에서 매장주체부를 향해 비스듬히 올라가면서 묘역과 매장주체부를 덮고 있었던 墳丘 혹은 封土가 존재하였을 가능성이 지적되고 있다(사진 3).

구획묘는 매장주체부 주위에 敷石을 깔아 묘역을 형성한 것으로 묘역식지석묘라고도 한다. 대부분 후기에 확인되는데, 진안 안자동 1호(그림 5) 및 9호, 합천

사진 3 _ 춘천 천전리 A-2호 주구묘

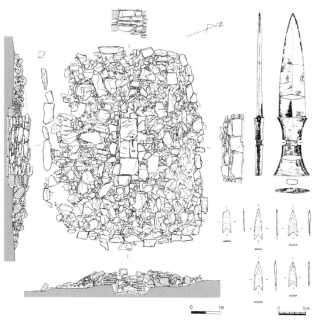

그림 5 _ 진안 안자동 1호묘

저포리 E지구 8호묘 등에서는 이단병식석검과 무경식석촉이 출토되어 전기 혹은 전기 말~후기 초로 편년되고 있다. 그러나 지상에 드러난 거대한 시설 자체가 계층화의 상징이면서 이른바 首長墓에 해당한다면(李相吉 1996; 金承玉 2006; 安在晧 2009), 그러한 사회는 전기보다는 후기에 더 가깝다는 의견도 있다(裵眞晟 2011).

한편, 청동기시대의 묘제 가운데 하나인 옹관묘는 주로 송국리단계의 유적에서 확인되며, 아직 전기의 옹관묘라고 단정할 수 있는 사례는 없는 것 같다. 최근 부산 동삼동 및 진주 상촌리유적에서 신석기시대 중기 이전의 옹관묘가 확인되었는데, 현재로서 청동기시대의 것과는 연결되지 않는다.

이와 같은 전기의 분묘는 주구묘 외에는 유적 내에서 군집하지 않고 대부분 단독 혹은 두 기 병렬로 배치되는 사례가 많다. 출토유물로는 적색마연호와 가지무늬토기를 비롯하여 이단병식석검과 무경식·이단경식석촉이 있으며, 丸玉이 공반하기도 한다. 또 대전 비래동 지석묘와 서천 오석리 주구묘에서는 비파형동검도 출토되었다. 시기는 연구자에 따라 전기 전반으로 편년되는 사례도 일부 있지만 대부분은 전기 후반에 해당한다. 따라서 무문토기사회에서 본격적으로 분묘가 축조되기 시작하는 때는 전기 후반부터라고 할 수 있다.

그리고 북한지역의 경우 신평 선암리·배천 대아리·봉산 어수구·북창 대평리·평양 남경·침촌리 긴동유적 등에서 확인된 석관묘 및 지석묘 등이 전기에 속할 가능성이 높은데, 주로 서북지역에 한정되는 양상을 보인다. 하지만 그 이외 지역에서 전기 분묘의 유무는 제대로 파악할 수 없는 상황이므로 북한지역 전역을 대상으로 전기 분묘의 안정적인 분포 현황을 파악하기는 어렵다. 이에 비해 자료가 축적된 남한지역의 전기 분묘는 거의 전국적으로 분포한다(그림 6). 편년에 이견이 있는 전기의 구획묘만이 남부지역에 한정될 뿐, 그 외 토광묘·석관묘·주구묘 등은 특정 지역에 편중되지 않고 남한 전역에 고루 분포하고 있다. 이러한 양상으로 보아 분묘를 축조하는 습속은 남한 내의 어느 특

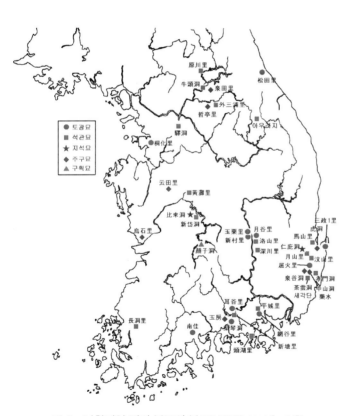

그림 6 _ 남한지역 전기 분묘의 분포(裵眞晟 2011을 보완)

정 지역을 기점으로 해서 확산된 것이 아니라 남한 전역에서 유사한 시점에 시작되었다고 할 수 있으며, 부장품의 종류를 비롯한 부장습속도 청천강 이남지역은 거의 동일한 양상을 보인다(裵眞晟 2011 · 2012).

2. 출현의 배경과 원류

지석묘의 기원 문제가 명쾌하게 해결되지 않고 있듯이, 지석묘를 제외한 전기의 토광묘나 석관묘 및 주구묘 등의 기원 문제에 대한 논의도 아직 충분하지는 않다. 그러나 청동기시대 전기의 분묘는 신석기시대의 분묘와는 연결되지 않기 때문에 자체적인 발생이라기보다는 외부의 영향일 가능성은 높다. 이럴 때 가장 주목되는 곳은 요령지역을 중심으로 한 중국 동북지역일 것이다. 요동지역의 경우 분묘에서 火葬人骨이 다수 확인되는데, 최근 화성 동화리 1호묘에서 목탄과 인골편이 함께 출토되어 火葬된 墓로 보고된 바 있으며, 광주 역동유적의 분묘에서도 인골과 함께 목탄과 피열흔이 있는 석재가 검출되었다(사진 1). 이러한 자료가 중국 동북지역과 한반도에서 유사한 葬禮習俗이 있었다는 증거가 된다면, 지석묘의 기원론에서 북방에 원류를 둔 석관묘가 한반도에서 지석묘로 발전하였다는 설이 큰 영향력을 발휘하고 있는 점과 더불어 생각할 때, 한반도의 청동기시대에 분묘가 등장하기 시작하였던 배경에는 중국 동북지역의 영향이 적지 않았다고 판단할 수 있을 것이다. 기원전 1천년기 이후의 동아시아 세계는 중국과 주변지역과의 중층적이고 구조적인 관계 하에서 전개되어 왔던 측면이 강하다면(甲元眞之 2006, 227쪽), 이는 한반도 청동기시대에 분묘가 출현하였던 배경과도 무관하지 않을 것이다.

또 요동반도의 적석묘에 보이는 묘역시설을 한반도의 지석묘에 절충함으로써 구획묘가 발생하였다고 보기도 한다(安在晧 2009). 주구묘의 기원에 대해서는 동시기의 주거지 평면 형태와의 유사성을 중시하거나(李柱憲 2000), 무문토기사회 내의 계층화의 진전에서 찾거나(金權中 2008), 묘역을 표현하며 분구의 가능성이 있는 점에서 구획묘가 변용된 형태로 보기도 하였다(中村大介 2008).

한편, 전기의 분묘를 대상으로 한 것은 아니지만 특정 형태의 분묘나 형식 변천을 통한 검토보다는 지석묘가 있는 공간 및 경관과 그것을 등장시킨 사회적 배경을 고려하여, 의례적 기능과 함께 성숙한 농경사회의 기념물로서 지석묘가 축조되기 시작하였다는 시각도 있었다(이성주 2000). 또 한반도의 무문토기인들이 중국 동북지역으로부터 특정 형식의 분묘를 받아들였다기보다는 분묘를 축조하는 습속 자체를 수용하였던 측면에 초점을 둔 연구도 있어(裵眞晟 2012), 형식변화 및 그에 의한 추론에만 의지하지 않고 무문토기사회 내부의 특성이나 발달을 고려하는 새로운 관점에서의 연구가 앞으로 더욱 진전될 것으로 기대된다.

참고문헌 ────────────────────────────────────

金權中, 2008, 「靑銅器時代 周溝墓의 發生과 變遷」『韓國靑銅器學報』第三號, 韓國靑銅器學會.

金秉模, 1981, 「韓國 巨石文化 源流에 관한 硏究(I)」『韓國考古學報』10 · 11, 韓國考古學硏究會.

金承玉, 2006, 「墓域式(龍潭式) 支石墓의 展開過程과 性格」『韓國上古史學報』第53號, 韓國上古史學會.

金貞姬, 1988, 「東北아시아 支石墓의 硏究」『崇實史學』第5輯, 崇實大學校 史學會.

도유호, 1959, 「조선 거석 문화 연구」『문화유산』2.

도유호, 1960, 『조선 원시 고고학』, 과학원 출판사.

裵眞晟, 2007, 『無文土器文化의 成立과 階層社會』, 서경문화사.

裵眞晟, 2011, 「墳墓 築造 社會의 開始」『한국고고학보』80, 한국고고학회.

裵眞晟, 2012, 「청천강 이남지역 분묘의 출현에 대하여」『嶺南考古學』60, 嶺南考古學會.

배진성, 2012, 「지석묘의 기원 연구를 바라보는 一視覺 -기원론에서 형성론으로-」『무덤을 통해 본 청동기시대 사회와 문화』, 경남발전연구원 역사문화센터 엮음, 학연문화사.

석광준, 1979, 「우리 나라 서북지방 고인돌에 관한 연구」『고고민속론문집』7, 과학 · 백과사전출판사.

孫晉泰, 1948, 「朝鮮 Dolmen에 關한 調査 硏究」『朝鮮民族文化의 硏究』, 乙酉文化社.

安在晧, 2009, 「松菊里文化成立期의 嶺南社會와 彌生文化」『彌生文化誕生』彌生時代의 考古學2, 同成社.

李相吉, 1996, 「청동기시대 무덤에 대한 일시각」『碩晤尹容鎭敎授停年退任紀念論叢』.

李相吉, 2006, 「區劃墓와 그 社會」『금강: 송국리형 문화의 형성과 발전』, 호서 · 호남고고학회 합동 학술대회.

이성주, 2000, 「지석묘 : 농경사회의 기념물」『韓國 支石墓 硏究 理論과 方法』, 주류성.

李榮文, 1993, 『全南地方 支石墓 社會의 硏究』, 韓國敎員大學校 博士學位論文.

이영문, 2001, 『고인돌 이야기』, 다지리.

이영문, 2009, 「호남지역 지석묘의 특징과 그 성격」『巨濟 大錦里 遺蹟』考察編, 慶南考古學硏究所.

이영문, 2012, 「한국 지석묘 조사현황과 연구과제」『한국 지석묘 -북한 편-』동북아시아 지석묘 4, 국립나주문화재연구소.

李柱憲, 2000, 「大坪里 石棺墓考」『慶北大學校考古人類學科20周年紀念論叢』.

河仁秀, 2003, 「南江流域 無文土器時代의 墓制」『晉州 南江遺蹟과 古代日本』, 인제대학교 가야문화연구소.

甲元眞之, 1973, 「西朝鮮의 支石墓」『古代文化』第25卷 第9號.

甲元眞之, 1980, 「朝鮮支石墓의 再檢討」『鏡山猛先生古稀記念古文化論攷』.

甲元眞之, 2006, 『東北アジア의 靑銅器文化와 社會』, 同成社.

藤田亮策, 1949, 「드ル멘의 分布에 대하여」『歷史』一輯, 東北史學會.

梅原末治, 1946, 『朝鮮古代의 墓制』.

三上次男, 1951, 「滿鮮古代에 있어서의 支石墓社會의 成立」『史學雜誌』60編1號.

田村晃一, 1990,「東北アジアの支石墓」『アジアの巨石文化』, 六興出版.

鳥居龍藏, 1917,「第3編 黄山麓 古墳群」『大正五年度古蹟調査報告』, 朝鮮總督府.

鳥居龍藏, 1926,「朝鮮のドルメン」『東洋文庫歐文紀要』第一卷, 朝鮮總督府.

中村大介, 2008,「東北アジアにおける支石墓の成立と傳播」『中國史研究』第52輯, 中國史學會.

제2장
분묘의 형태와 구조

하문식 　세종대학교

　　여기에서는 다양한 청동기시대 무덤의 종류와 그 구조를 설명하기 위하여 앞 시대의 신석기문화와는 전혀 다른 성격의 여러 청동기시대 社會相을 간단히 살펴본 다음 무덤에 대하여 언급하고자 한다.

Ⅰ. 청동기시대의 사회 모습

　　광복 이후 이루어진 선사시대에 대한 조사와 연구 가운데 청동기시대(문화)의 존재와 그 성격의 규명은 중요한 성과 가운데 하나다.

　　청동기시대의 생업경제는 신석기시대와 차이가 많다. 사냥이나 채집에 대한 의존도가 낮아지고 농경이 보편화되면서 살림의 방식도 다원화된다. 먼저 초기에는 경작지의 입지 조건에 따라 살림터도 영향을 받았다. 밭농사 중심에서 논농사로 변화되면서 공간에 대한 점유 방식이 결정되었다. 울산 무거동 유적을 비롯하여 논산 마전리, 밀양 금천리, 부여 구봉리, 춘천 천전리에서는 논 유적이 조사되었고 진주 대평리와 대구 동호동 유적에서는 밭이 확인되었다.

　　집터는 대부분 낮은 구릉지대에 자리하며 반움집을 이루었고 평면 모습은 네모꼴과 둥근꼴로 나누어진다. 이른 시기에는 한 곳에 2~5기의 집터가 자리하였으며, 점차 생산물의 증가와 사회변화에 따라 보다 큰 규모의 취락이 형성되었다. 집터는 시기에 따라 구조와 크기가 변화되었다. 처음에는 평면이 긴 네모꼴 집터가 대부분이고 인구가 증가하고 살림이 다양화되면서 네모꼴과 둥근꼴이 많다.

살림의 기본인 토기와 석기, 뼈연모 등은 쓰임새에 따라 여러 가지로 나누어지며, 특히 보편적으로 사용된 석기는 살림살이에 필요한 날카로운 날을 만들기 위하여 거의가 갈아서 만들었다.

이러한 살림의 변화는 사후세계의 상징인 무덤에도 많은 영향을 주었다. 살림만큼이나 무덤의 종류가 다양해졌고 만든 방법도 정교하였다.

Ⅱ. 분묘의 형식과 구조

청동기시대의 무덤은 당시 사람들의 살림살이처럼 다양하고 축조 방법에서도 상당히 발전된 모습을 보여주고 있다.

여기에서는 고인돌을 비롯하여 돌널무덤, 돌덧널무덤, 독무덤, 움무덤 등을 살펴보고자 한다.

1. 고인돌

고인돌은 밖으로 드러난 덮개돌 때문에 일찍부터 사람들의 관심을 끌어 왔다. 고인돌은 외형적으로 약간의 차이는 있지만 몇 톤에서 몇 십 톤에 이르는 덮개돌의 운반과 축조를 고려하면 당시 사람들이 가지고 있던 축조 방법이나 도량형과 밀접한 관련이 있을 것이다(김원룡 1974).

그리고 고고학 연구에 있어 다른 어느 분야보다도 많은 조사와 연구가 이루어졌다. 하지만 이러한 분위기에서도 형식, 기원 문제, 연대 등 아직까지 연구 결과에 대한 의견이 다양하여 통일된 성과가 없는 실정이다. 고인돌의 형식에 있어서는 견해 차이가 너무 뚜렷하여 연구 지체가 되고 있다.

고인돌의 형식 분류는 1926년 도리이 류조(鳥居龍藏)가 당시의 연구 상황으로 볼 때 아주 초보적인 관점에서 간단히 구분한 이래 근래까지 많은 연구가 진행되어 왔다. 이런 분류는 대개 1차적으로 고인돌의 외형인 덮개돌 위주로 구분하였고, 그 다음은 덮개돌 아래의 굄돌이나 땅 속에 묻힌 무덤방 중심으로 이루어져 왔다(표 1).

기존 연구의 분류 기준을 보면 덮개돌의 평면은 타원형, 긴 네모꼴, 둥근꼴이나 네모꼴, 부정형 등이 있고 단면은 긴 타원형, 네모꼴, 긴 네모꼴, 괴석형으로 나눌 수 있다. 덮개돌 밑은 굄돌과 무덤방 중심으로 구분하는데 특히 무덤방은 상당히 복잡하여 그에 따른 구분의 기준이 애매하여 연구자마다 다양한 의견이 제시되어 왔다. 이런 구분에 대한 분류 기준을 보면 무덤방의 축조에 사용된 돌의 모습(판자꼴/모난돌), 쌓은 방법, 무덤방의 바닥 시설, 무덤방 수, 묘역 시설 등이 있다. 또한 고인돌의 외형적인 모습과 특이한 무덤방의 구조에 따라 유적이 자리한 곳의 지역을 고려한 분류도 있다(석광준 1979). 고인돌 유적이 있는 곳의 지반(지질)에 따른 형식 설정도 있다(노혁진 1986).

표 1 _ 고인돌의 형식 분류

순서	분류자	기준	분류 내용					
1	鳥居龍藏 (1926)	지역	제1식 : 남부지방의 기반 형상					
			제2식 : 평안도 등 북부지방의 탁자 형상					
2	한흥수 (1935)	외형	큰돌문화	선돌				
				고인돌	북방식			
					남방식			
				칠성바위				
				돌무덤				
3	藤田亮策 (1942)	외형	탁자식					
			기반식					
4	손진태 (1934)	외형	지석묘(기능 : 제단, 집, 무덤)					
			거석개분묘					
5	정백운 (1957)	외형	북방 형식					
			남방 형식					
6	도유호 (1959)		전형 고인돌					
			변형 고인돌					
7	三上次男 (1961)	외형 돌무지	북방식					
			남방식	A : 상석하 아무런 시설이 없는 것				
				B : 편평한 넓은 상석을 써서 4개의 소지석으로 고이고 그 밑에 적석을 한 것				
				C : 편평한 상석을 적석 위에 놓은 것				
				D : 괴상의 상석을 적석 위에 놓은 것				
8	임병태 (1964)	외형 무덤방	탁자식	A : 지상단석실형				
				B : 지하단석실형				
				C : 지상다석실형				
				D : 변형석실형				
			기반식	A : 지하석실형	단석실형			
					다석실형			
				B : 지하토광형				
			무지석식	A : 지하석실형	1. 상석 수직하 석실축조형			
					2. 상석 주위 지하석실축조형	단석실형		
						다석실형		
				B : 지상토광형	1. 2석실형			
					2. 3석실형			
					3. 4석실형			

순서	분류자	기준	분류 내용			
9	황기덕 (1965)	외형	제Ⅰ류형(탁자식)			
			제Ⅱ류형(지하에 묘실이 있는 것) : 1개석 1석관이나 석곽			
			제Ⅲ류형(한 묘역 안에 여러 묘실이 있는 것) : 1개석 또는 다개석에 다석관			
10	김재원 윤무병 (1967)	외형 무덤방	북방식			
			남방식	무지석식	제Ⅰ류	a. 지석무. 뚜껑 없음. 적석무
						b. 지석무. 뚜껑 없음. 적석유
					제Ⅱ류	a. 지석무. 뚜껑 있음. 적석무
						b. 지석무. 뚜껑 있음. 적석유
				유지석식 (바둑판식)	제Ⅲ류	a. 지석유. 뚜껑 있음. 적석무
						b. 지석유. 뚜껑 있음. 적석유
11	이은창 (1968)	외형 굄돌	북방식	ㅁ 모양		
				ㄷ 모양		
				二 모양		
			남방식	一支石式		
				多支石式		
				無支石式		
12	한병삼 (1973)	외형 굄돌	지석묘(탁자식)			
			변형 지석묘(남방식)	ㄱ. 지석 없는 변형 지석묘		
				ㄴ. 지석 있는 변형 지석묘		
				ㄷ. 기타		
13	甲元眞之 (1973)	지역	침촌리 A식			
			침촌리 C식			
			대봉동식			
			곡안리식			
14	김원용 (1974)	지역	북방식 고인돌			
			남방식 고인돌			
			개석식 고인돌			
15	임세권 (1976)	무덤방	지상형	지상 A형(지상형 석실 : 세련되지 못함)		
				지상 B형(지상형 석실 : 세련됨)		
				지상 C형(다각형 또는 타원형 석실)		
				지상 D형(강돌, 판석의 정방형 석실)		
			지하형	들린형	들린 B형	
					들린 D형	
					들린 E형	

순서	분류자	기준	분류 내용			
				놓인형	놓인 A형	
					놓인 B형	
					놓인 C형	
					놓인 D형	
					놓인 E형	
16	최몽룡 (1978)	외형 괴돌 무덤방	북방식			
			남방식	Ⅰ식 : 지석이 3~4개로 석실과 지석이 독립된 형식		
				Ⅱ식 : 지석이 7~8개 또는 그 이상으로 석실을 구성		
				Ⅲ식 : Ⅱ식과 같으나 한 개석 밑에 2개의 석실이 있는 형식		
			개석식	Ⅰ식 : 석실을 활석이나 천석으로 축조한 형식		
				Ⅱ식 : 석실을 판석으로 축조한 형식		
				Ⅲ식 : 이중의 개석이 있는 형식		
				Ⅳ식 : 지하 석실에 아무런 시설이 없는 토광인 형식		
				Ⅴ식 : 지석이 개석의 주위를 돌아가며 일정한 형태가 없는 석실을 가진 형식		
17	지건길 (1982, 1990)	외형 돌무지 무덤방 지역	북방식	1. 적석식		
				2. 무적석식		
			남방식	1. 판석형	A. 적석식	
					B. 무적석식	
				2. 활석형	A. 적석식	
					B. 무적석식	
				3. 혼축형	A. 적석식	
					B. 무적석식	
				4. 토광형	A. 적석식	
					B. 무적석식	
				5. 옹관형	A. 적석식	
					B. 무적석식	
				※ 제주형(지방의 특수 형식 : 위석식)		
18	김병모 (1981)	외형 지역	괴석식(북방식, 오덕리형)			
			제주도식 : 지석이 괴석을 받치는 형			
19	심봉근 (1983)	외형 무덤방	A. 탁자식	Ⅰ. 무보석형(AⅠ)		
				Ⅱ. 유보석형(AⅡ)		
			B. 개석식	Ⅰ. 무개석형	a. 석관(BⅠa)	
					b. 석곽(BⅠb)	
					c. 토광(BⅠc)	

순서	분류자	기준	분류 내용			
				Ⅱ. 유개석형	a. 석관(BⅡa)	
					b. 석곽(BⅡb)	
					c. 토광(BⅡc)	
			C. 기반식	Ⅰ. 유개석형	a. 석관(CⅠa)	
					b. 석곽(CⅠb)	
					c. 토광(CⅠc)	
				Ⅱ. 무개석형	a. 석관(CⅡa)	
					b. 석곽(CⅡb)	
					c. 토광(CⅡc)	
					d. 옹관(CⅡd)	
20	김약수 (1986)	외형 무덤방	卓子式			
			碁盤式	無墓室形		
				多墓室形		
			蓋石式	單墓室形	上石直下墓室築造形	石棺
						石槨
					上石周圍墓室築造形	石棺 : 없음
						石槨
				多墓室形	上石直下墓室築造形	石棺
						石槨 : 없음
					上石周圍墓室築造形	石棺 · 石槨 혼재
						石槨
				無墓室形		
21	석광준 (1979)	외형 묘역	침촌형	제1류형 : 집체무덤		
				제2류형 : 집체무덤		
				제3류형 : 집체무덤		
				제4류형 : 개별무덤		
				제5류형 : 개별무덤		
			오덕형	제1류형 : 개별무덤		
				제2류형 : 개별무덤		
				제3류형 : 개별무덤		
22	석광준 (2002a)	외형 묘역	침촌형	1묘역 5~6기 또는 10기 Ⅰ형식~Ⅳ형식		
			오덕형	1묘역 1기 Ⅰ형식~Ⅲ형식		
			묵방형	1묘역 1기 Ⅰ형식~Ⅲ형식		

순서	분류자	기준	분류 내용			
23	서국태 (2005)	지역 외형	침촌형			
			오덕형			
			묵방형			
			석천산형			
			용악산형			
24	이영문 (2002)	외형	탁자식			
			기반식			
			개석식			
			위석식(제주식)			
		무덤방 위치	지상형	지상 I 형	평면 □형	
					평면 II 형	
				지상 II 형		
				지상 III 형		
			지하형	지하 I 형	무덤방 없는 것	
					무덤방 있는 것	
				지하 II 형		
				지하 III 형		
		덮개돌	I 형(괴석형)			
			II 형(장타원형)			
			III 형(장방형)			
			IV 형(판석형)			
		하부구조 (굄돌)	지석 I 형(주형지석)			
			지석 II 형(대형지석)			
			지석 III 형(소형지석)			
		하부구조 (돌무지)	적석 I 형(집장형)			
			적석 II 형(단장형)	II a형		
				II b형		
				II c형		
				II d형		
		하부구조 (뚜껑돌)	개석 I 형			
			개석 II 형			
			개석 III 형			
			개석 IV 형			

순서	분류자	기준	분류 내용			
		무덤방의 축조	석관형(Ⅰ형/Ⅱ형)			
			혼축형(Ⅰ형/Ⅱ형)			
			석곽형(Ⅰ형~Ⅳ형)			
			위석형(Ⅰ형/Ⅱ형)			
			토광형(Ⅰ형/Ⅱ형)			
		무덤방의 바닥	바닥 Ⅰ형(ⅠA형~ⅠD형)			
			바닥 Ⅱ형			
			바닥 Ⅲ형(ⅢA형/ⅢB형)			
			바닥 Ⅳ형(ⅣA형/ⅣB형)			
			바닥 Ⅴ형			
25	윤호필 (2013)	외형 무덤방	지상식(Ⅰ형)	탁자형(ⅠA형)		
				위석형(ⅠB형)		
			지하식(Ⅱ형)	기반형(ⅡA형)		
				개석형(ⅡB형)		
			※ 묘역/무덤방(석축석관/상형석관/목관/토광)에 따라 세분함			
26	許玉林 許明綱 (1981)	크기	大石棚			
			中石棚			
			小石棚			
27	陳大爲 (1991)	굄돌	早期 石棚			
			變形 石棚			
			變形 小石棚			
28	王洪峰 (1993)	무덤방 굄돌	A형	Ⅰ식 : 굄돌 곧게 서 있음		
				Ⅱ식 : 굄돌이 기울었음		
				Ⅲ식 : 굄돌에 홈		
			B형	Ⅰ식 : 굄돌 곧게 서있음		
				Ⅱ식 : 굄돌이 기울어짐		
				Ⅲ식 : 굄돌에 홈		
			C형 : 마구리돌이 이중			
			D형	Ⅰ식 : 여러 개의 굄돌		
				Ⅱ식 : 기둥 모양 굄돌		
29	華玉冰 (2008)	기능 외형	石棚	祭祀石棚		
				墓葬石棚	石棚墓	立支形
						圍砌形
					盖石墓	盖石形
						頂石形

순서	분류자	기준	분류 내용		
30	김승옥 (2003)	돌무지 무덤방	A형 (단독묘)	Ⅰ형 : 방형계	a형 : 저분구 형태의 묘역부를 갖춘 지석묘
					b형 : 평탄한 묘역부를 갖춘 지석묘
				Ⅱ형 : 원형계	a형 : 제단 시설이 부착되고 저분구 형태의 묘역부를 갖춘 지석묘
					b형 : 평탄한 묘역부를 갖춘 지석묘
			B형 (군집묘)	Ⅰ형 : 일자형 연접묘	a형 : 3기로 구성되고 저분구 형태의 묘역부를 갖춘 방형계 지석묘열
					b형 : 2기 이상으로 구성되고 평탄한 묘역부를 갖춘 방형계 지석묘열
					c형 : 2기 이상으로 구성되고 평탄한 묘역 부를 갖춘 방형과 원형의 지석묘열
				Ⅱ형 : 연접부가묘	일자형 연접묘에 연접하거나 근접하여 부가되는 방형과 원형의 지석묘
				Ⅲ형	석관묘 · 석개토광묘와 일렬로 배치되거 나 근접하는 방형과 원형의 지석묘

근래에는 고인돌의 기능에 대하여 연구가 이루어져 왔다. 이것은 무덤으로서의 고인돌로 인식하여 형식을 분류한 기존의 연구 결과에 관하여 시사하는 점이 많다(이융조 · 하문식 1989; 이영문 1994). 주로 이것은 고인돌 자체에 대한 명칭, 구조 등을 고려한 결과다.

여기에서는 중국 동북지역(주로 요령성)에서 조사된 결과를 토대로 고인돌(주로 石棚)의 형식을 분류한 중국 학자들의 의견도 포함시켰다(華玉冰 2011). 이것은 지리적인 관점은 물론 역사적인 맥락에서 볼 때 문화의 동질성이 서로 확인되므로 넓은 의미의 역사 축이 우리와 관련있기 때문이다. 중국 학자들의 고인돌에 대한 인식은 우리와 큰 차이가 없지만 형식 분류에 대한 기준은 다른 점이 많다. 고인돌을 크기(주로 굄돌의 높이)에 따라 나누는데 그 기준이 상당히 자의적이다(하문식 1999).

이처럼 여러 관점에서 다양한 분류 기준으로 이루어진 고인돌에 대한 이런 연구 결과는 고고학에서 보편적으로 이루어지고 있는 형식 분류가 지닌 문제점을 잘 보여주고 있다. 특히 고인돌의 연구 과정에서 제시된 형식 분류는 목적이 아닌 하나의 수단으로 이용되어야 할 것이다.

〈표 1〉은 지금까지 밝혀진 고인돌의 형식 분류에 대한 자료를 정리한 것이다. 앞에서도 언급하였지만, 뚜렷하지 않은 분류 기준에 따라 얻어진 형식에 대한 결과가 고인돌 연구에 있어 어떤 문제점을 지니고 있는지 성찰할 필요가 있다.

한편 고인돌의 외형과 구조를 보면 특이한 점이 여러 곳에서 찾아진다(사진 1, 2). 고인돌은 덮개돌이라는 큰 돌을 옮겨 만든 하나의 구조물이기 때문에 당시 사회에서 축적된 기술이 모두 활용되었을 것이다(사진 3, 4).

먼저 덮개돌은 그 크기로 보아 위엄성은 물론 상징적인 중요성을 갖는다. 큰 바위에서의 채석과 운반은 많은 노동력이 필요하므로 당시의 사회상을 반영한다. 고인돌의 축조에 사용된 덮개돌은 길이와 너비로 보면 거의가 1 : 1~2 : 1의 범위에 있다(하문식 1999; 오대양 2007). 이것은 덮개돌을 채석할 때 어느 정도 나름대로의 기준이 있었다는 의미를 시사한다. 또한 이런 기준이 건축에서 언급하는 황금비율과도 연관이 있다(김용운·김용국 1996; Lawlor, R. 박태섭 옮김 1997).

최근의 고인돌 조사에서 두드러지게 찾아지는 것은 무덤방의 둘레에 돌무지가 있는 墓域 시설이다(윤호필 2013). 개

사진 1 _ 강동 문흥리 고인돌 유적(뒤는 단군릉)

사진 2 _ 개주 석붕산 고인돌

사진 3 _ 순천 곡천 고인돌

사진 4 _ 오산 외삼미동 고인돌

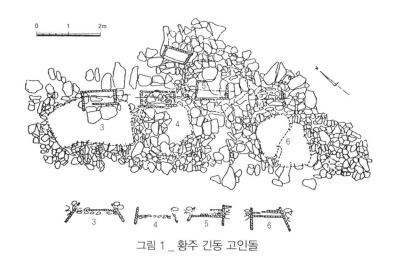

그림 1 _ 황주 긴동 고인돌

석식 고인돌에서 주로 발견되는데 그 크기는 지역과 시기에 따라 아주 다양하다(사진 5, 그림 1). 대부분 이 돌무지를 무덤방을 보호하기 위한 하나의 구조로 파악하지만 그 규모나 짜임새로 볼 때 단순한 고인돌 축조 과정에 나타나는 것이 아니고 시기, 묻힌 사람 등 당시의 사회구조가 반영된 그 나름대로 배경이 있는 것 같다. 이런 독특한 구조는 사회상과 밀접한 관련이 있기 때문에 한국 청동기시대의 기술사적 관점에서의 의미 파악이 필요하다.

다음은 고인돌의 구조 가운데 탁자식의 변화 과정을 보여주는 동풍 조추구 2호를 살펴보고자 한다(그림 2). 덮개돌은 조사 전에 파괴되었으며, 무덤방은 생토를 파고 만든 구덩이이다. 무덤방의 가장자리에는 나무테 흔적이 있는데 이것은 제자리에서 화장을 하기 위하여 설치한 시설이다. 더구나 무덤방에서는 숯과 불탄 흙덩어리가 함께 찾아졌으며 두사람 분의 뼈가 확인되었다. 그런데 무덤방의 북쪽 끝에는

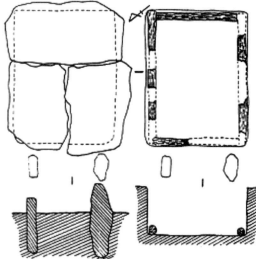

사진 5 _ 산청 매촌리 묘역식 고인돌   그림 2 _ 길림 조추구 2호 고인돌의 무덤방

116cm의 거리를 두고 굄돌 2개가 있다. 이 굄돌의 ⅔쯤은 묻혀 있고 나머지 ⅓만 드러나 있는데 이것은 탁자식 고인돌의 굄돌을 연상시킨다(金旭東 1991). 하지만 구조적으로 볼 때 굄돌의 기능은 하지 못하고 있어 탁자식 고인돌의 구조적인 변화를 시사하는 것이 아닐까?

주로 서북한 지역의 고인돌에서 조사된 특이한 구조

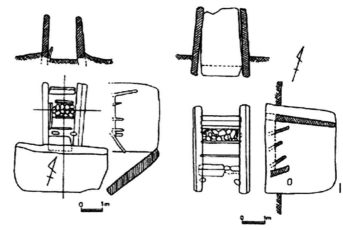

그림 3 _ 연탄 송신동 20·22호 고인돌 무덤방

가운데 무덤방의 칸 나누기가 있다. 지금까지 연탄 평촌 9호를 비롯하여 10여 기의 고인돌에서 확인되었다(그림 3). 이런 구조는 탁자식과 개석식 고인돌에서 모두 찾아졌지만 대부분 탁자식이다. 구조 관점에서 보면 1차적으로 형식과는 직접적인 관련이 없는 것 같다. 무덤방은 대부분 3~4칸으로 나누었으며, 사람뼈가 조사되었다. 연탄 송신동 22호에서는 여러 개체의 사람뼈가 발굴되었고 바닥은 거의가 무덤칸마다 따로 처리한 점이 주목된다(석광준 1974). 이런 몇 가지 점에서 이들 고인돌은 집체무덤의 성격이 강하며 묻힌 사람이 가족이거나 핏줄을 함께 한 집단으로 해석되어 서로간에 친연성을 시사한다(지건길 1983).

2. 돌널무덤[石棺墓]

돌널무덤은 돌상자무덤[石箱墓]이라고도 하며, 넓적한 판자돌을 이용하여 마치 상자 모양처럼 만든 청동기시대의 무덤 가운데 하나다(이종선 1976). 돌널무덤의 구조는 먼저 땅 밑에 무덤 구덩[墓壙]을 마련한 다음 판자돌을 이용하여 긴 네모꼴의 무덤방을 만들고 그 위에 뚜껑돌을 덮는다(사진 6). 일부에서는 주검을 묻기 위한 무덤방을 만들 때 강돌과 깬 돌을 쌓아서 만든 돌덧널무덤[石槨墓]도 넓은 의미에서 여기에 포함한 의견도 있다(지건길 1983·1997). 하지만 돌널과 돌덧널은 사용한 돌의 모양, 축조 기법-세우기가 아니고 쌓은 점-에서 보면 서로의 차이가 있다. 또한 대부분의 돌덧널에서는 돌널보다 늦은 시기의 청동기가 출토되어 시기적인 차이는 물론 유적의 입지에서도 차이가 있다. 돌덧널은 돌널에 포함시키기보다 청동기시대의 새로운 무덤 양식 가운데 하나로 분류하여야 할 것이다.

이런 무덤은 시베리아 지역, 중국 동북지역, 한반도 전역, 일본 등에서 조사되고 있다(이종선

사진 6 _ 진주 옥방1지구 돌널무덤

사진 7 _ 춘천 천전리 주구돌널무덤

1976). 그리고 돌널무덤은 고인돌과 달리 땅 위에 아무런 흔적이 없어 대부분 학술조사보다는 인위적인 지형 변화 때 우연히 찾아진다. 하지만 최근 대규모의 발굴조사가 이루어지면서 옛날과는 달리 한 유적에서 많게는 수십 기가 찾아져 돌널무덤의 성격을 규명하는데 좋은 자료가 되기도 한다.

최근까지 돌널무덤의 구조를 가지고 형식을 분류한 연구 결과를 보면, 1차적으로 돌널무덤의 짜임새나(이종선 1976) 무덤방의 벽에 사용한 돌의 모습과 매수에 따라 板石墓와 割石墓로 구분하였다. 그리고 판석묘는 또 다시 무덤방의 벽을 이루는 판자돌의 매수에 따라 나누어지는데 한 벽에 1장인 單板石式, 한 벽에 여러 장이 쓰인 復板石式으로 분류하고 있다(지건길 1983). 그리고 돌널을 놓기 위하여 마련한 무덤구덩의 축조 방식과 깊이에 따라 1차적으로 구분하고 돌널의 벽에 사용한 판자돌의 놓인 모습과 사용한 매수, 뚜껑돌, 그리고 돌널의 위쪽 부분의 처리 방식(흙이나 돌)을 기준으로 구분한 견해도 있다(김승옥 2001). 또한 무덤방인 돌널의 짜임새(Ⅱ, ㅐ, □, Ⅲ)나 바닥의 처리에 따라 나누기도 한다.

돌널무덤 가운데 또 다른 특이한 것이 있어 잠깐 언급하고자 한다(사진 7). 돌널무덤의 가장자리에 일정한 거리를 두고 만들어진 周構와의 관계다. 이런 무덤을 周溝石棺墓 또는 周溝附加石棺墓라고 부르며, 진주 옥방 8지구에서 처음 조사된 다음 사천, 마산, 울산, 포항 등 남부지역과 중부지역인 천안, 서천, 춘천, 홍천에서도 발굴되었다(하인수 2000; 김권중 2008). 먼저 분포 관계를 보면 전국

표 2 _돌널무덤의 형식 분류

순서	분류자	기준	분류 내용			비고
1	이종선 (1976)	• 무덤의 구조와 배치 • 벽석의 판자돌 수 • 돌널의 긴 방향 • 벽석의 사용 돌과 축조	제Ⅰ류 : 단순형 석관묘	A형 : 벽석인 판자돌이 여러 장(ⅠA형)		
				B형 : 벽석이 판자돌 1장 (ⅠB형)	B1 : 돌널의 긴 방향, 동서(ⅠB1형)	
					B2 : 돌널의 긴 방향, 남북(ⅠB2형)	
			제Ⅱ류 : 결합형 석관묘 (다른 무덤과 결합)	A형 : 판자돌 잇댄 것(ⅡA형)		
				B형 : 1벽 1판자돌(ⅡB형)		
				C형 : 활석, 깬돌, 강돌을 쌓아서 벽 이룸(ⅡC형)		
2	지건길 (1997)	• 무덤방에 이용된 돌 모습 • 벽을 이룬 판자돌 수	판석묘	단판석식 : 1벽 1매		
				복판석식 : 1벽 여러 매		
			할석묘			
3	김승옥 (2001, 2003)	• 무덤구덩 • 뚜껑돌	Ⅰ형 : 1단 석관묘	Ⅰa형 : 1매 이상의 판자돌을 덮음		금강 유역 자료 참고
				Ⅰb형 : 1단의 뚜껑돌 위에 1~2단으로 덮음		
			Ⅱ형 : 2단 석관묘	Ⅱa형 : 위쪽에 흙으로 채움		
				Ⅱb형 : 위쪽에 부석 시설		
4	三上次男 (1961)	• 무덤방 벽 • 뚜껑돌	Ⅰ형 : 무덤방의 한 벽을 1매의 판자돌로 세움			
			Ⅱ형 : 무덤방의 벽을 여러 매의 판자돌을 잇대어 축조			
			Ⅲ형 : 무덤방의 벽을 강돌로 쌓거나 판자돌을 세움			
			Ⅳ형 : 무덤방의 벽을 쌓아서 만듦			

적인 양상이고 그 나름대로의 지역적 특징도 있다.[1] 아직 이런 무덤의 조사가 다른 무덤보다 많이 되지 않아 무덤으로서의 성격을 규명할 수 있는 여러 특징, 기원, 비슷한 시기의 다른 무덤과의 비교 등 나름대로의 의미 부여는 이른 것으로 판단된다. 이 주구의 성격에 대하여는 여러 견해가 있지만, 다른 자료와 비교할 때 墓域의 기능을 지녔던 것으로 해석된다.

한편 부여 송국리 유적을 비롯하여 근래에 있었던 진주 대평리 유적, 진안 용담댐 수몰지구, 서천 오석리 유적, 논산 마전리 유적 등에서 조사된 여러 돌널무덤은 지역적인 특이함이 보이지만,[2] 기존에 일반적으로 알고 있던 여러 사실을 새로운 관점에서 조망할 필요가 있고 시사하는 것이 많다.

---

1) 이런 특징으로는 주구의 단면 모습, 유적 입지 조건, 시기 차이 문제가 있다.
2) 대표적으로 금강 하류지역에서 조사된 돌널무덤 가운데 바닥에 송국리식 토기를 깐 것이 있다.

3. 돌덧널무덤

이 무덤은 넓은 의미에서 무덤방을 만드는 재질이 돌이고 분포 관계, 입지 조건 등이 돌널무덤과 비슷하여 돌널무덤의 한 종류로 분류하고 있다(이종선 1976). 하지만 재질의 생김새나 무덤방의 구조, 껴묻거리 등을 볼 때 돌널무덤의 범위에 포함시키기보다 하나의 독립된 무덤의 양식으로 이해하는 것이 합리적인 것으로 여겨진다(사진 8).

돌덧널무덤은 무덤구덩을 판 다음 깬 돌, 강돌, 판자돌을 섞어서 4벽을 만든 것이며, 割石墓라고도 한다(지건길 1997). 그런데 조사 결과 돌덧널 안에는 나무널이 자리하

사진 8 _ 청원 황탄리 유적의 돌덧널무덤

였을 가능성이 제시되고 있어 주목된다(유태용 2003). 이처럼 청동기시대의 무덤에서 다음 시기인 초기 철기시대 무덤의 변화 과정을 알 수 있는 자료 가운데 하나다. 돌널무덤처럼 지상에 아무런 흔적이 없어 이 무덤도 학술조사보다는 우연히 찾아지는 경우가 더 많다.

이 무덤은 거의가 해발 50m 안팎인 낮은 구릉지대에 분포하며, 주로 한반도의 서쪽 지역에서 많이 찾아진다. 무덤방은 다른 무덤보다 깊으며, 바닥 쪽으로 갈수록 좁아진다. 묻기는 대부분 바로펴묻기를 하였다.

이런 유적은 대전 괴정동, 아산 남성리, 예산 동서리, 서흥 천곡리, 함평 초포리, 화순 대곡리, 충주 호암동 등에서 조사되었다. 껴묻거리는 세형동검이나 그 시기의 것이 대부분이다. 주로 세형동검을 비롯하여 거친무늬 거울, 대쪽 모양 청동기, 방패형 청동기, 청동 도끼, 대롱옥, 동 꺾창, 동 투겁창 등 비교적 늦은 시기의 여러 청동 유물이 찾아져 무덤의 시기는 물론 묻힌 사람의 지위와 당시 사회상을 이해하는데 도움이 된다(지건길 1997).

한편 돌덧널무덤은 지역적인 특성이나, 무덤방의 짜임새 그리고 사용된 돌의 생김새 등에서 특징으로 볼 수 있는 것이 없어 아직까지 형식 분류를 하기에는 여러 어려운 점이 있다.

4. 움무덤[土壙墓]

이 무덤은 거의가 긴 네모꼴이나 긴 타원형의 무덤구덩을 판 다음 주검을 놓고 위쪽에는 넓적한 돌이나 나무를 덮은 구조를 지녔다(윤무병 1987). 가끔 무덤방에 뚜렷한 구조물이 없어 그 짜임새

를 이해하는데 어려움이 많다. 인류가 맨처음 축조한 것으로 보이는 움무덤은 역사시대까지 널리 이용되었다. 그리고 움무덤은 가끔 고인돌의 무덤방 가운데 하나로 이용되었다(사진 9).

움무덤 형식은 무덤구덩에 따라 크게 '단순토광형'과 '이단토광형'으로 구분된다(이동희 2010). 축조에 있어 차이가 있는 이런 무덤구덩은 한 유적에서 같이 찾아지고 있는데 대표적으로 공주 남산리, 보령 관창리, 부여 송국리 유적이 있다.

한편 근래에 움무덤의 범위에 속하는 돌뚜껑움무덤[石蓋土壙墓]이 금강 유역에서 발굴되어 주목을 받고 있다. 이 무덤은 무덤구덩의 위쪽에 뚜껑돌의 기능으로 판자돌을 1매 덮는 구조다. 그런데 논산 마전리, 전주 여의동, 진안 여의곡 등 몇몇 유적에서는 벽쪽에서 판자돌이 조사되고 있어 돌널무덤과의 관련성을 시사한다. 또한 이 무덤에서는 껴묻거리로 민무늬토기, 돌화살촉, 간돌검 등이 발굴되었다. 무덤구덩의 구조적인 관점에서 볼 때 이 무덤도 1단과 2단으로 구분되는 자료가 조사되었다(김승옥 2001).

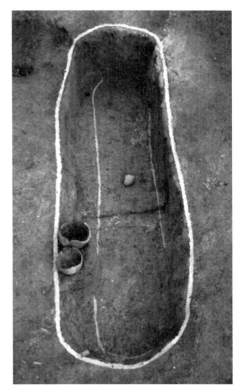

사진 9 _ 대전 궁동유적의 움무덤

돌뚜껑움무덤은 분포 입지, 껴묻거리, 구조로 볼 때 송국리형 문화와 서로 깊은 연관성이 있는 것으로 해석된다.

5. 독무덤[甕棺墓]

독무덤은 살림살이에 사용하던 독이나 항아리에 주검을(육탈된 뼈, 영아 등) 넣어 땅 속에 묻는 하나의 장법이다. 최근 조사 결과를 보면 이 무덤은 신석기시대부터 시작하여 삼국시대까지 이용된 것으로 밝혀졌다.

이 무덤은 무덤구덩을 대부분 2단으로 마련한 다음 토기를 놓는데 거의가 송국리식 토기이며(김길식 1998), 드물게는 익산 석천리 유적처럼 곧은 아가리에 골아가리 무늬가 있는 토기가 이용되기도 한다(이건무·신광섭 1993). 석천리의 독널은 무덤의 시기를 가늠하는데 참고가 되며, 일반적으로 알고 있는 연대보다 이른 시기에 해당하는 것 같다(사진 10).

사진 10 _ 독무덤(논산 마전리/익산 화산리)

독널은 대부분 바닥에 지름 3cm 안팎의 구멍이 뚫려 있는데 이것의 쓰임새는 배수, 방습, 의례 행위 등으로 해석하는 의견이 있다.

독널을 놓는 방법에 따라 크게 곧추 세우는 것(直置)과 약 70°쯤 비스듬히 눕히는 것(斜置)으로 구분된다. 또한 늦은 시기에는 독널의 수에 따라 외독무덤[單甕墓], 이음독무덤[合口式] 등으로 나눈다(지건길 1997).

독널의 아가리 쪽은 판자돌이나 깬 돌을 이용하여 막는데 최근에는 논산 마전리와 익산 화산리 유적처럼 작은 바리모양 토기나 토기 조각으로 덮은 자료가 조사되기도 한다(고려대 매장문화재연구소ㆍ한국도로공사 2002). 토기를 이용한 이런 구조의 독널은 모두 비스듬히 눕히는 방법으로 축조하였다.

독무덤의 묻기는 여기에 사용된 토기의 크기로 볼 때 거의가 두벌묻기를 한 것으로 해석된다. 껴묻거리는 독널도 있고 대롱옥이 찾아지기도 한다.

참고문헌

고동순, 1994,『江原 嶺東地方 支石墓 硏究』, 강릉대학교 석사학위논문.

고려대 매장문화재연구소, 1996,『舘山里(Ⅰ)』.

고려대 매장문화재연구소·한국도로공사, 2002,『마전리 유적』.

김권중, 2008,「청동기시대 주구묘의 발생과 변천」『한국청동기학보』3.

김길식, 1998,「부여 송국리 무문토기시대묘」『考古學誌』9.

김병모, 1981,「韓國 巨石文化 源流에 관한 硏究(Ⅰ)」『韓國考古學報』10·11.

김승옥, 2001,「금강유역 송국리형 묘제의 연구」『韓國考古學報』45.

김승옥, 2003,「금강 상류 무문토기시대 무덤의 형식과 변천」『韓國考古學報』49.

김약수, 1986,「금호강 유역의 지석묘 연구」『인류학연구』3.

김용운·김용국, 1996,『도형 이야기』(우성).

김원룡, 1974,『한국의 고분』.

김재원·윤무병, 1967,『韓國 支石墓의 硏究』, 국립중앙박물관.

남일룡, 2005,「평양일대에서 새로 발굴된 고인돌무덤과 그 의의」『단군과 고조선 연구』, 지식산업사.

노혁진, 1986,「積石附加支石墓의 型式과 分布」『翰林大 論文集』4.

도유호, 1959,「조선 거석문화 연구」『문화유산』2.

서국태, 2005,「고조선의 중심지와 령역」『단군과 고조선 연구』, 지식산업사.

석광준, 1974,「오덕리 고인돌 발굴보고」『고고학자료집』4.

석광준, 1979,「우리나라 서북지방 고인돌에 관한 연구」『고고민속론문집』7.

석광준, 2002a,『조선의 고인돌무덤 연구』, 중심.

석광준, 2002b,『각지 고인돌무덤조사 발굴보고』, 백산자료원.

손진태, 1934,「朝鮮 돌멘(Dolmen)考」『開闢』1.

심봉근, 1981,「한일 지석묘의 관계」『韓國考古學報』10·11.

심봉근, 1983,「墓制Ⅰ(支石墓)」『韓國史論』13, 국사편찬위원회 엮음.

오대양, 2007,「한강 본류유역 고인돌 유적의 성격」『백산학보』79.

우장문, 2006,『경기지역의 고인돌 연구』, 학연문화사.

유태용, 2001,「지석묘의 형식 분류와 축조연대에 대한 재검토」『京畿史學』5.

유태용, 2003,『韓國 支石墓 硏究』, 주류성.

윤무병, 1987,「공주군 탄천면 남산리 선사분묘군」『삼불 김원룡교수 정년퇴임기념논총』.

윤호필, 2009,「청동기시대 묘역 지석묘에 관한 연구」『경남연구』1.

윤호필, 2013,『축조와 의례로 본 지석묘사회 연구』, 목포대학교 박사학위논문.

이건무·신광섭, 1993,「益山 石泉里 甕棺墓에 대해서」『考古學誌』6.

이동희, 2010,「선사시대 무덤의 변천과 편년」『한국 고분의 편년 연구』, 서경문화사.

이영문, 1994,「전남지방의 지석묘의 성격」『韓國考古學報』20.

이영문, 1994, 「지석묘의 기능적 성격에 대한 검토」 『배종무 총장 퇴임기념논총』.

이영문, 2002, 『韓國支石墓社會硏究』, 학연문화사.

이융조 · 하문식, 1989, 「한국 고인돌의 다른 유형에 관한 연구」 『동방학지』 63.

이은창, 1968, 「大田 槐亭洞 靑銅器文化의 硏究」 『亞細亞硏究』 30.

이종선, 1976, 「韓國 石棺墓의 硏究」 『韓國考古學報』 1.

임병태, 1964, 「韓國 支石墓의 形式과 年代問題」 『史叢』 9.

임세권, 1976, 「韓半島 고인돌의 綜合的 檢討」 『白山學報』 20.

정연우, 2001, 「북한강유역 지석묘 연구」 『史學志』 34.

정백운, 1957, 「조선 고대무덤의 연구(1)」 『문화유산』 2.

조진선, 2004, 「전남지역 지석묘의 연구 현황과 형식변천 시론」 『한국상고사학보』 43.

지건길, 1982, 「東北 아시아 支石墓의 型式學的 考察」 『韓國考古學報』 12.

지건길, 1983, 「墓制 II」 『韓國史論』 13, 국사편찬위원회 엮음.

지건길, 1990, 「호남지방 고인돌의 형식과 구조」 『韓國考古學報』 25.

지건길, 1997, 「청동기시대의 유적과 유물 : 무덤」 『한국사 3 : 청동기문화와 철기문화』, 국사편찬위원회.

최몽룡, 1978, 「全南地方 所在 支石墓의 型式과 分類」 『歷史學報』 78.

최몽룡, 1990, 「호남지방의 지석묘 사회」 『韓國考古學報』 25.

하문식, 1999, 『古朝鮮 地域의 고인돌 硏究』, 백산자료원.

하문식, 2005, 「고조선의 무덤 연구 -북한지역 고인돌을 중심으로-」 『단군학연구』 12.

하문식, 2008, 「고인돌의 특이형식에 대한 연구 -'변형 탁자식 고인돌' 문제와 관련하여-」 『한국사학보』 30.

하인수, 1992, 「영남지방 지석묘의 형식과 구조」 『가야고고학논총』 1.

하인수, 2000, 「남강유역 무문토기시대의 묘제」 『남강유적과 고대 일본』.

한병삼, 1973, 「墓制」 『한국사』 1.

한흥수, 1935, 「朝鮮의 巨石文化 硏究」 『震檀學報』 3.

황기덕, 1965, 「무덤을 통하여 본 우리나라 청동기시대의 사회관계」 『고고민속』 4.

金旭東, 1991, 「1987年 吉林東豊南部蓋石墓調査與淸理」 『遼海文物學刊』 2.

王洪峰, 1993, 「石棚墓葬硏究」 『靑果集』.

陳大爲, 1991, 「試論遼寧"石棚"的性質及其演變」 『遼海文物學刊』 1.

許玉林 · 許明綱, 1981, 「遼東半島石棚綜述」 『遼寧大學學報』 1.

許玉林, 1994, 『遼東半島石棚』, 遼寧科學技術出版社.

華玉冰, 2011, 『中國東北地區 石棚硏究』, 科學出版社.

甲元眞之, 1973, 「西朝鮮의 支石墓(上)」 『古代文化』 25-9.

藤田亮策, 1942, 『朝鮮考古學』.

梅原末治, 1947, 『朝鮮古代の墓制』.

三上次男, 1961, 『滿鮮原始墳墓の硏究』, 吉川弘文館.

鳥居龍藏, 1946, 「中國石棚之硏究」 『燕京學報』 31.

Lawlor, R.(박태섭 옮김), 1997, 『기하학의 신비』, 안그라픽스.

제3장
분묘 출토유물과
지역별 특징

平郡達哉 島根大學 法文學部

Ⅰ. 머리말

人類史에 있어 이동채집생활로부터 정주생활로 전환하면서 초래된 다양한 사회변화 중 하나가 매장행위이다. 즉 死者와 生者는 죽음을 계기로 현세에서의 관계가 단절되면서부터 죽음을 둘러싼 여러 행위를 통해 양자 간의 관계를 구축하고 유지해 가는 활동이 행해지게 되었다. 그러한 행동의 물질적 결과가 무덤의 축조나 거기에 남겨진 유물이라고 할 수 있다.

여기서는 청동기시대 분묘에서 출토된 유물에 대해 그 종류와 출토상황의 특징 등을 정리하고, 그것들이 가진 사회적 의미에 대해서도 언급하고자 한다.

Ⅱ. 분묘 출토유물의 구분

청동기시대 무덤에서 부장유물이 출토된다는 것은 조사·연구의 시작단계로부터 알려져 있었는데, 출토유물의 종류와 그 성격에 대한 본격적인 연구는 전국적인 국토개발에 따른 발굴조사가 증가하면서 1990년대 중반부터 시작되었다(이영문 1993; 이상길 2000; 後藤直 2000; 조영제 1998; 하인수 2000; 김현 2006; 최종규 2010; 平郡達哉 2013).

분묘 출토유물의 출토위치를 기준으로 해서 주로 매장주체부 안에서 출토되는 부장용과 매장주체부 주변이나 적석 사이에서 출토되는 의례용으로 크게 구분할 수 있다. 의례용은 용도에 따라 被葬者의 죽음에 대한 애도 의미를 가진 장송용과 지석묘 축조와 관련된 제의용으로 세분된다. 의례용 유물은 생활과 관련된 유물의 성격을 가진 것으로 생각된다(이영문 2004).

부장용 유물은 매장주체부 구축 이전 혹은 구축 도중 그리고 구축 후에 부장된 유물로 다시 구분할 수가 있는데, 애초에 被葬者와 함께 매장주체부 안에 부장될 유물이 의도적으로 매장주체부 바깥에 부장된 것을 관외 부장유물이라 하고, 그 행위를 관외부장으로 정의할 수 있다. 무덤에서 나온 유물은 출토위치와 유물의 종류에 따라 다음과 같이 구분할 수 있다(이영문 2004; 平郡達哉 2013).

그림 1 _ 청동기시대 무덤 출토유물의 구분(이영문 2004에 加筆)

Ⅲ. 분묘 출토유물의 종류

여기서는 분묘 출토유물의 종류에 대해 재질별로 개관하고자 한다. 각 유물의 상세한 분류와 편년에 대한 새로운 검토가 목적이 아니기 때문에 출토유물의 분류·편년 등은 기존 연구성과를 받아들이면서 부장유물을 중심으로 서술하겠다.

1. 청동기

분묘에서 출토된 청동기는 비파형동검, 비파형동모, 동촉, 동착, 원형 검파두식, 동부 등이 있다. 이러한 청동기는 28유적의 41유구에서 48점이 확인되었다. 확인된 지역을 보면 평양, 황남 사리원, 황북 서흥·신평, 황남 은천·재령·백천, 춘천, 속초, 양평, 광주, 대전, 서천, 영암, 부여, 보성, 순천, 고흥, 여수, 김천, 사천, 산청, 거제, 창원, 김해 등 한반도 동북부를 제외한 넓은 지역에서 보이는데, 수량으로 보면 17점이 출토된 여수반도에서의 집중이 눈에 띈다.

이것들의 공반관계는 비파형동검+원형 검파두식(역동), 비파형동검+동착(송국리), 비파형동검+동촉(우두동), 비파형동검+동모(적량동 2호 석곽)가 있다.

1) 비파형동검

무덤에서 출토된 청동기 중 가장 많은 것은 비파형동검이다. 비파형동검은 대전 비래동 1호 지석묘와 춘천 우두동, 광주 역동, 서천 오석리 오석산 등의 석관묘 출토품을 비롯해 전기 후엽부터 보이기 시작되고, 지금까지 40점의 비파형동검이 확인된 바가 있다. 비파형동검 자체에 대한 설명은

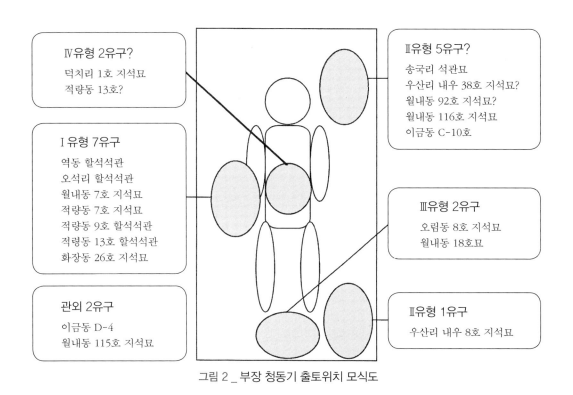

그림 2 _ 부장 청동기 출토위치 모식도

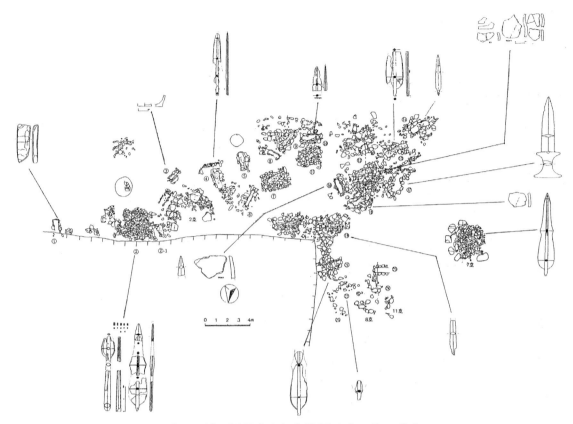

그림 3 _ 여수 적량동에서의 비파형동검 출토 유구 배치도

이미 많은 논고(이영문 2002; 宮里修 2010; 宮本一夫 2002 · 2014)에서 다루어졌기 때문에 여기서
는 부장양상에 대해 간략히 언급하고자 한다.

발굴조사 과정에서 부장된 원위치로 출토된 것으로 추정되는 비파형동검 19점은 출토상황과 위
치에 따라 다음과 같이 다섯 유형으로 구분할 수 있다(그림 2).

Ⅰ : 長壁 중앙에 붙임(7)
Ⅱ : 長壁에 붙이지만 短壁쪽에 치우침(6)
Ⅲ : 短壁에 붙임(2)
Ⅳ : 매장주체부 중앙(2)
Ⅴ : 관외부장된 것(2)　　　(　)안의 숫자는 사례수

비파형동검 19점 중 장벽을 따라 출토된 것은 13점으로 70% 정도의 비율을 차지하므로 비파형 동검의 기본 부장방법이라고 할 수 있을 것이다. 이들 중 장벽 중앙에 붙은 것은 봉부방향이 피장자 의 다리방향과 일치한다면 허리 오른쪽에 佩用하는 모습을 나타낸 것으로 추정된다.

2) 비파형동모

琵琶形銅矛는 제품으로서 8점, 거푸집으로서 함남 영흥읍 출토품 1점 총 9점이 확인된 바가 있 다. 분포지역을 보면 평안남도, 평양, 함경남도, 전남 여수·보성 등 한반도 북서부로부터 남부를 중 심으로 확인된다.

이들 중에서 무덤에서 출토된 비파형동모는 상원 용곡리 5호 지석묘(길이 13cm), 여수 적량동 2 호 석곽(길이 40cm)과 보성 봉릉리 지석묘(봉부편, 잔존 길이 11.5cm)에서 각 1점의 총 3점이 확인 된 바가 있다. 특히 40cm나 되는 대형품은 적량동 출토품 이외에 호림박물관 소장품(길이 42.6cm) 이 있는데, 서남부에서만 보이는 형태이다. 이건무의 의한 분류에 따르면 Ⅰ류 즉 신부 넓이가 좁고, 전체 길이에 비해 袋部 길이가 긴 것이다(이건무 1994). 평남이나 평양 등 북서부지역 출토품에 비 해 남부에서 출토된 4점(전 익산 출토품, 전 보령 출토품, 여수 적량동, 보성 봉릉리)은 20cm를 넘 는 大型에 속하는 것이 특징이다(宮里修 2010). 여수 적량동 2호 석곽 출토품은 비파형동검 1점과 공반되었고, 두가지의 청동기가 부장되는 유일한 사례이다.

3) 동촉

銅鏃은 8유적에서 13점이 출토되었고, 황남, 강원, 경남 등 서로 거리를 두고 분포한다. 석관묘 [사리원 상매리, 백천 대아리, 백천 홍현리(2점), 춘천 우두동(2점), 산청 매촌리 35호(지석묘 하부 구조?)]에서 7점, 지석묘[은천 약사동, 보성 덕치리, 거제 아주동, 김해 무계리(4점)]에서 7점이 출 토되었다. 이것들은 우두동에서 출토된 2점 중 1점을 제외하고 모두 유경식이고, 미늘(棘)이 있는 것과 없는 것으로 구분되는데(宮里修 2010), 미늘이 있는 것은 3점(상매리, 대아리, 우두동)이고 황 해도와 강원도에서 확인된다. 한편 경남에서 출토된 6점은 미늘이 없는 것이다. 또 한편 덕치리와 아주동 출토품처럼 동검의 일부를 제가공한 것이다(이영문 2004).

분묘 출토 동촉 중 출토 위치를 알 수 있는 자료는 4점 있다. 공반된 일단병식 마제석검의 부장위 치(덕치리 : 배 위, 매촌리 : 머리 왼쪽)에서 차이가 보이지만 모두 장벽쪽에서 출토되는 것과 일단 병식석검 1점 및 유경식마제석촉 다수와 공반되는 것이 공통된다. 석검과 별도의 공간에 석촉과 함 께 부장되는 모습(이양수 2011)을 보여주는데, 이러한 점이 특징이라고 볼 수 있다. 같은 청동기라 고 하더라도 비파형동검과 동촉에는 그 성격에 차이가 있을 것으로 생각된다.

4) 원형 검파두식

원형 검파두식은 광주 역동과 김해 연지리 출토품으로 2점밖에 확인되지 않았는데, 모두 長壁 중앙에서 短壁쪽으로 치우친 곳에서 출토되었다. 역동 출토품은 동검의 부속구로서의 기능을 가지고 부장된 것을 알 수 있다(사진 1). 연지 출토품의 경우는 후대의 삭평이 심해서 동검의 유무를 알 수 없다. 역동 출토품은 요령성 대련 강상 7호묘 출토품, 김해 연지리 출토품은 요령성 청원 이사복 선관묘 출투품과 형태적으로 유사하다는 지적이 있다(宮本一夫 2014). 한반도 출토 원형 검파두식에 대한 납동의원소비 분석의 결과는 두 점 모두 한반도 남부에서 생산되었을 가능성이 제기된 바가 있다(한얼문화유산연구원 2012; 동아세아문화재연구원 2012). 역동 출토품은 공반된 마제석촉이나 무덤 주변에서 확인된 주

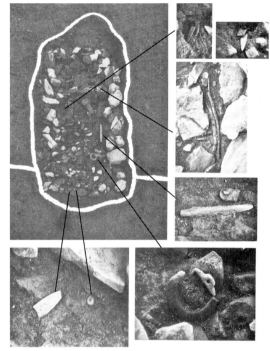

사진 1 _ 역동 마-1호 분묘(한얼문화유산연구원 2012)

거지에서 출토된 공렬문토기 등을 고려하면 청동기시대 전기 후엽으로 볼 수 있고, 연지리의 경우 공반유물이 없기 때문에 연대를 추정할만한 근거가 없지만 매장주체부가 고인돌의 하부구조일 가능성이 높으며, 할석을 정교하게 쌓아올리는 구조로 보아 전기 후엽으로부터 후기에 해당할 것으로 생각된다(宮本一夫 2014).

5) 동착 · 동부

분묘 출토 동착은 평양 장리 지석묘, 부여 송국리 석관 출토품 등 총 2점이다. 이것들은 평면형태가 장방형을 띤 것이고(宮里修 2010), 송국리 석관묘 출토품은 비파형동검의 재가공품으로 생각된다.

동부는 부채모양을 띤 것이 속초 조양동 지석묘에서 출토된 바가 있고, 이것이 유일한 분묘 출토 자료이다.

2. 마제석기

1) 마제석검

한반도 청동기시대 분묘 출토품 중 대표적인 물질자료가 마제석검이다. 마제석검의 형식과 그 변천에 대하여는 선행연구의 성과 특히 이영문과 박선영의 연구성과(이영문 2002; 박선영 2004)를 받아들이면서 분묘에서 출토된 마제석검에 대하여 언급하겠다.

마제석검은 먼저 身部와 손잡이(柄部)를 동시에 제작하느냐에 따라 즉 신부와 병부가 동시에 표현된 유병식과 병부를 따로 나무 등 다른 유기물로 제작하는 유경식으로 大別된다.

유경식은 경부의 길이에 따라 장경식과 단경식으로 세분되고, 대동강유역을 중심으로 한 서북지역에서 확인되는데, 장경식은 황해 봉산 덕림리, 평남 대동 미림리, 단경식은 价川 墨房里, 안주 신리, 대동 미림리, 黃海 沈村里, 신천 양장리, 강화 삼거리, 양주 금오리 등에서 발견된 바가 있다(이영문 2002).

유병식석검은 병부 형태에 따라 이단병식과 일단병식으로 세분된다(그림 4).

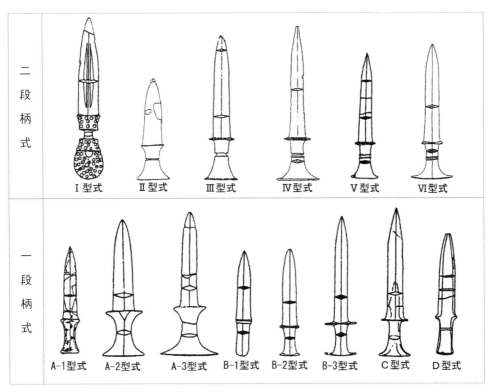

그림 4 _ 마제석검 형식분류(박선영 2004를 근거로 작성)

표 1 _ 이단병식 석검의 분류와 분기(박선영 2004에서 작성)

분기	형식＼요소	단 연결부 길이	단 연결부 단면 형태	마디(節)
I 기	I 형식	1.5cm 이상	원형 · 타원형	없음
	II 형식	1~1.5cm	장타원형 · 말각 장방형	없음
II 기	III 형식	1cm 미만	렌즈형 · 능형, 렌즈형 많음	있음
	IV형식	1cm 미만	렌즈형 많음	명확해짐. 병부 폭보다 바깥으로 돌출
III 기	V형식 (유절식)	1cm 미만	렌즈형 · 능형 같은 비율	더 명확해짐. 측면의 돌출도 명확해짐
	VI형식 (유절식)	마디 1조와 동일함	능형 많음	병부의 表裏만 있음. 측면은 마연

표 2 _ 일단병식의 분류(박선영 2004에서 작성)

형식	분류기준	
A	검신과 심부의 연결은 거의 직각으로 꺾여 단의 형태인 반면 심부와 병부의 연결은 단이나 절 없이 완만하게 연결	A1 : 검신과 병부가 구별될 만큼 짧게 돌출
		A2 : 심부가 1cm 정도 돌출
		A3 : 심부가 2cm 이상 돌출
B	검신과 심부, 심부와 병부의 연결이 양쪽 모두 완만하게 연결되고 심부가 절의 형태로 나타나는 것. 평면에서 볼 때 심부에서 검신과 병부로의 연결이 대칭적	B1 : 검신과 병부가 구별될 만큼 짧게 돌출
		B2 : 심부가 1cm 정도 돌출
		B3 : 심부가 2cm 이상 돌출
C	검신과 병부의 연결부가 절의 형태로 나타나나 평면에서 볼 때 심부에서 검신으로는 완만하게 연결되는 반면 심부에서 급하게 각을 이루며 연결되어 비대칭적	
D	심부가 표현되어 있으나 평면에서 볼 때 검신과 병부의 연결이 단이나 절 없이 면으로 연결	

　　이단병식은 병부 중앙에 있는 단연결부의 길이, 단면 형태, 심부 돌출도, 병두부 형태, 검신 형태, 검신과 병부 연결 형태, 혈구 유무 등에 따라 I~VI형식으로 나누어지는데, 공반유물의 세트관계를 바탕으로 I · II형식을 1기, III · IV형식을 2기, V · VI형식을 3기로 하였다(박선영 2004). 각 형식의 특징은 〈표 1〉과 같다.

　　일단병식은 A · B · C · D식으로 세분되는데, 각각 지역적 특징을 보여준다. 즉 A식은 섬진강과 낙동강유역을 중심으로 한 한반도 남부지역에 분포하고, B식은 금강과 낙동강유적에 분포하는데, 넓은 범위에서도 확인되고, C · D식은 금강, 만경강, 섬진강에 집중 분포한다(박선영 2004).

　　다음으로 부장양상에 대해 살펴보겠다. 2012년 말 시점에 영남지역의 청동기시대 무덤에서 출토된 마제석검은 62점인데, 유경식은 6점뿐이고 나머지는 유병식석검이다. 즉 전체 매장유구 수(724기)에서 본 마제석검의 출토비율은 8.4% 정도로, 매장유구의 23%에서 부장품이 출토되는 양상을 고려하면 낮은 수치라고 할 수 있을 것이다.

그리고 영남지역보다 많은 묘제자료가 확인된 전남지역에서도 비슷한 양상을 보여준다. 2012년 말 시점에서 전남지역에서 정식보고된 부장 마제석검은 141점(유병식 100점, 유경식 41점)이고, 전체유구 수(1911기)에 차지하는 마제석검의 부장 비율은 7.3% 정도가 된다.

결국 석검 부장이 모든 무덤에서 반드시 이루어졌던 것은 아니라는 것을 지적할 수 있고, 그러한 양상이 한반도 남부지역에 있어 석검부장의 전반적인 경향을 보여주는 것으로 생각된다.

2) 마제석촉

신석기시대에 수렵도구로서 등장한 석촉은 청동기시대가 되면 분묘 부장품으로서도 제작·매납하게 된다. 또 한 유구에서 여러 점이 출토되는 경향이 있기 때문에 분묘 출토품 중 가장 수량이 많다.

마제석촉의 형식분류에 있어 1차 분류기준을 莖部의 유무나 형태에 두느냐(安在晧 1991; 中村大介 2005) 혹은 身部 단면에 두느냐(孫晙鎬 2006)에 따라 차이가 있지만 無莖式, 二段莖式, 一段莖式으로 대별된다. 그리고 삼각형만입→이단경→일단경으로 변천해가는 것으로 생각된다(안재호 1991).

분묘 출토품으로는 무경식(삼각만입형)과 이단경식과 일단경식 모두 확인되었다.

삼각형만입은 대전 비래동 1호 지석묘에서 무경식이 비파형동검과 공반된 사례가 있는데 이것은 전기 후엽에 해당된다(庄田 2009). 이외에 전기에 해당하는 주구묘(홍천 철정리, 춘천 천전리, 진주 옥방 8지구), 석관묘(홍천 외삼포리, 정선 아우라지, 광주 역동, 괴산 사창리, 청원 황탄리, 진주 신당리, 해평 월곡리, 경주 월산리·덕천리), 토광묘(사천 이금동, 울산 굴화리), 지석묘(제천 황석리·구룡리·능강리, 대전 신대동, 진안 안자동·풍암·수좌동, 합천 저포리) 등 다양한 묘제와 넓은 지역

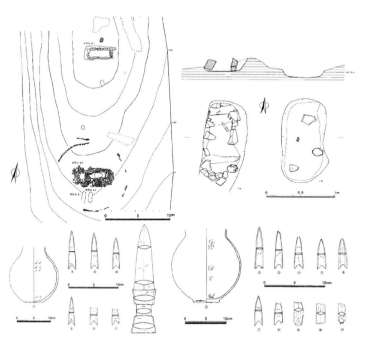

그림 5 _ 해평 월곡리 1·2호묘 출토 삼각만입석촉

에서 출토된다.

　일단경식 중에서도 신부가 길어지고 유엽형을 띤 것은 무덤의 부장품으로서 한 매장주체부에서 여러 점이 세트로 출토되는 경향이 있다.

　그리고 창원 신촌리 Ⅰ-3호, 함안 오곡리 32호 출토품처럼 관외에서도 출토된다. 관외부장된 마제석촉의 경우 모두 마제석검+마제석촉+적색마연토기의 세트관계를 이루고, 장벽 중앙에서 출토되는 것이 특징이다. 그리고 대부분이 완형으로 출토된다.

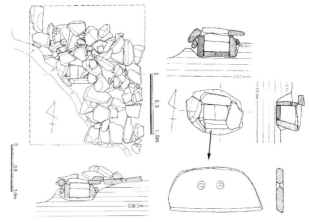

그림 6 _ 석도 관외부장 예(저포리 7호)

3) 반월형석도

　부장용 유물로서 출토된 반월형석도는 합천 저포리 E지구 7호 지석묘의 하부구조에서 나온 1점이 유일하다(그림 6). 길이 43cm, 폭 26cm 정도의 작은 매장주체부의 남장벽의 서쪽부분 바깥쪽에서 인부를 밑으로 하여 세워진 상태로 출토되었다. 수량은 많지 않지만 영암 장천리에서 분묘 주변에서 의례용 유물로서 출토되었다(이영문 2004).

　위의 부장용 유물과 달리 분묘 주변이나 묘역시설 안에서 출토되는 의례용 석기로서 유구석부(보성 덕치리 20호, 죽산리 다군 1-8호), 석착, 석부, 환상석부, 지석, 연석, 방추차, 어망추가 있다(이영문 2004).

3. 토기류

　토기부장은 신석기시대부터 시작되었는데, 청동기시대가 되면서 부장용 토기로서 적색마연토기와 가지무늬토기가 제작되었다.

1) 적색마연토기

　청동기시대 묘제에 있어 적색마연토기 부장이 시작되는 것은 전기 후반부터(배진성 2011)이며, 그 후 후기 후반까지 지속적으로 부장유물로서 埋納되었다. 부장되는 수량도 이금동 A-10호, 포항 삼정1리 1호, 산청 매촌리 20호 석관묘 등에서 2점 세트로 출토된 것 이외에는 1점만 출토되는 것이 기본이다.

여기서는 적색마연토기의 부장이 비교적으로 많이 확인된 경남지역의 자료를 바탕으로 적색마연토기의 부장양상에 대해 언급하겠다.

경남지역에서 확인된 적색마연토기의 부장사례는 189점 정도가 된다(최종규 2010). 이러한 자료들의 부장 위치를 보면 장벽쪽(47예), 단벽쪽(68예), 모서리(57예)로 나눌 수 있다. 수량으로 볼 때 단벽쪽이나 단벽과 장벽이 만나는 모서리 부분 즉 매장주체부의 단벽쪽에 치우쳐 나오는 경향을 찾을 수 있다.

경남지역 내에서도 마산, 김해에서 적색마연토기 부장이 많이 보인다. 이것은 마산 진동유적, 김해 율하유적의 두 유적에서 적색마연토기 부장율이 높게 확인되기 때문에 마산·김해지역에서의 부장사례가 늘어난 것으로 생각되는데, 마산 진동유적, 김해 율하유적에서의 특징적인 부장풍습이 반영된 것으로 볼 수 있다.

그리고 관외부장유물 중 가장 많은 것도 적색마연토기이다. 6유적 14유구에서 14점이 확인되었다. 적색마연토기는 1유구에서 1점씩, 다른 유물과 공반하지 않고 출토되었다.

2) 가지무늬토기(彩文土器)

가지무늬토기는 정선된 백색태토를 사용하고, 동체부가 옆으로 긴 磨研壺를 전형적인 器形으로 하는데, 頸部에서 동체부 中位에 걸쳐 흑색의 가지무늬가 시문된 토기이다. 한반도 남부 특히 전남 남해안과 경남 서부라는 한정된 지역에 있어 前期後葉부터 확인되는데(平郡達哉 2011), 가지무늬토기는 2점 세트로 부장하는 점이 가장 특징적이라고 말할 수 있다(禹枝南 2002; 姜仁旭 2003). 청동기시대 묘제에 있어 토기가 한 유구에 1점이 부장되는 것이 기본적인 풍습인 것을 보면 그 특이성이 주목된다. 2점 세트 부장은 석관묘, 토광묘에서 보이는데, 주구묘에서 가지무늬토기 2점 세트 부장이 특징적으로 나타난다. 또 가지무늬토기와 적색마연토기 혹은 무문토기와 함께 2점 세트를 이루는 것도 있는데, 토광묘, 할석형·판석형 석관에서 출토된다. 주로 단벽에 붙은 상태로 확인되었다.

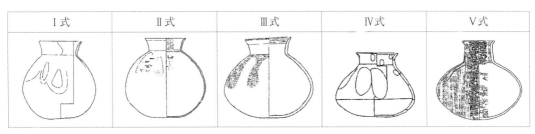

| Ⅰ式 | Ⅱ式 | Ⅲ式 | Ⅳ式 | Ⅴ式 |

그림 7 _ 가지무늬토기 형식 분류도

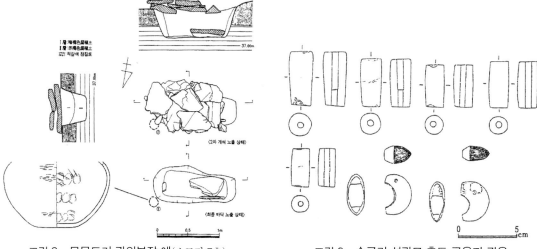

그림 8 _ 무문토기 관외부장 예(소토리 7호) 　　그림 9 _ 송국리 석관묘 출토 곡옥과 관옥

부장풍습에 있어 변화가 생긴 것은 후기부터이다. 固守된 2点 세트 부장이 가지무늬토기 1점 혹은 가지무늬토기 1점과 적색마연토기나 무문토기와 세트로 변화해간다.

3) 무문토기

관내에서 완형으로 출토된 무문토기는 없지만 양산 소토리 7 · 38호처럼 관외부장된 사례가 있다. 소토리 38호에서는 단벽쪽에서 출토되었고, 소토리 7호의 경우 개석 위에서 약간 뜬 상태로 출토되었다(그림 8).

4. 석제 장신구류

석제 장신구의 부장은 신석기시대부터 보이는데, 청동기시대가 되면 천하석제 옥류(곡옥 · 소옥 · 환옥)와 벽옥제 관옥이 주를 이루게 된다(庄田 2006).

시기별로 보면 전기는 곡옥이 주로 출토되는데, 관옥 · 환옥은 아직 소량 출토된다. 후기에도 곡옥이 지속적으로 출토되는데, 관옥은 출토양이 증가하고 크기도 대형으로부터 소형까지 다양하다. 이러한 경향은 곡옥과 환옥에서도 보인다(노희숙 2009).

곡옥은 부여 송국리 석관묘와 순천 우산리 내우 8호, 여수 평여동 다군 2호처럼 지석묘 하부구조에서 쌍으로 출토된다.

소옥은 옥 중앙부에 구멍이 있고 직경 0.5cm 정도의 소형품인데, 여수 평여동 다군 2호 지석묘에서는 곡옥(2점), 관옥(29점)과 함께 소옥(253점)이 세트로 출토되었다.

환옥은 소옥보다 크기가 크고, 직경 3cm 정도가 되며, 단면형태가 타원형을 띤다. 대표적이 사례로서 여수 평여동 다군 3호 지석묘 출토품을 들 수 있고, 환옥 2점과 함께 관옥 136점도 확인되었다. 관옥은 어느 정도 집중해서 출토되었지만 환옥은 각각 40cm 정도 떨어진 곳에서 출토되었다.

관옥은 한 유구에서 여러 점이 출토되는 경우가 많지만 창원 덕천리

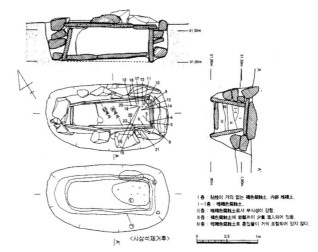

그림 10 _ 관옥 관외부장 예(이금동 D-3호묘)

2호묘(165점), 이금동 C-9호묘(208점)처럼 한 유구에서 대량으로 출토되는 경우도 있다. 창원 덕천리 2호묘(165점)의 경우 피장자 가슴부분에 부장된 것으로 추정되고, 줄에 꿰어 있었을 가능성이 있다(경남대학교 박물관 2013).

이외에 영암 망산리 5호 지석묘 출토품처럼 곡옥 1점과 관옥 여러 점이 세트를 이루거나 진주 귀곡동 6호 석관묘에서는 곡옥 1점, 반월형옥 2점, 관옥 2점, 환옥 11점이 세트로 확인된 바가 있다.

사천 이금동 D-3호 석관묘의 경우 시상석의 위아래에서 관옥이 출토되었다. 이와 같이 관외부장된 관옥은 석관을 설치하기 전에 묘광 바닥면에 뿌려지는 것이 특징이다. 다만 이러한 관옥의 관외부장은 현재 자료로서는 경남지역에서만 보이는 지역적 특징을 가진 매장풍습이라고 생각된다.

IV. 분묘 출토품이 가지는 사회적 의미

1. 분묘 출토품으로 본 장송의례

분묘 출토품과 관련해서 매장행위를 진행시키는 데 있어 여러 단계에서 의례행위가 이루어진 것은 이미 지적되어 왔다(이상길 2000; 윤호필 2007)(표 3).

여기서는 의례행위의 각 단계에서 쓰인 구체적인 유물의 종류를 제시하면서 그 성격에 대해 정리하고자 한다.

표 3 _ 청동기시대 무덤(지석묘) 축조과정과 의례 대응

| 이상길(2000) | | 윤호필(2007) | | 무덤 출토 의례유물 |
축조과정	단계별 의례	축조과정	단계별 의례	
묘지의 선정		묘지 선정	산천의례	
		묘지 조성	지신의례	
정지	I 단계 정지의례	묘역선정 및 정지	정지의례	
상석, 석재의 이동		채석	채석의례	
		석재운반 (상석, 벽석, 바닥석 등) — 운반 시작		
		석재운반 — 운반 과정		
		석재운반 — 도착		
매장시설의 축조	II 단계 축조의례	묘광 파기	천광의례	
		바닥석 및 벽석 (4벽)설치	축조의례	비파형동검, 관옥
시신의 운반(運柩)	III 단계 매장의례	시신안치 및 유물부장	매장의례 매납의례	비파형동검·동모·동촉, 마제석검·석촉, 적색마연토기, 가지무늬토기, 관옥, 곡옥, 소옥
시신의 안치 (매장)				
유구 내부 매몰	IV 단계 매장의례	매장주체부 내부 채우기	밀봉의례	마제석검, 석촉, 적색마연토기, 가지무늬토기
개석 덮기		개석 덮기	밀봉의례	마제석검, 석촉, 적색마연토기, 무문토기
		개석상부 채우기	밀봉의례	
지석 및 상석 얹기		지석 및 상석놓기	상석의례	
묘역 만들기		묘역시설 설치 (敷石, 鋪石, 積石)	묘역의례	마제석검, 석촉, 석부, 적색마연토기편, 무문토기편
그 후	V 단계 제사의례	묘구(묘역)관리· 보수(벌초 및 보수작업)	제사의례	

1) 묘지 선정 및 정지단계

이 단계에서는 산천의례와 지신의례, 채석의례가 상정되는데(윤호필 2007), 아직 구체적인 고고자료가 확인되지 않았다. 정지의례와 관련되는 것으로 생각되는 고고자료는 송죽리유적에서 확인된 구덩이 안에 세워진 석부나 꽂아놓은 동검, 칠곡 복성리에서 확인된 석부가 있다(윤호필 2007).

2) 매장시설 축조단계

무덤 축조 장소가 정해진 후 매장시설 축조단계로 들어갈 것으로 생각되는데, 이 단계와 관련되

는 의례행위는 매장주체부 축조 이전에 이루어진 의례, 매장주체부 축조 도중에 이루어진 의례, 매장시에 이루어진 의례, 시신 안치 후에 이루어진 의례로 세분된다.

(1) 매장주체부 축조 이전에 이루어진 의례

현시점에 있어 확인된 첫 번째 의례관련자료는 바닥석 설치 이전에 관외부장된 비파형동검(이금동 D-4호)과 관옥(이금동 A-1 · C-9 · D-3 · D-4호, 옥방 1지구 45호)이다. 이러한 의례의 성격에 대해 '土地(神)에 대한 제사 내지 사방에 대한 제사'일 가능성도 제시된 바가 있다(최종규 2010). 그리고 이러한 바닥석 설치 이전에 이루어진 의례자료가 사천 이금동과 진주 옥방 1지구에서만 확인되기 때문에 남한지역 전체에 적용하기가 어렵고, 특정 분묘축조집단의 특징이라고 생각된다.

(2) 매장주체부 축조 도중에 이루어진 의례

신촌리 I 지구 2호 석관묘와 같이 조립된 석관과 묘광 사이를 메우는 과정에서 적색마연토기 1점을 관외부장하는 사례가 있다. 또 신촌리 I 지구 3호 석관묘와 같이 마제석검 · 석촉, 적색마연토기가 세트를 이루고 확인되기도 한다. 이러한 사례들은 시신의 안치 즉 매장하기 전에 이루어진 것으로 볼 수 있는데, 그 성격에 대해서는 '무덤이 오랫동안 견고하게 유지되도록 祈願하는 것'으로 보는 견해가 있다(이상길 2000). 또 마제석검과 석촉과 같은 무기형 마제석기가 완형으로 출토되며 무기가 원래 가지고 있는 기능을 감안하면 '벽사'의 의미도 상정할 수 있을 것이다.

(3) 매장시에 이루어진 의례

이 단계는 시신의 운반, 시신의 안치와 그것에 따른 유물의 매납 즉 부장이 이루어지는 단계이고, 이상길이 제시한 III단계 매장의례에 해당된다(이상길 2000). 이 단계에서는 비파형동검 · 동모, 마제석검 · 석촉, 적색마연토기, 가지무늬토기, 관옥, 곡옥, 소옥 등 가장 다양한 종류의 유물들이 확인된다.

관내부장된 청동기 즉 비파형동검 · 동모 · 동촉들의 출토위치 특히 비파형동검의 출토위치를 보면 허리 부근 즉 허리 오른쪽에 佩用하는 모습을 나타낸 것이 특징이다.

(4) 시신 안치 후에 이루어진 의례

이 단계는 매장주체부 구축이 완료된 후 즉 개석으로 매장주체부를 덮고, 시신의 안치 · 매장이 종료된 후에 이루어진 의례이다. 이 단계에 보이는 유물로서는 마제석검 · 석촉, 적색마연토기, 무문토기 등이 있다.

마제석검은 춘천 발산리 5호 지석묘에서 오각형을 띤 소형석관의 개석 위에 석촉 2점과 함께 관외부장된 사례가 있다.

적색마연토기는 개석은 덮은 후에 설치된 함안 오곡리 8 · 34호의 사례, 무문토기는 양산 소토리 7호처럼 개석 위에서 약간 뜬 상태로 출토되었는데, 이것도 개석을 덮은 후에 설치된 것이다.

3) 묘역시설 구축 후 단계

무덤의 영역을 표시하는 묘역시설에서 출토되는 유물들은 묘역시설 구축 후에 이루어진 의례행위를 보여준다. 이 단계에 보이는 유물로는 마제석검 · 석촉, 석부, 적색마연토기편, 무문토기편 등이 있다. 다만 이러한 유물들이 묘역시설이 구축된 직후에 이루어진 의례와 관련되는지, 아니면 시간차를 두고 이루어진 의례(윤호필 2007)와 관련되는지 명확한 구분기준을 찾기가 어렵다.

2. 무기형 부장품의 등장

각종 부장행위에 있어 공통적으로 보이는 것은 검(동검 · 석검), 화살촉(동촉 · 석촉)과 같은 무기의 형태를 띠는 유물을 부장한다는 점인데, 이와 같이 무덤에 부장된 비파형동검 · 동모, 동촉, 마제석검 · 석촉 등 무기 모양을 가진 부장품을 포괄하여 '武器形 副葬品'으로 규정할 수 있다. 특히 비파형동검과 마제석검은 하나의 매장주체부에서 1점만 출토되는 것이 기본 부장풍습이고, 그 출토위치가 패용상태를 보여주는 사례가 많다. 이점으로 보아 비파형동검과 마제석검은 특정한 개인(피장자)이 사용한 물건이거나 개인을 위해 제작된 물건 즉 한 個人에 속하는 물건으로 볼 수 있다.

이러한 무기형부장품의 성격에 대해 구체적인 자료를 제시하면서 언급하고자 한다.

달성 평촌리에서는 양호한 인골자료와 그것과 공반된 마제석검 · 석촉과 같은 부장품, 그것들이 매납된 개별분묘, 그리고 개별분묘가 유기적인 관계를 유지하면서 축조된 묘지가 확인되었다.

이 유적에서는 매장주체부에서 인골이 확인된 유구는 12기이고, 주축방향과 인접양상을 바탕으로 일곱 개 그룹으로 나눌 수 있는데, 각 그룹마다 석검+석촉을 세트로 부장하는 무덤이 존재한다 (그림 11).

피장자의 연령을 보면 12~18세(25호), 20~24세(12호), 25~29세(13호), 30~34세(20, 3, 28, 17, 22호), 45~55세(11, 16호), 50세 이상(21호)으로 감정되었고, 무기형 부장품이 부장되는 피장자의 연령은 30~34세 중심으로 보이지만, 12~18세라는 비교적 젊은 연령층뿐만 아니라, 40세 이상의 피장자에게도 부장되었고, 연령이라는 카테고리가 반드시 무기형 부장품의 부장 기준이 되지는 않았던 것을 알 수 있다.[1] 물론 이러한 내용을 남한지역 전체에 적용할 수 있다고는 생각하지 않지만, 무

---

1) 마제석검이 부장품으로 출토된 진주 본촌리 2호 석관묘의 경우 발견된 인골이 30대 여성으로 감정된 사례도 있기 때문에 마제석검이 출토되면 반드시 남성으로는 볼 수 없다. 피장자의 성별 문제는 인골을 근

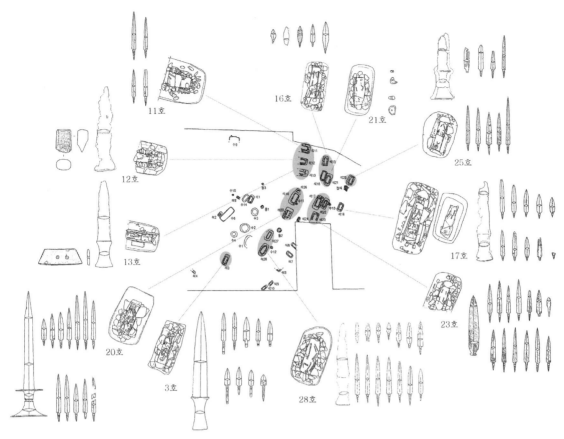

그림 11 _ 달성 평촌리 인골 출토 유구와 공반유물

기형 부장품으로서의 석검의 성격을 생각하는 데 있어 하나의 힌트를 제공하는 것으로 생각한다.

　위와 같이 청동기시대의 부장유물 및 부장행위의 특징으로서는 個人性이 강한 무기형 부장품인 동검·석검 1점, 석촉 여러 점을 한 명의 피장자를 위해 부장했다는 점, 그리고 모든 피장자에게 부장되는 것이 아니라 소수의 사람에게 이루어진다는 점[2]을 들 수 있다. 또 출토위치로 볼 때 佩用 상태를 보여주는 것에 대해서는 생전에 사용한 것을 부장하는 것에서부터, 부장용으로 제작된 것으로 생각되는 대형품·의기화된 것을 부장하는 것으로 변화된다. 그것은 실제로 무기로서 사용했다기

거로 언급되어야 할 문제이다.

2)　물론 유적에 따라 석검이 부장되는 비율에 차이가 있다. 예를 들어 우산리 내우나 달성 평촌리 등에서는 비교적으로 많은 유구에서 석검 부장이 확인되었다.

보다 시간의 흐름에 따라 대형화·의기화해 간 것으로 생각된다. 그리고 사람을 공격·殺傷하기 위한 도구라기보다 무기가 가지는 상징성(문제해결 방법으로서의 무력)이 보다 강조되고, 청동기사회에서 생기는 여러 문제들(취락구성원 혹은 취락간의 불화, 갈등 등 긴장관계)을 해결해야 할 상황에서 위세를 상징하고, 그것을 가진 자가 문제해결자로서의 역할을 담당한 것으로 추정된다.

그리고 그러한 문제해결자로서의 역할을 담당한 리더의 지위를 표시하는 특권적인 장치·특별한 위신재로서도 비파형동검이나 그 대용물로서 마제석검이 사용된 것으로 추정된다(배진성 2006). 무기형 부장품의 부장이 시작된 것은 청동기사회에 있어 리더의 출현을 말해주는 하나의 指標로 생각된다.

3. 분묘 출토유물의 특징과 변화양상

무덤에 부장품을 매납한다는 것은 신석기시대부터 보이기 시작하는 풍습인데, 청동기시대가 되면서 신석기시대에 보였던 장신구들(팔찌, 발찌, 옥제 귀걸이 등)이 사라지고, 생업과 관련된 유물들의 부장 특히 관내부장이 안보이게 된다. 대신에 청동기시대가 되면서 새로 보이게 되는 요소로서 비파형동검의 부장, 마제석검+석촉+적색마연토기의 세트부장, 가지무늬토기의 부장, 벽옥제 관옥의 부장 등을 들 수 있다. 또 위에서 언급한 바와 같이 무기형태를 띤 비파형동검·동모·동촉, 마제석검·석촉이 제작·부장된 것도 특징이라고 할 수 있다.

이러한 분묘 출토유물의 시기별 특징은 아래와 같이 정리할 수 있다.

전기 후반 : 신석기시대와 달리 비파형동검, 마제석검·석촉 등 무기형 부장품의 등장, 적색마연토기·가지무늬토기 등 부장용 토기, 벽옥제 관옥이 등장한다.

후기 전반 : 청동기 부장묘 특히 비파형동검의 부장이 여수반도, 고흥반도 등에서 집중적으로 보인다. 후기 이후 대규모 군집을 이루는 묘구가 보이게 되는 것은 농경사회가 한층 발전해갔던 과정과 연동된 것으로 볼 수 있다.

후기 후반 : 부장유물에서는 무기형 부장품의 성행이 특징이다. 이러한 무기형 부장품의 성행은 전기 후반에 무덤축조의 시작과 함께 나타난 것으로 생각된다.

V. 맺음말

이상으로 청동기시대 분묘 출토유물에 대해 개략적으로 살펴보았다. 그 중에서도 부장유물 및 부장풍습에 있어 청동기시대의 특징이라는 것은 먼저 앞 시대인 신석기시대에 비해 비파형동검, 마제석검, 마제석촉 등 무기형 부장품의 출현이 가장 큰 특징이라고 할 수 있다. 또 토기부장에 있어도 적색마연토기, 가지무늬토기 등 부장용으로 제작된 것으로 생각되는 토기가 부장되었는데, 적색마연토기는 한 매장주체부에 1점, 가지무늬토기는 2점 세트로 부장된다는 규칙성이 보인다. 이와 같이 청동기시대가 되면서 나타나는 새로운 부장품의 성격은 농경사회의 진전과 관련이 있을 것이라는 展望을 앞에서 제시하였다.

분묘 출토유물을 통해 청동기시대 사회의 성격을 밝혀내는 작업은 쉽지 않겠지만, 개별 유물에 대한 자세한 편년작업 등 기초작업의 중요성은 다시 말할 필요가 없을 것이다.

그리고 분묘 출토유물에서 우리가 예측하려고 하는 것은 당시 사람들의 행동과 사상이 담겨진 장송의례이고, 나아가서 청동기시대 사회에 대한 접근이다.

경남대학교 박물관, 2013, 『덕천리』.

宮里修, 2010, 『한반도 청동기의 기원과 전개』, 사회평론.

김권구, 2011, 「무덤을 통해 본 청동기시대 사회구조의 변천」 『무덤을 통해 본 청동기시대 사회와 문화』
　　　제5회 한국청동기학회 학술대회 발표요지, 한국청동기학회.

김권중, 2007, 「강원지역 청동기시대 묘제와 고인돌」 『아시아 거석문화와 고인돌』 제2회 아시아권 문화유
　　　산(고인돌) 국제심포지엄 자료집, 동북아지석묘연구소.

김길식, 1998, 「부여 송국리 무문토기시대묘」 『고고학지』 9, 한국고고미술연구소.

김승옥, 2007, 「분묘자료를 통해 본 청동기시대 사회조직과 변천」 『계층사회와 지배자의 출현』, 한국고고
　　　학회.

김현, 2006, 「경남지역 청동기시대 무덤의 전개양상에 대한 고찰」 『영남고고학』 39.

노희숙, 1997, 『한국 선사 옥에 대한 연구』, 한양대학교 석사학위논문.

노희숙, 2009, 「한국의 옥 문화」 『王と王權』, 宮崎縣立西都原考古博物館.

동아세아문화재연구원, 2012, 『김해 연지 지석묘 김해읍성 · 객사지』.

武末純一, 2002, 「요령식동검묘와 국의 형성 –적량동유적과 송국리유적을 중심으로–」 『청계사학』 16 · 17
　　　합집, 한국정신문화연구원.

박선영, 2004, 『남한 출토 유병식석검 연구』, 경북대학교 석사학위논문.

박영구, 2011, 「동해안지역 청동기시대 무덤의 변천」 『한국청동기학보』 9호, 한국청동기학회.

배진성, 2007, 『무문토기문화의 성립과 계층사회』, 서경문화사.

배진성, 2011, 「분묘 축조 사회의 개시」 『한국고고학보』 제80집, 한국고고학회.

손준호, 2006, 『한반도 청동기시대 마제석기 연구』, 고려대학교 박사학위논문.

손준호, 2009, 「호서지역 마제석검의 변화상」 『호서고고학』 20, 호서고고학회.

안재호, 1991, 『남한 전기무문토기의 편년 –영남지방의 자료를 중심으로–』, 경북대학교 석사학위논문.

우지남, 2002, 「부록1. 채문토기의 연구현황」 『고성 두호리유적』, 경남고고학연구소.

윤호필, 2007, 「경기도 지석묘의 장송의례」 『경기도 지석묘 연구의 어제와 오늘』, 경기도박물관.

이건무, 1994, 「요령식동모에 대하여」 『한국사학논집』 (상).

이상길, 2000, 『청동기시대 의례에 관한 고고학적 연구』, 대구효성가톨릭대학교 박사학위논문.

이상길, 2002, 「장신구로 본 세형동검문화기의 특징」 『세형동검문화의 제문제』, 영남고고학회 · 구주고고
　　　학회 제5회 합동고고학대회 발표자료.

이양수, 2011, 「2. 산청 매촌리유적 35호 석관묘 출토 동촉에 대하여」 『산청 매촌리 유적』, 우리문화재연
　　　구원.

이영문, 2002, 『한국 청동기시대 연구』, 주류성.

이영문, 2003, 『한국 지석묘 사회 연구』, 학연문화사.

이청규, 2010a, 「신석기-청동기시대의 요서지역 무덤의 부장유물과 그 변천」 『요하문명의 확산과 중국 동북지역의 청동기문화』 동북아역사재단 기획연구 42, 동북아역사재단.

이청규, 2010b, 「청동기시대 사회 성격에 대한 논의」 『고고학지』 제16집.

張龍俊·平郡達哉, 2009, 「유절병식 석검으로 본 무문토기시대 매장의례의 공유」 『한국고고학보』 72집, 한국고고학회.

庄田愼矢, 2005, 「湖西地域 出土 琵琶形銅劍과 彌生時代 開始年代」 『호서고고학』 12집, 호서고고학회.

조진선, 2006, 「무문토기사회의 위세품 부장과 계층화에 대한 토론」 『한국고고학회 창립 30주년 기념 한국고고학전국대회』.

庄田愼矢, 2009, 『청동기시대의 생산활동과 사회』, 학연문화사.

최성락, 1982, 「한국 마제석촉의 고찰」 『한국고고학보』 12, 한국고고학회.

최종규, 2010, 「송국리문화의 禮制 -경남을 중심으로-」 『고고학탐구』 제7호, 고고학탐구회.

平郡達哉, 2013, 『무덤자료로 본 청동기시대 사회』, 서경문화사.

한국고고학회, 2006, 『계층사회와 지배자의 출현』 한국고고학회 창립 30주년 기념 한국고고학 전국대회 발표요지.

한얼문화유산연구원, 2012, 『광주 역동유적』.

宮本一夫, 2002, 「朝鮮半島における遼寧式銅劍の展開」 『韓半島考古學論叢』.

宮本一夫, 2014, 「韓半島遼寧式銅劍再考」 『東アジア古文化論攷』 1.

中村大介, 2005, 「無文土器時代前期における石鏃の変遷」 『待兼考古學論集 -都出比呂志先生退任記念-』, 大阪大學考古學研究室.

庄田愼矢, 2006, 「朝鮮半島の玉文化」 『季刊考古學』 第94號.

後藤直, 1984, 「韓半島の青銅器副葬墓 -銅劍とその社會-」 『尹武炳博士回甲紀念論叢』, 尹武炳博士回甲紀念論叢刊行委員會.

後藤直, 2000, 「朝鮮青銅器時代」 『季刊考古學』 第70號, 雄山閣.

제4장
분묘의 분포·입지·군집

이동희 인제대학교

Ⅰ. 머리말

본고는 청동기시대 분묘의 분포, 입지와 군집 등에 대해서 개괄적으로 다루고자 한다. 공간적 범위는 우리나라가 주 대상이지만, 서북한지역과 밀접한 관련성을 갖는 중국 동북지역도 살펴보고자한다.

즉, 중국동북지방으로부터 제주도에 이르기까지 청동기시대 분묘의 분포양상, 입지와 군집이 가지는 의미 등을 각 지역별로 검토하고자 한다.

본고에서 다루는 청동기시대 분묘는 고인돌이 중심이지만, 그 외에 석관묘·석개토광묘·옹관묘·주구묘 등을 언급하고자 한다.

고인돌은 전남지방에 2만기에 달할 정도로 가장 밀집되어 있고, 기존 연구 성과도 타지역과 비교해 가장 많은 편이다. 따라서 분포·입지·군집에 대한 통계치가 비교적 정치하게 이루어진 전남지역 고인돌에 가장 많은 지면을 할애하고자 한다. 아울러, 전남지방에 고인돌이 가장 밀집된 이유에 대해서도 검토하고자 한다.

단독으로 분포하는 거대 상석의 고인돌은 제단(혹은 집단의 상징물)의 기능으로 추정되는데, 한강유역을 경계로 형식이 다르다. 즉, 한강 이북에서 독립 구릉에 1기씩 분포하는 탁자식 고인돌의 기능은 한강 이남으로 오면 기반식 고인돌이나 선돌(立石)이 그 기능을 대신한다고 볼 수 있다. 이러한 제단 기능을 하는 고인돌의 지역성도 살펴보고자 한다.

　본고는 새로운 견해를 제시하기보다는 되도록 기존에 이루어진 연구 성과를 정리하고자 하였다.

Ⅱ. 고인돌

1. 중국동북지방과 한반도의 고인돌 분포 개요

1) 중국동북지방

　요동지방에서 보고된 고인돌은 현재까지 105개소 430기이다. 요녕지방은 72개소 293기, 길림지
방에서는 33개소 137기가 분포한다(하문식 1999a; 許玉林 1994).

　고인돌은 요동지방에서도 일부지역에 편중한다. 요동반도 남단의 벽류하 유역과 동남쪽의 대양
하 유역에 주로 분포하고, 동북쪽으로는 요녕성의 혼하상류지역에서 길림성의 輝發河상류에 이르
는 동북 산간 분지에 집중적으로 분포한다.

　천산산맥 이남의 요남지역에서는 총 271기가 조사되었고 이 중 탁자식은 171기이고, 개석식은
100기이다. 천산산맥 이북의 무순 · 개원지역에는 총 22기인데, 이 중 탁자식은 17기, 개석식은 5기
이다. 통화 · 매화구지역에서는 탁자식 71기, 개석식 52기 등 모두 123기이다. 화전 · 반석지역에는
개석식 고인돌만 14기가 확인되었다(유태용 2010).

2) 한반도

　우리나라 고인돌의 분포현황을 각 지역별로 살펴보면 〈표 1〉과 같다.[1]

　북한지역의 고인돌 유적은 대동강과 그 지류인 비류강 · 남강 · 황주천 · 재령강을 포함한 평안남
도와 황해도 북부 등 서북한 지역에 집중 분포한다(장호수 2004). 평양을 중심으로 사방 60km 거리
안에 고인돌 14,000기 남짓 분포하는 것으로 알려졌다(석광준 1995). 그러나 북한에서 공식 발표한
조사자료에 따르면 11개 시도, 345개 지역 4,217기라고 한다(석광준 2002).

---

1)　본고에서 파악한 고인돌은 현존하는 수가 아니라, 훼손되었더라도 종래 보고된 자료를 모두 포함하고자
　　하였다.

표 1 _ 각 지역별 고인돌 분포현황

	강원도	경기도	충북	충남	전북	전남	경북	경남	제주도	북한	합계
유구(기)	395	1,200	207	600 (이상)	3,000	19,058	2,800	1500	140	4,217	33,117기
비율	1.2%	3.6%	0.6%	1.8%	9%	57.6%	8.5%	4.5%	0.4%	12.7%	100%
참고문헌	정연우 2005	하문식 2004	하문식 1999b	박양진 1999 하문식 1999b 황의호 2000	김승옥 2003 · 2004 김진 2007	이영문 · 조근우 1996	김권구 1999	윤호필 2004	최몽룡 외 1999	석광준 2002	

우리나라 고인돌 분포현황에서 주목되는 것은 전남지역의 고인돌이 전체 고인돌 수의 절반을 초과한다는 점이다(57.6%). 전남지역의 고인돌이 다른 지방에 비해 특이하게 많다는 점은 다음과 같은 몇 가지 관점에서 접근해 볼 수가 있다(이동희 2002).

우선, 고인돌 축조단계에 전남지방이 다른 지역에 비해서 많은 사람이 거주하였을 가능성이 제기될 수 있다. 하지만 전남지역의 고인돌 숫자가 다른 지역에 비해 너무나 월등하게 많기 때문에 부분적인 요소로만 간주되어야 할 것이다.

둘째, 고인돌이 비교적 장기간에 걸쳐 사용되었다는 점이 거론될 수 있을 것이다. 남한 지역의 고인돌 상한 연대는 기원전 10세기까지 소급되고 있다. 그런데 타지역에 비해 전남지역에서의 전기 고인돌이나 주거지는 희소하므로, 전남지방의 고인돌이 장기적으로 축조되었다는 점과 관련해서는 고인돌의 하한에 대해 살펴보는 것이 합리적이다. 즉, 전남지방의 청동기시대 묘제가 타지역에 비해 늦은 시기까지 사용되었을 가능성이 높다는 점이다. 이와 관련하여, 탐진강유역권 고인돌의 하한에 대해 기원전후시기로 보는 최근 견해(조진선 2008)는 주목할 만하다.

셋째, 다른 지역에서 빈출되는 청동기시대의 석관묘나 토광묘 · 옹관묘가 전남지역에서는 매우 희소하다는 점에 비추어 보면 청동기시대에 전남지역에는 고인돌만이 주묘제로 사용되었을 가능성이 높다.[2] 예컨대, 금강유역이나 낙동강유역에는 송국리형 묘제인 석관묘, 옹관묘, 석개토광묘 등이 상대적으로 빈출된다.

전남지역에서 고인돌이 청동기시대의 주된 묘제로 사용된 이유는 한반도의 끝이어서 새로운 문화의 변화에 둔감하였다는 점과 더불어 폐쇄성이 오래 지속되었다는 점과도 무관하지 않을 것이다.

---

2) 전남 서북부지역을 중심으로 한 영산강유역의 일부지역을 제외하고는 고인돌이 청동기시대의 지배적인 묘제인 점은 부인할 수 없다.

이는 삼국시대에 이르면 다른 지역에서는 청동기시대나 초기철기시대 이래의 甕棺墓가 다른 墓制의 부수적인 묘제로 전락하는데 비해, 전남지역에서는 옹관묘가 대형화될 정도로 한 묘제가 쉽게 바뀌지 않는 특성과도 궤를 같이 할 것이다. 같은 한반도의 남단이지만 청동기시대의 묘제로 고인돌 이외에 석관묘나 토광묘가 적지 않게 사용된 영남지역과는 차이점을 보이고 있다. 즉, 문화가 호서지역에서 영남지역으로 흐름은 어느 정도 확인되나 한반도 서남부 끝인 전남지역에는 그러한 양상이 미미하다는 점이다. 이는 지정학적으로 경남지역이 일본열도로 넘어가는 문화흐름의 통로역할을 한데 비해, 전남지역은 그러한 배출구가 없었다는 점에서 한번 들어온 묘제문화가 쉽게 바뀌지 않고 오랫동안 지속되는 특징을 나타낸다고 볼 수 있다.

2. 각 지역별 분포 · 입지 · 군집

1) 중국동북지역과 서북한지역[3]

(1) 입지

표 2 _ 중국동북지역과 서북한지역 고인돌의 입지에 따른 분포(하문식 1997)

*( )는 백분율

	요령	길림	서북한	계
산마루	34(27.2)	63(57.3)	1(1.1)	98(30)
산기슭	50(40)	43(39.1)	40(43)	133(40.5)
구릉지대	13(10.4)		36(38.7)	49(14.9)
평지	28(22.4)	4(3.6)	16(17.2)	48(14.6)
계	125(100)	110(100)	93(100)	328(100)

　　요령지역은 산마루나 산등성이 등의 산간지대나 평지에는 탁자식과 개석식 고인돌이 섞여서 분포한다. 탁자식 고인돌의 경우 산마루보다 산기슭에, 구릉지대보다 평지에 많이 분포한다. 이중 구릉지대의 탁자식은 상석과 고인돌의 전체 크기가 산산지대나 평지에 있는 것보다 훨씬 크므로 외형적으로 웅장하다.

　　길림지역은 산마루나 산등성이 등 산간지대에는 탁자식과 개석식이 섞여 있지만 평지에는 탁자

---

3)　중국동북지역과 서북한지역의 입지와 군집에 대해서는 하문식(1997)의 글을 인용하였음을 밝혀둔다.

식만 있다. 평지에는 고인돌이 1기씩 있지만 산자락의 고인돌유적에는 떼를 지어 분포하는 차이점이 있다. 이는 고인돌 축조인들이 강 옆의 평지에 살다가 생활공간의 확대에 따라 산간지역과 같은 높은 지대로 옮겨갔을 가능성과 무관하지 않다.

한편, 서북한지역은 산마루를 제외하고는 탁자식과 개석식이 섞여서 분포한다. 탁자식은 구릉지대에 가장 많이 분포하는데 조망이 아주 좋은 곳에 입지한다. 개석식은 산기슭에 가장 많고 그 다음이 구릉지대, 평지 순이다.

서북한지역의 경우, 비교적 낮은 지역인 구릉지대와 평지에 56%의 고인돌이 자리하고 있어, 요령이나 길림지역과 비교해 볼 때 상당히 높은 비율이다.

이와 같이, 입지조건은 요령지역은 조망이 좋은 높다란 구릉지대나 작은 산마루, 길림지역은 폐쇄성이 강한 산간지대에 많은 고인돌이 위치하여 차이를 보인다.

서북한지역도 강변의 평지나 높다란 구릉에 주로 위치한다. 산기슭에 있을 경우 그렇게 높지 않은 곳에 있으며, 주변 지역보다 조망이 좋은 높다란 곳(낮은 산마루나 구릉지대)에는 규모가 큰 탁자식이 1기 있는 경우가 가끔 있다.

(2) 군집

고인돌 집중 분포지역은 요령은 요동반도를 중심으로 한 요남지구의 벽류하·대양하·혼하유역이고, 길림은 요령과 경계지역인 분수령 부근의 휘발하유역이며, 서북한지역은 평안도와 황해도의 서해안에서 밀집한다. 고인돌은 요하 서쪽에는 보이지 않아 요하가 경계가 된다.

요령지역 고인돌의 밀집정도를 보면 요남지역인 요동반도 일대에 집중 분포한다. 요남에서 요북지구로 갈수록 밀집도가 낮은 것은 고인돌의 전파과정과 관련될 것으로 보인다. 탁자식의 경우, 요남지구는 대형부터 소형까지 여러 가지가 단독으로 있거나 아니면 한 유적에 섞여 있다. 요북지구에서는 대개 소형 탁자식 고인돌만 있으며 유물도 요남지구보다 이른 시기 자료가 보이지 않는다.

요령지역은 조사된 고인돌유적 57곳 중 고인돌이 한 유적에 1기만 있는 곳은 31곳(54.4%)이고 여러 기가 있는 경우는 26곳(45.6%)으로 1기만 있는 경우가 많았다. 가장 밀집된 곳은 수암 백가보자유적으로 12기이다.

요령지역의 고인돌유적에서 1기만 있는 곳 중 2개 유적을 제외하고는 모두 탁자식이다. 이러한 분포 모습은 형식에 따른 축조시기에서 탁자식을 이른 시기로 해석할 때 대체로 초기에 축조되었을 가능성이 높다. 즉, 고인돌 축조 초기에는 한 곳에 떼를 이루고 있기보다 1기만 만드는 것이 보편적 현상이었을 것이다.

길림지역의 밀집정도는 한 유적에 1기만 있는 곳이 13곳(46.4%)으로 가장 많고, 매하구 험수유적은 22기로 가장 밀집되어 있다.

서북한지역에서 조사된 25곳 중 고인돌이 한 유적에 1기만 있는 곳은 5곳(20%)이고, 나머지 20곳(80%)은 2기 이상으로 대부분 군집을 이룬다.

표 3 _ 중국동북지역과 서북한지역 고인돌의 밀집 분포 정도(하문식 1997)

*( )는 백분율

	1기	2~5기	6~10기	11~15기	16기 이상	계
요령	31(54.4)	23(40.5)	1(1.7)	2(3.4)		57(100)
길림	13(46.4)	9(32.1)	4(14.3)		2(7.2)	28(100)
서북한	5(20)	15(60)	3(12)	2(8)		25(100)
계	49(44.5)	47(42.8)	8(7.3)	4(3.6)	2(1.8)	110(100)

이와 같이, 요령지역은 1기만 있는 비율이 높았고 길림이나 서북한지역은 한 유적에 여러 기 있는 경우가 더 많았다. 이는 기능문제와 관련성이 있을 것이다.

요령지역의 탁자식 고인돌의 기능에 대하여 4가지로 정리된 바 있다(許玉林 外 1981; 하문식 1992). 첫째, 고인돌 그 자체를 신비한 상징의 대상으로 여기면서 기념이나 종교적 성격을 지닌 종교 제사 기념물, 둘째, 선사시대인들이 집단적으로 공공활동을 하는 집회 장소의 역할, 셋째, 선조 제사 장소, 넷째는 무덤의 기능이다.

제단과 같은 상징성을 가진 고인돌은 높은 지세에 위치하면서 외형적 웅장함을 지니고 있다. 독립적으로 1기만 일정한 범위에 분포한다.

최근 제단과 무덤의 복합적인 기능이 거론되고 있다. 요령지역 탁자식 가운데 후대에 종교 장소로 이용된 것이 있어 고인돌의 제단 기능에 대하여 시사하는 점이 많다(許玉林 1994).

길림지역의 고인돌은 대개 산마루나 산등성이에 군집을 이루고 있으며 덮개돌의 크기도 유별나게 큰 것이 없다. 탁자식에서도 구조적인 특징이 보이지 않고 전설도 없어 길림에서는 지금까지 제단 기능의 고인돌은 없는 것으로 보인다.

서북한지역의 탁자식 중에는 서해와 가까운 산마루나 능선 위에서 무덤 이외의 기능을 가진 것으로 해석되는 고인돌이 있다.

이러한 류의 고인돌은 자연의 힘에 의해 크게 의존하였던 고인돌 사회의 사람들이 의식을 거행하던 제단의 기능을 가지고 있었을 가능성이 높다. 이같은 고인돌이 서북한지역에서는 은율 관산리와 운산리, 배천 용등리, 용강 석천산에서 조사되어 주목된다. 이러한 고인돌 중에는 무덤방에서 껴묻거리가 보여 무덤으로서의 기능도 함께 지닌 듯하다(하문식 1997).

이러한 고인돌들은 서해 바다에 인접한 요동반도의 해성 석목성, 개주 석봉산, 장하 대황지의 탁자식 고인돌과 함께 둥글게 분포권을 이룬다.

2) 경기지역(하문식 2004; 우장문 2006; 이형원 2007)

2004년 기준으로, 경기(서울 · 인천 포함)지역에는 고인돌 133곳 900여 기가 분포하는 것으로 파악된다. 즉, 한강유역(강화지역포함) 82곳 457기, 임진강유역 30곳 400여 기, 안성천유역 21곳 44기 등이 분포한다.[4] 잔존한 유적 외에 보고 자료를 검토하면 1,200여 기가 있었다고 추정된다(하문식 2004).

강유역에서 발견되는 고인돌의 평균수는 임진강 3.5기, 한강 5.6기, 안성천 2.1기로 한강유역에 가장 밀집된다. 경기지역 평균은 4.9기이다.

강화도 오상리에 12기가 능선위에 군집하고, 파주 덕은리에 20여기의 소형 탁자식이 산능선에 밀집 분포한다. 강화도와 인접한 한강 하류에도 밀집도가 높은데, 파주의 서쪽인 다율리 16기, 당하리 10기, 야당리 4기, 심학산 30기, 서패리 5기 등으로 군집되어 있다. 특히 장명산을 중심으로 한 파주의 다율리·당하리·교하리 일대에는 106기의 고인돌이 분포하였다.

강화도·임진강북쪽·한강하류·남한강·북한강·안성천 유역 모두 여러 기가 떼를 이루어 분포하는 것과 달리, 임진강 남쪽(한탄강 남쪽)의 포천시 일원과 연천의 양원리 고인돌은 모두 탁자식으로 1기씩만 일정한 거리를 두고 분포하는 특징을 보인다. 포천지역의 탁자식 고인돌이 약 4km 이상의 거리를 두고 한기씩만 분포하는 것은 무덤의 기능보다는 세력의 중심지역에 축조된 상징물로 볼 수 있다(우장문 2006).

강화지역의 고인돌은 강화도 북쪽지역에 집중 분포한다. 대부분 산에 위치하는데, 경사면에 있는 경우가 많고 평지에 있는 경우는 매우 적다. 이는 해변가나 내륙 깊숙이 바닷물이 들어왔고, 산에서 고인돌 축조에 필요한 돌감을 구하였기에 노동력 문제와 관련될 것이다. 남한강유역은 강 옆의 들판이나 가장자리의 대지 위에 있는 것이 특징이다. 서해안 쪽으로 올수록 구릉이나 산능선에 고인돌유적이 집중분포한다. 임진강유역은 주로 샛강에 분포한다. 임진강유역에는 평지가 240기(62%), 구릉 113기(29%), 산기슭 33기(9%)로 거의 대부분 평지와 구릉에 자리한다. 고인돌 밀집도를 보면 1기만 있는 곳보다 여러 기 있는 곳이 70% 정도이다. 안성천유역은 대부분 산기슭이나 구릉 등 비교적 높은 지대에 입지한다(하문식 2004).

경기지역은 고인돌 유적의 분포와 입지조건에서 몇 가지 특징이 보인다. 고인돌이 산기슭이나 구릉의 꼭대기에 자리할 경우 덮개돌의 규모가 대체로 크고, 이 큰 고인돌을 중심으로 여러 고인돌이 분포한다. 임진강유역처럼 군집을 이룬 경우도 있지만, 1~3기 정도 분포하는 경우가 대부분이다(하문식 2004).

---

4) 한강유역 457기 중 형식을 알 수 있는 401기를 대상으로 살펴보면, 강화지역은 탁자식 77기(54%)·개석식 65기(46%), 남한강유역 탁자식 3기(5%)·개석식 53기(93%), 한강유역(북한강포함) 탁자식 46기(23%)·개석식 156기(77%), 임진강유역 175기 중 탁자식 116기(66%)·개석식 59기(34%), 안성천유역 43기 중 탁자식 1기·기반식 5기(12%)·개석식 37기(86%)으로 구분된다(하문식 2004).

3) 강원지역(정연우 2004 · 2005; 김권중 2007)

강원지역은 자연환경이 다른 영동과 영서의 두 지역에서 고인돌의 입지와 분포가 뚜렷이 구분된다(정연우 2004).

강원지역에는 종래 알려진 고인돌 395기 중 현재 275기만 잔존한다. 영서지역에 291기, 영동지역에 104기가 분포하는데, 이중 춘천지역에 강원도 전체의 1/4 가량이 밀집하고 있다(정연우 2005).

좀 더 세부적으로 살펴보면, 강원지역 고인돌은 춘천 · 양구 · 홍천 등 북한강유역과 그 지류, 평창 · 정선 등 남한강상류와 그 지류, 강릉 · 고성 · 양양 등 동해안 지역을 중심으로 분포한다. 이 중에서도 춘천 · 양구 등 북한강 상류역에 가장 많이 분포한다. 북한강유역에서 고인돌의 분포양상은 대부분 소규모로 군을 이루고 있으나 춘천 천전리 일대에서 최대 군집(37기)을 이룬다(정연우 2004).

입지는 영서지역은 하천 유역의 충적대지나 평지에 대부분 분포하며(92%), 영동지역은 낮은 구릉이나 산기슭에 위치하여(96%) 차별성을 보인다. 이러한 고인돌의 입지 양상은 양지역의 청동기시대 취락 입지와 거의 동일하다(김권중 2007).

영서지역은 춘천 천전리 1호 지석묘같이 방형이나 타원형의 적석이 부가된 고인돌이 다수를 차지하는 것이 특징이며, 영동지역의 고인돌은 묘역시설이 확인되지 않고 독립적 분포양상을 보이고 있는 것이 특징이다(김권중 2007).

강원지역에서 전기단계에 확인되는 묘제는 토광묘, 석관묘, 석곽묘와 주구묘 등이다. 이 단계에 고인돌은 확인되지 않는데 묘제는 1~2기 정도의 개별적 분포양상을 보이고 있으며, 묘실이 모두 지하식이다. 후기 단계에 이르면 전단계의 석곽묘와 주구묘는 사라지고 지석묘가 일반적 묘제로 자리 잡는다. 이 단계에 춘천지역에서는 다수의 고인돌이 군집하는 집단묘역화가 진행되고, 동시에 1기의 지석묘 내에 다수의 매장주체부가 설치되는 集葬式의 구조로 변화한다. 후기단계에 묘제의 군집화가 특정지역에서 고착되는 것은 농경의 발전에 따른 정착생활이 주요인으로 파악된다. 후기단계에 고인돌의 매장주체부는 소형석관화와 함께 유물의 관외부장 양상이 진행되고, 세골장이나 이차장이 성행한다. 이와 같이, 강원지역 청동기시대 묘제의 변화양상은 전기단계의 지하식에서 점차 지상식으로 변모하고 개별묘역에서 과도기를 거치면서 특정지역에서 집단묘역을 형성하며 묘역시설이 등장하며 혈연을 기반으로 가족묘화와 매장주체부의 소형 석관화가 보인다(김권중 2007).

4) 호서지역(박양진 1999; 하문식 1999b; 박순발 2004; 손준호 2007)

호서지역의 고인돌 수는 800기를 상회하는 것으로 파악된다. 즉, 충북지역에서 207기, 충남지역(대전 포함)에 600여 기의 존재가 확인된다(박양진 1999; 하문식 1999b; 황의호 2000). 입지조건을 보면 산마루, 산기슭이나 산등성이, 구릉지대, 평지 등으로 구분해 볼 수 있다. 충북지역(207기)에 한정해 보면, 산마루 2기(1%), 산기슭 50기(24.1%), 구릉지대 70기(33.8%), 평지 85기(41.1%) 등으로 구분된다. 산마루에는 개석식 고인돌만(2기) 분포한다. 이는 한강이북의 경우 산마루와 같이 조망이 좋은 곳에는 대부분 탁자식 고인돌이 위치하고 있는 것과는 차별성을 보인다. 산기슭과 구릉지대, 평지에서는 탁자식·기반식·개석식 고인돌이 모두 혼재되어 분포하고 있지만 거의 대부분(80% 이상)이 개석식으로 밝혀졌다(하문식 1999b).

충남지역의 고인돌은 서해안 지역과 금강유역에 주로 분포하는데, 보령·서천 등 충남 서해안의 남부지역 일대에서 밀집 분포한다. 보령·서천 등지에서 확인된 고인돌의 총수는 충남지역 고인돌 총수의 약 70%를 차지한다(박양진 1999).

충북지역의 고인돌은 금강과 남한강이 흐르는 큰 강가 옆이나 미호천이나 보정천과 같은 지류지역에 일부 집중적인 분포 모습을 보이고 있다. 고인돌 밀집 정도에서 한 유적에 1기만 있는 곳은 전체 78곳 중 52곳(67.5%)이고 나머지 26곳(32.5%)은 2기 이상인 것으로 밝혀져, 충북지역의 고인돌 분포는 한곳에 여러 기가 있는 것보다 1기만 있는 경우가 훨씬 많았다. 고인돌 유적의 밀집정도를 자세하게 나누어 보면 한 유적에 2~5기가 있는 것이 18곳(22.5%), 6~10기가 6곳(7.5%), 11~15기와 16기 이상이 각각 1곳씩 조사되었다(하문식 1999b).

호서지역의 고인돌 분포권은 한강유역권, 금강유역권, 삽교천유역권, 서해안권 등으로 대별해 볼 수 있다. 한강유역권은 충주, 제천, 음성 등지에서 26개군109기가 확인된다(하문식 1999b). 26개군 중 3기 이상 밀집군은 7개군인데, 밀집정도는 최대 46기(1군)을 정점으로 12기(1군), 9기(2군), 6기(1군), 3기(2군) 등으로 나누어진다. 1~2기로 구성된 곳은 19개군(전체의 73%)이다. 금강유역권은 111군 289기이다(박양진 1999). 군집의 양상은 최대 21기를 정점으로 12기(1군), 11기(1군), 9기(1군), 8기(2군), 7기(2군), 6기(1군), 5기(4군), 4기(8군), 3기(15군), 1~2기(75군) 등으로 세분된다. 1~2기는 전체의 68%이다. 삽교천유역권(예산, 아산, 천안, 당진의 일부)은 7군 27기가 확인된다. 군집양상은 7기(2군), 5기(1군), 3기(1군), 1~2기는 3군으로, 12기(43%)이다. 서해안권(태안, 서산, 홍성, 보령, 서천 등)은 종래 62개군 279기(박양진 1999)였으나 2000년 조사(황의호 2000)에서 105개군 389기로 증가하였다. 서해안권에 대하여 종래 알려진 자료를 대상으로 군집양상을 파악해 보면, 최대 20기(2군)를 정점으로 19기(1군), 12기(4군), 11기(1군), 10기(2군), 7기(3군), 6기(4군), 5기(1군), 4기(7군), 3기(7군), 1~2기(30군) 등이다. 3기 미만이 전체의 48%를 차지한다(박순발 2004).

금강유역을 대상으로 고인돌의 분포 양상을 검토한 결과, 3기 이상 밀집된 지점들 사이의 평균거리는 약 7km이다. 이들은 1~2기만 분포하는 지점에 비해 점유의 역사가 상대적으로 긴 것으로 파악된다(박순발 1998). 고인돌의 군집 정도를 축조집단의 역사성에 비례하는 것으로 본다면, 고인돌은 남한강유역의 밀집지역인 충북 제천 등지가 보다 이른 시기에 해당되고, 이어서 금강유역의 최대 밀집지점인 논산 등과 함께 서해안지역의 보령 등지의 고인돌 집단이 등장하고, 삽교천 유역은 상대적으로 늦은 시기에 해당될 가능성이 있다(박순발 2004).

5) 전북지역(김선기 2003; 김승옥 2004; 김진 2007)

전북지역 고인돌은 총계가 437군 2,649기라고 알려져 왔지만(김선기 2003), 추가된 고인돌을 포함하면 전북지역에는 최소 3,000기 이상으로 추정된다. 고창군 일대에는 205군 1,665기이다(군집당 8.2기). 이는 전북지역 고인돌의 63% 이상에 해당한다. 고창 죽림리 고인돌군은 구릉을 따라 약 2.5km 내에 400기 이상의 다양한 형식의 고인돌이 집중되어 한반도에서 가장 밀집된 고인돌군을 이룬다(김승옥 2003 · 2004; 김진 2007).

전북의 자연지형은 동부 산악지대와 서부 평야지대로 대별될 수 있는데, 고인돌은 고창지역을 제외하고는 대부분 동부 산악지대에서 발견된다. 동부산악지대인 금강상류역을 중심으로 묘역식 고인돌이 밀집 분포한다. 이에 비해, 군산 · 익산 · 김제 · 전주 · 정읍 등 서부평야지대에는 고인돌이 빈약하다. 즉, 익산 9기 · 군산 26기 · 김제 11기 정도의 고인돌이 확인된 바 있다. 금강하류를 중심으로 하는 익산과 군산지역에서는 석관묘와 옹관묘, 석개토광묘 등 송국리형 묘제가 밀집 분포하지만 고인돌 유적은 상대적으로 매우 적은 편이다. 이 지역의 소수 고인돌은 대부분 곡간의 충적대지에서 발견된다. 고창에서도 동북부의 산간지대에 대부분 분포한다. 지형에 따른 이러한 분포 차이는 크게 두 가지로 설명할 수 있는데, 첫째, 거대한 상석을 채석할 수 있는 암반이 동부 산악지대에서 훨씬 발달했기 때문이며, 둘째, 송국리형 묘제는 금강 중하류역에서 가장 밀집된 분포를 보이는데, 익산 · 군산 · 완주 · 전주 등 서부지역에서 상대적으로 이 묘제들의 축조가 성행했기에 고인돌의 축조가 빈약했을 것이다(김승옥 2001 · 2004; 김선기 2003; 김진 2007).

전북지역 고인돌은 다른 지역의 고인돌과 마찬가지로 강 연안의 충적대지나 구릉, 산기슭에 분포한다. 전북 동부지역의 고인돌은 구릉에 단독으로 분포하는 경우도 상당수 존재한다는 점에서 서부지역과 약간의 차이를 보인다. 순창군에서는 상당수의 고인돌이 단독 분포한다. 이들 고인돌의 상당수는 거대한 기반식 고인돌로서 주변을 조망하기에 유리한 구릉의 정상부에 분포한다. 구릉의 정상부에 단독으로 분포하는 기반식이라는 점에서 제단적 성격(이영문 2002)이나 영역 표시 등의 기능을 상정해 볼 수 있다(김승옥 2004).

군집수에 따른 고인돌의 분포를 보면 1~5기는 173군(67.3%), 6~10기는 44군(17.1%), 11~20기는 21군(8.2%), 21기 이상 19군(7.4%)에서 나타나고 있다. 고인돌은 군집수에 따라 피라미드형의 구조를 보이며 공간적으로도 위계적 조직 양상을 보인다. 각 밀집군에는 대군집, 중군집, 소군집의 고인돌의 일정한 간격을 두고 위계적으로 분포하는 듯한 인상을 준다. 최대밀집군과 최대 규모의 고인돌은 주변에 넓은 충적대지가 형성되어 있고 강의 본류와 지류가 합류하는 교통요지상에 분포하는 공통적인 특징을 보인다. 그러나 다른 지역과 달리 고창에서는 40기 이상이 밀집된 군집도 12군에서 발견되어 전형적인 피라미드 조직에서 이탈된 듯한 양상도 보인다(김승옥 2004).

6) 전남지역

(1) 분포

전남지역 고인돌은 2,208군 19,058기에 달한다(이영문 · 조근우 1996).

전남지역은 평야가 발달한 영산강유역 · 서해안지역이 서부를 이루고 산지가 발달한 섬진강유역(보성강유역)이 동부를, 남해안지역이 남부를 이루고 있다. 세지역의 대체적인 면적은 서해안지역을 포함한 영산강유역이 3/6 정도이고, 섬진강유역(보성강)이 1/6, 남해안지역이 2/6이다. 그러나 고인돌의 분포수량은 서해안 · 영산강유역과 남해안지역이 비슷하고 섬진강(보성강)유역은 전체의 1/6 정도이다. 그래서 남해안지역과 보성강 중류지역의 군집밀도가 높다. 전남 고인돌은 중심분포권도 뚜렷하다. 서부지역은 영산강중류지역인 나주 다시면 일대가 가장 중심지이고 해남반도, 영광지역도 비교적 많이 분포한다. 섬진강유역은 보성강중류지역에 중심분포권을 형성하며, 남해안지역은 관산반도 · 고흥반도 · 여수반도에 각각 중심분포권이 형성되어 있다(이영문 1993; 조진선 2004).

(2) 입지

고인돌의 입지 지형은 평지 · 구릉 · 고갯마루 · 산기슭 등으로 구분된다. 평지가 지역을 막론하고 가장 높은 비율을 보인다. 구릉 입지는 구릉이 발달한 서해안 · 영산강유역에서 상대적으로 높은 비율을 보이며, 남해안지역과 섬진강유역 순이다. 반대로 산기슭에 입지한 고인돌은 섬진강유역이 가장 높고 남해안, 영산강유역 · 서해안지역 순이다. 고갯마루에 분포하는 고인돌은 전체적으로 낮은 비율이다(이영문 1993).

그래서 전남지역을 전체적으로 보면, 고인돌은 산과 인접한 평지에 가장 많이 분포하며 구릉이 발달한 서부지역은 구릉에, 산지가 발달한 동부(보성강유역)와 남해안지역은 산기슭에도 많은 고인돌들이 분포한다(이영문 2002; 조진선 2004).

표 4 _ 전남지역 고인돌 분포수와 입지 · 지역별 관계표(이영문 2002)

	평지	구릉	고갯마루	산기슭	계
서해안지역	74(32.3%)	125(54.6%)	8(3.5%)	22(9.6%)	229
영산강유역	199(46.4%)	150(35%)	7(1.6%)	73(17%)	429
남해안지역	257(43.9%)	164(28%)	31(5.3%)	133(22.8%)	585
섬진강 · 보성강유역	175(52.2%)	56(16.7%)	7(2.1%)	97(29%)	335
계	705(44.7%)	495(31.4%)	53(3.4%)	325(20.6%)	1,578

(3) 군집[5]

① 군집 수에 따른 분류

군집수에 따라 입지가 다르다. 이는 집단간의 우열의 차이로 해석될 수 있다.

군집수는 1기, 소군집(2~9기), 중소군집(10~19기), 중대군집(20~29기), 대군집(30기 이상) 등으로 구분할 수 있다.

표 5 _ 전남지역 권역별 고인돌 군집 분포 수 관계표(이영문 2002)

	서해안		영산강		남해안		보성강		계	
대군집(30기 이상)	4	1.2%	7	1.2%	38	5.5%	15	3.9%	64	3.2%
중대군집(20~29기)	19	5.5%	24	4.1%	61	8.9%	14	3.6%	118	5.9%
중소군집(10~19기)	60	17.6%	100	17.3%	149	21.8%	87	22.5%	396	19.9%
소군집(2~9기)	208	61%	366	63.1%	367	53.7%	226	58.6%	1,167	58.6%
1기	50	14.7%	83	14.3%	69	10.1%	44	11.4%	246	12.4%
계	341	100%	580	100%	684	100%	386	100%	1,991	100%

가. 1기

1기만 있는 수는 전남지방 1991개 군집에서 246개로 12.4%를 차지한다. 1기만 분포한 예 가운데 대형 지석이 고인 기반식 고인돌인 경우, 상석이 잘 정제되어 있고 주위에서 쉽게 찾아볼 수 있는 약간 높은 곳이거나 계곡 끝 부분의 평지에 위치하고 있다. 이런 유형은 무덤으로서의 기능보다는 지석묘 축조집단의 신성한 모임의 장소나 제단적인 성격, 묘역을 표시하는 상징적인 기념물, 또 자기 영역을 뜻하는 경계로서의 의미를 가지고 있는 것으로 파악된다.

나. 대군집

대군집은 전남지역 1,991개 군집에서 3.2%를 차지한다. 서해안과 영산강유역은 1.2%인데 비해 남해안과 보성강유역은 5.5%와 3.9%로 높다. 이는 남해안지역과 보성강유역이 평야지대인 서해안이나 영산강유역보다 고인돌이 성행하고 오랜 기간 그들의 무덤으로 축조되었음을 의미한다.

대군집은 중대군집보다 평지에 입지한 비율이 줄어진 반면에 구릉이나 신기슭 등 지형적으로 높은 입지에 위치하는 비율이 전체의 66.6%로 높아진다. 이는 고인돌 축조집단 중 세력이 있는 집단의 묘역으로 평지보다는 높은 내시상이나 구릉을 택하였던 것으로 해석이 가능하다.

---

5) 전남지역 고인돌의 군집에 대해서는 이영문(2002)의 글을 인용하였음을 밝혀둔다.

② 군집으로 본 지석묘의 성격

밀집분포권의 분포수와 또 그 안에 산재된 각 군집간의 분포수에서 차이를 보이는 것은 지석묘 축조 집단의 규모나 세력의 우열 또는 축조기간의 차이와 밀접한 관계가 있다.

평지나 저평한 구릉이 발달한 개방된 지형보다는 해안분지나 계곡분지가 발달한 폐쇄적이고 고립적인 지형을 가진 지역에 고인돌이 더 밀집된다.

전남지역 고인돌의 군집에 따른 분포 비율을 보면 대개 대군집이 3%, 중대군집이 6%, 중소군집이 20%, 소군집이 71%로 소군집에서 대군집으로 갈수록 그 비율이 낮아진다. 고인돌이 동시기에 축조되었다는 가정이 따르기는 하지만 고인돌 축조군집간의 우열을 추정하는 자료로 활용할 수 있다. 대군집을 중심세력집단으로 보고 그 밑에 하위집단인 중·소군집이 배치된 사회라면 피라미드 상의 사회조직을 보인다. 가장 안정된 피라미드 구조를 가진 곳은 서해안과 영산강유역이라고 할 수 있다.

대군집은 부장유물이 조사된 석실의 30~40%에서 출토되고 있어, 많아야 10~20%에서 부장유물을 내는 중소군집이나 소군집과 비교된다. 발굴된 유적에서 청동기·옥·석검 등 부장유물(위세품)이 1개 이상 나오는 유적의 비율을 보면 소군집은 22개 중 10개의 고인돌군으로 45%, 중소군집은 21개 중 15개 고인돌군으로 71%인데 반해 대군집은 100%이다. 이같은 유물 출토상으로 보아 고인돌의 군집들을 혈연을 기반으로 하는 집단의 공동묘역으로 상정할 때, 대군집은 그 지역을 대표하는 혈연집단의 공동묘역으로 생각된다. 중대군집이나 중소군집, 소군집들은 대표군집인 대군집보다는 하위의 혈연집단의 묘역으로 볼 수 있다.

7) 경북지역(김권구 1999; 김광명 2004; 민선례 2007)

(1) 입지

경북지역(대구 포함) 고인돌들은 대부분 하천을 근처에 둔 곡간평야지대나 선상지에서 확인되며, 구릉에 입지한 경우는 그 예가 많지 않다. 고인돌의 입지는 청동기시대 주거지 입지와도 밀접한 관련성을 보인다. 예컨대, 하천 주변의 평야지대에 조성된 대구 상동유적·청도 진라리유적의 경우, 고인돌이 주거지와 일정 거리를 두고 위치해 있어서 당시 취락 내 생활영역과 묘역이 분리되어 있는 것을 보여준다(김광명 2004; 민선례 2007).

(2) 군집

경북지역에는 530여 군 2,800여 기의 고인돌이 분포하고 있는 것으로 알려져 있다. 30기 이상이 무리를 이루는 경우가 3곳, 21~30기가 모여 있는 경우가 9곳, 11~20기가 모여 있는 것이 51곳이다. 1기만 있는 것이 135곳, 2~5기가 모여 있는 것이 220곳, 6~10기가 모여 있는 것이 115곳이어서

1~10기 규모의 고인돌군이 다수를 이룬다(김권구 1999).

경북지역에서 200기 이상 고인돌 분포지는 대구 · 경산 · 경주 · 포항 · 청도 등이다. 이 가운데 경주(369기) · 청도(308기) · 포항(351기) 일대에 특히 밀집된 양상을 보인다(민선례 2007).

이와 같이 고인골은 대구를 비롯한 경산 · 영천 · 청도 · 경주 · 포항 등 주로 경북의 동남부지역에 집중한다. 수계상으로는 금호강의 지류인 오목천 유역, 형산강의 지류인 기계천유역, 청도의 청도천과 마일천 유역, 해안지역인 포항 칠포리 일원이다(김광명 2004). 즉, 경북지역의 고인돌은 대부분 낙동강 · 금호강의 소지류를 따라 형성된 평야지대에 위치한다. 1기씩 분포하는 경우도 있으나 하천의 흐르는 방향을 따라 1열 또는 2열로 배치되는 경우와 특정한 면적 안에 밀집되어 있는 사례도 확인된다(김권구 1999; 민선례 2007).

8) 경남지역(윤호필 2004; 이수홍 2007)

(1) 분포와 입지

경남지역(부산 · 울산 포함) 고인돌은 2004년 기준으로, 398곳 1,500기 이상이 분포하는 것으로 조사되었다. 경남지역 고인돌은 해안과 강(하천)을 중심으로 분포하고 있다. 즉, 해안지역인 남해 · 사천 · 고성 · 통영 · 거제 · 마산 · 진해 · 부산지역은 149곳, 서부경남지역인 하동 · 거창 · 합천 · 산청 · 진주지역은 94곳, 경남중부지역인 함안 · 의령 · 창녕 · 밀양지역은 119곳, 경남동부지역인 양산 · 울산지역은 36곳으로 해안지역에 많이 분포하고 있다. 내륙에 분포하는 지역도 강을 통해 해안으로 연결된 지역에 밀집 분포하고 있다. 경남지역은 비교적 산이 많고 구릉들이 해안까지 분포하고 있어 농경을 바탕으로 하는 고인돌 사회로서는 해안과 강을 중심으로 분포하는 것이 유리했을 것이다. 고인돌의 입지는 집단구성원의 합의에 의해 신성한 지역에 만들어진다. 해안지역은 주로 산기슭의 완사면과 곡부 평지에 주로 분포하며, 내륙지역은 구릉 완사면 · 강변충적지나 하안단구면 등에 분포한다(윤호필 2004).

(2) 군집

경남지역 고인돌은 주로 군집을 이루는 경우가 많으며, 일부 일정간격을 두고 1기씩 분포하는 경우도 있다. 군집을 이루는 경우, 경남지역에서는 列狀配置가 많다. 사천 이금동 · 거창 산포 · 합천 저포E지구 등 묘역을 갖춘 고인돌에서 이러한 배치가 주로 나타난다. 이러한 배치형태는 묘지조성에 있어서 집단이 많은 노력을 기울이고 있음을 알 수 있다. 즉, 철저한 계획하에 묘지를 조성해 나가는 것이다. 한편, 群狀配置는 진주 귀곡동 대촌유적이나 산청 사월리 유적처럼 구릉사면에 입지한 고인돌에 주로 나타난다. 군상배치는 고인돌 간에 일정한 구역이 설정되어 몇 기씩 모여서 배치된다. 이는 열상배치보다도 친족의 개념이 더 뚜렷하게 나타난 것으로 볼 수 있다. 이와 같이 묘지 내의 군집양상은 열상과 군상의 형태로 구분되며, 이중 열상의 배치상태가 발전적인 형태로 위계화가 더 많이 진행된 것으로 파악된다(윤호필 2004).

태백산맥 서쪽 지역은 다종다양한 고인돌과 석관묘가 확인된다. 즉, 묘역을 갖춘 고인돌이 대단위 군집을 이루거나 묘역이 없는 석관묘가 2열 이상의 열상으로 분포하는 것이 일반적이다. 한편, 태백산맥 동쪽의 검단리유형 분포권의 매장유구의 가장 큰 특징은 매장유구의 숫자가 다른 지역에 비해 확연히 적다는 점이다. 예컨대, 울산지역에서 발굴조사된 주거지가 1,500기에 이르는데 반해, 무덤은 20기 미만이다. 검단리유형 분포권에서 무덤의 숫자가 확연히 적고 구조가 단순한 것은 두 가지 측면에서 접근해 볼 수 있다. 첫째, 지상식은 주로 구릉지에 유적이 형성된 울산지역에서는 오랜 기간 잔존하기 어려운 구조이고,[6] 둘째, 사회구조적인 측면에서 송국리형문화 분포권에 비해 다양한 무덤이 축조되지 않는 것은 상대적으로 계층화가 덜 진전된 것과 관련될 것이다. 이는 송국리형문화가 거의 확산되지 않은 경기 북부지역이나 강원도지역도 같은 맥락이다(이수홍 2007).

9) 제주지역(나정욱 2004)

제주도 본섬의 고인돌(80여 기)은 서북부와 서남부지역에 87%가량 밀집하고 있다. 나머지 13%가량이 동남부지역에 분포한다.

제주도 고인돌은 한반도와 같이 군집을 이루는 예가 많지 않다. 아울러 군집을 이룬다 하더라도 고인돌간의 거리는 보통 수십에서 수백미터의 간격을 두고 위치한다. 밀집도에 따라 분류하면, 대군집(20기 이상) · 중군집(5~20기) · 소군집(2~4기) · 1기 등으로 구분할 수 있다.

제주도 고인돌의 입지는 대개 해발 100m 미만의 해안에서 2km 내외의 근접한 지역에 밀집되며 대부분 구릉의 정상부나 구릉사면에 위치한다. 이는 제주도 지형이 해안으로부터 중앙의 한라산으로 경사져서 올라가기 때문이며 고인돌이 위치하는 주변만을 보면 거의 평지를 이룬다.

구릉 이외의 입지로는 해안 · 사면 · 절벽위 · 조간대(밀물때에는 바닷물에 잠겼다가 썰물이 되면 그 존재가 드러남) 등이 있다.

3. 독립 입지 고인돌의 기능과 지역성

북한 대동강유역 · 요령 · 길림 · 강화도 · 임진강 하류 · 강화도와 가까운 서해안의 탁자식 고인돌은 주로 산 위나 구릉에 분포하는 공통점이 있다. 이에 비해 전라도 · 충청도 · 경상도의 탁자식은 대개 낮은 언덕이나 산줄기의 끝 부분에 분포한다. 그리고 북한강유역의 경우, 탁자식이 주로 분포

---

6) 태백산맥 이서지역의 고인돌과 석관묘는 매장주체부의 위치가 대부분 지하식이다.

하는 춘천이나 양구 등은 타지역과 달리 강옆 들판이나 강 옆 대지에 분포하는 지역적 특징이 있다(우장문 2013).

이와 같이 한강유역을 경계로 탁자식 고인돌의 입지는 구분된다고 볼 수 있다.

요령성의 금현 소관둔 남쪽 지석묘, 개주 석붕산, 대석교 석붕욕, 왕방점 대자, 해성 석목성, 북한의 은율 관산리와 운산리, 배천 용동리, 용강 석천산 고인돌과 같이 규모가 아주 크고 높은 지대에 단독으로 제작된 것은 제단의 기능이 있다. 특히 개주 석붕산 고인돌은 지금도 많은 사람들이 제를 올리는 장소로 이용되어 무덤이라기보다는 제단으로 볼 수 있다(하문식 1997; 우장문 2013).

요컨대, 이러한 탁자식 고인돌의 특징은 주변을 조망할 수 있는 탁월한 입지(구릉이나 산중턱)에 일정한 거리를 두고 1기 정도만 확인된다는 점이다.

경기도 포천의 수입리 · 자작동 · 금현리 고인돌의 경우, 6km 정도의 거리를 두고 대형 탁자식 고인돌이 1기(혹은 2기)씩 분포한다는 점은 각 집단이 상징물의 용도로 축조했음을 짐작케 한다(우장문 2006).

이러한 성격을 띤 고인돌은 해당 집단의 구심체로서 사냥이나 농사를 위한 제사를 지내거나, 부족간의 전쟁 전에 의식을 치르기도 하고 마을의 중요한 행사가 있을 때 모여서 회의를 여는 곳으로도 이용되었을 것이다. 즉 회의 · 축제 · 제사 등의 행사를 행하는 집단의 구심점이 되었던 장소에 세웠던 상징물의 성격으로 축조한 것으로 볼 수 있다(우장문 2013).

한강 이북에서 독립된 곳에 1기씩 분포하는 탁자식 고인돌의 기능은 한강 이남으로 오면 기반식 고인돌이나 선돌(立石)이 그 기능을 대신한다고 볼 수 있다. 선돌은 대구 진천동 유적이 대표적이다.

기반식 고인돌 가운데 상석이 거대하고 괴석상을 한 대형들은 호남과 영남에서만 보이고 뚜렷한 석실이 없는 것이 대부분이다. 북한에서는 아직 알려져 있지 않은 형식이기에 남방식 고인돌이라고도 한다. 대형의 기반식 고인돌은 산기슭이나 구릉상, 계곡끝 평지에서 1기씩만이 존재하는 것이 보통이나, 고인돌 군집상에서는 군집 중심부나 얼마간 떨어져 독립적인 위치에 있다. 거의 석실이 확인되지 않기에 집단공공의 제단이나 기념물, 묘표석, 영역표시 등으로 보고 있다. 여수 적량동이나 창원 덕천리처럼 석실이 나타나는 경우는 위세품이 부장되기도 하여 지배자급의 무덤으로 파악된다[7](이영문 2007).

경남지방의 경우, 기반식 고인돌은 개석식 고인돌과 혼재하는 경우도 있으나 보통 구릉의 정상부나 사면 혹은 저구릉상의 대지에 단독 혹은 수기씩 띄엄띄엄 모여 있는 경우가 많으며 개석식 고인돌과 같이 대규모로 군집을 이루는 경우는 거의 없다. 창녕 유리, 김해 구지봉(정상) · 내동 2호, 창

---

7) 고인돌의 기능은 제단 · 묘표석 · 무덤으로 파악하고 있는데, 제단식 고인돌이 가장 이른 시기이고 이것을 묘표석으로, 그리고 석곽형 묘곽과 결합해서 무덤으로 사용하게 되었다고 보고 있다(이영문 1993 · 2002).

원 덕천리 1호·상남·가음정동 고인돌 등이 이와 같은 특징을 보인다. 이러한 고인돌은 낮은 구릉 위에 거대한 입체석의 상석을 굄돌로 괴고 있다. 기반식 고인돌의 입지와 분포상의 특징은 적어도 하천변의 충적대지나 평지·미고지상에 수십기 군집을 이루면서 분포하고 있는 개석식 고인돌보다 는 입지선정의 우월성과 독자성을 가지는 것이다(하인수 2003).

경북지역에서도 독립 구릉에 1기씩 분포한 청동기시대 분묘들이 확인된 바 있다. 즉, 구릉에 독립적으로 입지한 무덤들은 경주 월산리, 경주 갑산리 2곳에서 조사예가 있다. 이 석관묘들은 구릉상에 조망권이 좋은 위치에 단독으로 위치한다. 석관묘 주변에 제의와 관련된 유구가 확인되는 점으로 보아 단순히 무덤의 역할 뿐 아니라 제의장소 등으로 다양하게 이용된 것으로 파악된다. 경주 월산리의 경우 주혈군이 석관묘를 둘러싸고 10×10m 규모의 방형형태를 띠고 있는데, 고인돌의 묘역시설과 유사하다(민선례 2007).

이처럼 탁월한 구릉에 1기씩 분포하고 제의 관련 주혈군의 존재는 신성한 영역을 표현한 것으로 볼 수 있으므로 해당집단의 지도층의 무덤이면서 해당집단의 제의 장소로 보아도 무방할 것이다. 경주지역은 검단리형 문화권에 속하는데, 입지나 단독분포 등의 특징을 보면 서북한이나 요녕지방의 구릉에 독립적으로 분포하는 탁자식 고인돌의 기능과 맥락이 통한다고 하겠다.

이렇듯 제의시설로서의 탁자식–기반식 고인돌의 기능적 계통성과 탁자식이 더 이른 시기로 편년되는 기존 연구성과를 고려해 보면, 고인돌의 전파경로는 북쪽에서 남쪽으로 볼 수 있을 것이다.

Ⅲ. 석관묘·(석개)토광묘·옹관묘

(김승옥 2001·2003·2006; 하인수 2003)

1. 분포와 군집

금강유역에서 발견되는 석관묘·석개토광묘·옹관묘를 송국리형 묘제로 설정한 바 있다. 송국리형 묘제는 묘제의 분포와 형식, 자연지형에 따라 충청 북부·금강 중하류·금강 상류·영산강·보성강·남강·낙동강 중류·낙동강 하류 등으로 세분할 수 있다(김승옥 2003·2006).

금강유역에서 발견되는 송국리형 묘제는 36지점에서 300여 기 이상 발견된 바 있다(2001년 기준). 송국리형 묘제 중 석관묘가 대부분을 차지한다. 즉, 석관묘 193기, 석개토광묘 64기, 옹관묘 46기가 확인된 바 있다.[8] 밀집도가 가장 높은 지역은 금강중하류의 내륙지역이다. 특히, 공주·부여·

---

8) 2007년 기준으로, 호서지역에서 발굴조사된 송국리형 묘제는 38개유적 328기인데, 석관묘 205기·(석

논산 일대에서는 고인돌이 거의 존재하지 않지만 송국리형 묘제는 가장 밀집 분포한다. 이에 비해 금강하류의 서해안지역이나 금강상류의 전북 내륙지역에서는 두 묘제가 공반되어 발견되지만 송국리형 묘제는 극히 일부이고 중심 묘제는 고인돌이다(김승옥 2001).

금강 중하류지역을 제외하고 석관묘·석개토광묘·옹관묘가 동일 유적에서 함께 발견되는 유적은 사천 이금동과 진안 여의곡 유적 등에 한한다. 금강 중하류를 제외한 모든 지역에서는 송국리형 묘제 중 석관묘가 거의 대부분을 차지하고 석개토광묘와 옹관묘의 비중이 현저하게 줄어든다. 분포상 석개토광묘와 옹관묘는 금강 중하류, 특히 부여와 공주 일대에서 주변지역으로 확산되었다고 보아도 무방하다. 송국리형 묘제의 분포 중 낙동강 하류는 석개토광묘의 비중이 약 17%로서 금강 중하류에서 멀리 떨어져 있음에도 불구하고 상당히 높은 비중을 보인다(김승옥 2006).

전북지역 청동기시대 묘제를 보면, 고인돌문화와 송국리문화가 상호 혼합된 지역은 금강상류일대와 서해안 일대이다(김승옥 2001·2006) 즉, 금강하류에서 형성·발전된 송국리문화가 기존의 고인돌 문화지역으로 확산되면서 두 문화가 상호 혼합되는 것으로 추정된다. 금강 중하류 지역의 송국리문화는 금강을 따라 상류지역으로 확산하면서 형성되며, 또한 서해안을 따라 전북 내륙 및 고창지역까지 송국리문화가 확산되어 두 묘제가 공존하게 된다(김진 2007).

전남지역에서는 함평·나주 등 서해안에 연해서 석관묘·석개토광묘가 확인되고 있어, 전북 서해안을 통해 금강하류역으로부터 전파된 것으로 보인다.

예컨대, 함평 용산·함평 월야 순촌 유적 등은 석관묘와 석개토광묘가 묘역 안에 구분없이 혼재하고 있고, 나주 영천·함평 송산유적 등에서는 석관묘가 조사된 바 있다(김승근 2007).

한편, 영남지역에서는 진주 남강댐유역에서 200여 기의 석관묘가 조사되어 밀집분포상을 보인다. 이러한 석관묘는 진주 내촌리유적·대촌·옥방2지구·옥방10호 예와 같이 고인돌과 공존하면서 고인돌 주위에 배치되는 양상을 보인다. 예컨대, 진주 내촌리 B유적지석묘와 옥방 11호 고인돌에서는 각각 1기의 고인돌 주위에 5기·4기의 석관묘가 원형으로 배치되어 있다[9](하인수 2003).

경기지역에도 석관묘와 옹관묘가 있지만 그 수는 미미하다. 석관묘는 안산 선부동의 고인돌 주변에서 5기, 평택 토진리에서 1기(소형 석관묘), 안성 만정리에서 4기 정도이다. 석관묘에서는 목탄이나 인골의 잔존상태상 화장의 증거가 보인다. 옹관묘는 평택 토진리에서 1기만 확인된다(이형원 2007).

송국리형 묘제의 분포상의 또 다른 특징은 석관묘와 석개토광묘는 서로간에 혼재되어 있지만 옹관묘는 대부분 무덤군의 외곽에 분포한다는 점이다. 즉, 옹관묘는 타묘제와 의도적으로 분리하여 배치한 것으로 볼 수 있다. 옹관묘는 너무 소형이어서 소아용이거나 이차장적 성격의 화장용 무덤으

개)토광묘 73기·옹관묘 50기 정도이다(손준호 2007).
9) 충남 보령 관창리 A지구에서도 1기의 고인돌 중심으로 8기의 석관묘가 배치되어 있다.

로 추정된다. 아울러 옹관이 타 무덤에 비해 외곽에 분리되어 축조되고 토기 외에 별다른 유물이 전혀 부장되지 않아 신분이 상대적으로 낮을 가능성이 있다(김승옥 2001).

청동기시대의 다른 묘제와 마찬가지로 송국리형 묘제는 무덤간에 중복을 거의 보이지 않으면서 거의 대부분의 유적에서 3기 내외의 무덤이 소군집을 이루어 분포한다. 주거지와 마찬가지로 혈연적으로 가까운 자들의 무덤일 것이다(김승옥 2001).

2. 입지

송국리형 묘제들이 거의 대부분 구릉이나 구릉사면에 위치하는 반면, 고인돌은 구릉지역 못지 않게 강변 충적대지에서 발견된다. 극히 일부의 경우, 서해안의 보령 평라리와 노천리, 진안일대의 유적은 고인돌과 송국리형 묘제가 공존하면서 평지에 위치하고 있어 이채롭다. 대부분의 송국리형 묘제는 구릉의 정상이나 사면에 뚜렷한 방향이 없이 무질서하게 배치되는 특징을 보인다. 송국리형 묘제만이 발견되는 유적 중 정연한 열 배치를 보이는 것은 부여 가증리와 공주 삼각리유적 뿐이다. 그런데 고인돌과 혼재되어 발견되는 송국리형 묘제의 대부분은 고인돌과 마찬가지로 하천의 방향을 따라 열을 지어 배치된다. 예컨대, 서해안의 보령 평라리와 관창리, 금강 상류의 진안 여의곡·망덕·모곡유적에서 발견되는 석관묘들은 고인돌과 마찬가지로 하천의 방향을 따라 축조되고 있다(김승옥 2001).

Ⅳ. 주구묘[10]

국내에서 주구묘로 파악되는 것은 11개 유적에서 37기 정도가 확인되었다(2008년 기준). 4개 지역군으로 구분되는데, 강원 영서지역에서 가장 많은 2개 유적 25기가 확인되었고, 영남동남부지역 4개 유적, 영남서남부지역 3개 유적, 호서지역 2개 유적으로 각각 1~3기씩의 주구묘가 조사되었다. 분포는 강원 영서지역 늦은 단계의 것을 제외하면 모두 1~2기 정도가 산발적이고 독립적으로 분포한다.

매장주체부의 수는 기본적으로 1기이지만, 진주 옥방8지구유적 3·5호 석관묘와 홍천 철정리 Ⅱ 유적 2호는 각각 2기가 확인되고 있어 시간차를 두고 설치되었을 가능성이 있다.

---

10) 주구묘에 대해서는 김권중(2008)의 글을 인용하였음을 밝혀둔다.

가장 밀집되어 나타난 강원 영서지역의 경우, 주구의 규모와 형태에서는 소형의 방형에서 대형의 세장방형으로 변화한다. 결국 1인 매장의 개인묘에서 혈연을 기반으로 하는 가족묘 내지 집단묘역화가 진전된다.

출토유물로 보면, 대부분 전기의 늦은 단계에 한정된다. 진주 옥방 8지구의 절대연대는 기원전 8~6세기대로 추정되고 있다.

주구묘의 입지는 충적대지를 포함한 평지와 구릉지대로 대별된다. 강원 영서지역과 영남 서남부지역은 평지에, 호서지역과 영남 동남부지역은 구릉지대에 조성되어 있다. 당시 주거지의 입지와도 동일할 것으로 보인다.

주구묘는 강원 영서지역인 천전리와 철정리의 예와 같이 특정지역에서 군집화하는 경향도 확인되고 주거지군과도 명확하게 구분되고 있다. 이와 같은 의도적이고 계획적 묘역의 조성은 피장자의 특별성·차별성·신성성 등을 강조하는 측면이 있어, 개인과 집단의 위계화가 어느 정도 진전된 결과일 것이다.

Ⅴ. 맺음말

이상과 같이 청동기시대 분묘의 분포, 입지와 군집 등에 대해서 개괄적으로 정리해 보았다.

청동기시대 분묘 중 가장 대표적인 고인돌은 분포에 있어서 균일적이지는 않다. 전남지방에 가장 밀집 분포하며, 그 다음으로 전북, 경북, 평안남도 대동강유역 일대와 황해도 등지에 비교적 많이 분포한다. 금강유역에 상대적으로 적은 고인돌이 분포하는 것은 이 일대에 송국리형 묘제(석관묘·석개토광묘·옹관묘)가 밀집분포된 것과 관련될 것이다. 그리고, 전남지방에 가장 많은 고인돌이 분포하는 것은 송국리형 묘제가 희소하고, 한반도에서 가장 늦은 시기까지 고인돌만을 주묘제로 사용했다는 측면에서 접근이 가능하다.

우리나라 청동기시대 전기 묘제에는 고인돌·석곽묘·석관묘·토광묘·주구묘·옹관묘 등 다양한 묘제들이 전지역에서 축조된다. 전기의 분묘는 집단적으로 조성되는 후기와는 달리 단독으로 존재하거나 2~4기 정도가 小群을 이룬다. 입지에서도 충적지와 같은 평지에 입지하기도 하지만, 주위를 조망하기 좋은 구릉정상부·구릉사면·그리고 구릉사면에서도 능선과 이어지는 말단부에 입지하는 특징을 보인다(하인수 2003; 배진성 2007; 이영문 2011).

전기 고인돌은 거대한 개별묘역시설, 정형화된 유물의 부장풍습, 단독 또는 독립되어 조성된 점 등이 특징이다(이영문 2006). 초기단계의 고인돌은 특정 소수 계층의 묘제로 한정될 것으로 보이는데, 이는 후기 고인돌과 달리 군집성이 없고 규모가 크고 정연한 점 등으로 뒷받침된다(하인수 2003).

후기에도 고인돌과 석관묘가 지속적으로 조성되지만 석곽묘와 주구묘는 거의 축조되지 않는다. 후기에 오면 고인돌들이 수십기씩 집단으로 조성되고 열상배치, 규모의 다양화 등으로 특징지워지기에 한국 고인돌은 후기에 가장 발달된 형태로 나타난다(이영문 2007·2011). 영남지방의 경우, 후기 후반부가 되면 고인돌은 일부 상위계층에 한해 이용되는 등 그 수가 현격히 줄어들고, 남강유역에서는 석관묘가 집단성원의 묘로 성행한다. 석관묘·토광묘·석곽묘 등이 양적으로 증가하면서 고인돌 주위에 배치되거나 단독으로 묘군을 형성하는 특징을 보인다(하인수 2003).

한편, 고인돌의 입지를 지역별로 나누어 개괄해 보면 다음과 같다.

요녕지역은 조망이 좋은 높다란 구릉지대나 작은 산마루, 길림지역은 폐쇄성이 강한 산간지대에 많은 고인돌이 위치하여 차이를 보인다. 서북한지역도 강변의 평지나 높다란 구릉에 주로 위치한다. 산기슭에 있을 경우 그렇게 높지 않은 곳에 있으며, 주변 지역보다 조망이 좋은 높다란 곳(낮은 산마루나 구릉지대)에는 규모가 큰 탁자식이 1기 있는 경우가 가끔 있다.

남한강유역은 강 옆의 들판이나 가장자리의 대지 위에 있는 것이 특징이다. 서해안 쪽으로 올수록 구릉이나 산능선에 고인돌유적이 집중 분포한다. 임진강유역은 주로 샛강에 분포한다. 임진강유역에는 평지 62%, 구릉 29%, 산기슭 9%의 비율이다.

강원 영서지역은 하천 유역의 충적대지나 평지에 대부분 분포하며(92%), 영동지역은 낮은 구릉이나 산기슭에 위치하여(96%) 차별성을 보인다. 이러한 고인돌의 입지 양상은 양지역의 청동기시대 취락 입지와 거의 동일하다.

고인돌이 가장 밀집한 전남지역의 경우, 고인돌은 산과 인접한 평지에 가장 많이 분포하며 구릉이 발달한 서부지역은 구릉에, 산지가 발달한 동부와 남해안지역은 산기슭에도 많은 고인돌들이 분포한다. 전남지역의 입지를 전체적으로 보면, 평지 > 구릉 > 산기슭 > 고갯마루 순이다. 경남지역의 경우, 해안지역은 주로 산기슭의 완사면과 곡부 평지에 주로 분포하며, 내륙지역은 구릉 완사면·강변충적지나 하안단구면 등에 분포한다. 제주도 고인돌은 주로 해안가를 따라 형성된 완만한 구릉의 정상부나 사면부에 위치한다.

한강유역을 경계로 탁자식 고인돌의 입지는 구분된다. 즉, 한강 이북의 탁자식 고인돌은 주로 산 위나 구릉에 분포하며, 한강 이남지역에서는 대개 낮은 언덕이나 산줄기의 끝부분에 분포한다.

특히, 중국 요령성이나 서북한지역을 중심으로 규모가 아주 크고 단독으로 분포하는 탁자식 고인돌은 제단의 기능으로 추정되고 있다. 즉, 이러한 탁자식 고인돌의 특징은 주변을 조망할 수 있는 탁월한 입지(구릉이나 산중턱)에 일정한 거리를 두고 1기 정도만 확인된다는 점이다. 이러한 고인돌은 회의·축제·제사 등의 행사를 행하는 집단의 구심점이 되었던 장소에 세웠던 상징물의 성격으로 축조한 것으로 볼 수 있다.

이러한 고인돌에서 매장의 흔적이 확인된다는 점에서 해당 집단의 지도자나 제사장의 무덤이면서 신앙의 대상이었을 가능성이 높다. 아울러 해당 집단의 상징적 표식이자 영역의 표식일 수도 있다.

한강 이북에서 독립된 곳에 1기씩 분포하는 탁자식 고인돌의 기능은 한강 이남으로 오면 기반식 고인돌이나 선돌(立石)이 그 기능을 대신한다고 볼 수 있다.

기반식 고인돌 중 상석이 거대하고 괴석상을 한 대형들은 호남과 영남에서만 보이고 뚜렷한 석실이 없는 것이 대부분이다. 대형의 기반식 고인돌은 산기슭이나 구릉상, 계곡끝 평지에서 1기씩만이 존재하는 것이 보통이나, 고인돌 군집상에서는 군집 중심부나 얼마간 떨어져 독립적인 위치에 있다. 거의 석실이 확인되지 않기에 집단공공의 제단이나 기념물로 보고 있다.

한편, 송국리형 묘제의 중심 분포권은 금강 중하류이다. 고인돌은 구릉지역 못지 않게 강변 충적대지에서 발견되지만, 송국리형 묘제는 거의 대부분 구릉이나 구릉사면에 위치한다. 극히 일부의 경우, 고인돌과 송국리형 묘제가 공존하면서 평지에 위치하고 있는 경우가 있다. 그리고 대부분의 송국리형 묘제는 구릉의 정상이나 사면에 뚜렷한 방향이 없이 무질서하게 배치되는 특징을 보인다.

주구묘는 강원 영서지역 · 영남 동남부지역 · 영남 서남부지역 · 호서지역 등의 4개 지역권으로 구분된다. 강원 영서지역 늦은 단계의 것을 제외하면 모두 1~2기 정도가 산발적이고 독립적으로 분포한다. 주구묘의 입지는 충적대지를 포함한 평지와 구릉지대로 대별된다. 강원 영서지역과 영남 서남부지역은 평지에, 호서지역과 영남 동남부지역은 구릉지대에 조성되어 있다.

참고문헌

김광명, 2004,「경북지역 고인돌과 보존현황」『세계 거석문화와 고인돌』, (재)동북아지석묘연구소.

김권구, 1999,「경상북도」『한국 지석묘(고인돌) 유적 종합조사・연구(Ⅱ) -분포, 형식, 기원, 전파 및 사회 복원-』, 문화재청・서울대학교박물관.

김권중, 2007,「강원지역 청동기시대 묘제와 고인돌」『아시아 거석문화와 고인돌』, (재)동북아지석묘연구소.

김권중, 2008,「청동기시대 주구묘의 발생과 변천」『한국청동기학보』3호.

김선기, 2003,「전북지방 지석묘의 현황과 고창 지석묘의 특징」『지석묘 조사의 새로운 성과』, 제30회 한국상고사학회 학술대회.

김승근, 2007,「전남지역의 청동기시대 묘제와 고인돌」『아시아 거석문화와 고인돌』, (재)동북아지석묘연구소.

김승옥, 2001,「금강유역 송국리형 묘제의 연구 -석관묘・석개토광묘・옹관묘를 중심으로」『한국상고사학보』45.

김승옥, 2003,「전북 동부 산악지대 지석묘의 분포와 전개과정」『동북아지석묘의 기원과 전개』, 아시아사학회 제12회 한국대회.

김승옥, 2004,「전북지역 고인돌과 보존현황」『세계 거석문화와 고인돌』, (재)동북아지석묘연구소.

김승옥, 2006,「송국리문화의 지역권 설정과 확산과정」『금강:송국리형 문화의 형성과 발전』, 호남・호서고고학회 합동 학술대회 발표요지.

김진, 2007,「전북지역의 청동기시대 묘제와 고인돌」『아시아 거석문화와 고인돌』, (재)동북아지석묘연구소.

김현, 2005,『경남지역 무문토기시대 무덤에 대한 연구』, 부산대학교 석사학위논문.

나정욱, 2004,「제주지역 고인돌과 보존현황」『세계 거석문화와 고인돌』, (재)동북아지석묘연구소.

민선례, 2007,「경북지역의 청동기시대 묘제와 고인돌」『아시아 거석문화와 고인돌』, (재)동북아지석묘연구소.

박순발, 1998,『백제국가의 형성 연구』, 서울대학교 박사학위논문.

박순발, 2004,「충청지역 고인돌과 보존현황」『세계 거석문화와 고인돌』, (재)동북아지석묘연구소.

박양진, 1999,「충청남도」『한국 지석묘(고인돌)유적 종합조사・연구(Ⅱ)』, 문화재청・서울대학교박물관.

배진성, 2005,「검단리유형의 성립」『한국상고사학보』48.

배진성, 2007,『무문토기문화의 성립과 계층사회』, 서경문화사.

석광준, 1995,「평양일대에서 새로 발굴된 고인돌과 돌관무덤에 대하여」『조선고고연구』95-1.

석광준, 2002,『각지 고인돌무덤 조사 발굴보고』, 사회과학출판사.

손준호, 2007,「호서지역 청동기시대 묘제와 고인돌」『아시아 거석문화와 고인돌』, (재)동북아지석묘연구소.

우장문, 2006,『경기지역의 고인돌 연구』, 학연문화사.

우장문, 2013,『우리나라와 인도네시아의 고인돌 연구』, 학연문화사.

유태용, 2010,「요동지방 지석묘의 성격 검토」『21세기 한국고고학』Ⅲ, 주류성출판사.

윤호필, 2004, 「경남지역 고인돌과 보존현황」, 『아시아권에서의 문화유산 보존과 활용』(제1회 세계문화유산 국제심포지움), (재)동북아지석묘연구소.

이동희, 2002, 「전남지방 지석묘사회와 발전단계」 『호남고고학보』 15집.

이동희, 2006, 『전남동부지역 복합사회 형성과정의 고고학적 연구』, 성균관대학교 박사학위논문.

이수홍, 2005, 『검단리식토기에 대한 일고찰』, 부산대학교 석사학위논문.

이수홍, 2007, 「경남지역의 청동기시대 묘제와 고인돌」 『아시아 거석문화와 고인돌』, (재)동북아지석묘연구소.

이영문, 1993, 『전남지방 지석묘사회의 연구』, 한국교원대학교 박사학위논문.

이영문, 2002, 『한국 지석묘 사회 연구』, 학연문화사.

이영문, 2006, 「송국리문화와 그 묘제」 『송국리유적 조사 30년, 그 의의와 성과』(송국리유적 국제학술대회), 부여군·한국전통문화학교.

이영문, 2007, 「한국지석묘의 특징」 『아시아 거석문화와 고인돌』, (재)동북아지석묘연구소.

이영문, 2011, 「한국 청동기시대 전기 묘제의 양상」 『문화사학』 35호.

이영문·조근우, 1996, 「전남의 지석묘」 『전남의 고대 묘제』, 전라남도.

장호수, 2004, 「북한지역 고인돌과 보존현황」 『세계 거석문화와 고인돌』, (재)동북아지석묘연구소.

정연우, 2004, 「강원지역 고인돌과 보존현황」 『세계 거석문화와 고인돌』, (재)동북아지석묘연구소.

정연우, 2005, 「강원지역의 무덤과 제사」 『강원지역의 청동기문화』, 강원고고학회 2005년 추계 학술대회.

조진선, 2004, 「전남지역 고인돌과 보존현황」 『세계 거석문화와 고인돌』, (재)동북아지석묘연구소.

조진선, 2008, 「탐진강유역권 지석묘의 형식과 변천」 『호남고고학보』 30.

조현종, 2004, 「한국 거석문화와 도작농경」 『세계 거석문화와 고인돌』, (재)동북아지석묘연구소.

최몽룡 외 편저, 1999, 『한국 지석묘 유적 종합조사·연구』(문화재청·서울대박물관).

하문식, 1992, 「중국 동북지역 고인돌 연구의 성과와 현황」 『백산학보』 39.

하문식, 1997, 『동북아세아 고인돌문화의 연구』, 숭실대학교 박사학위논문.

하문식, 1999a, 『고조선 지역의 고인돌 연구』, 백산자료원.

하문식, 1999b, 「충청북도」 『한국 지석묘(고인돌)유적 종합조사·연구(Ⅱ)』, 문화재청·서울대학교박물관.

하문식, 2004, 「경기지역 고인돌과 보존현황」 『세계 거석문화와 고인돌』, (재)동북아지석묘연구소.

하인수, 2003, 「남강유역 무문토기시대의 묘제」 『진주 남강유적과 고대 일본』, 인제대학교 가야문화연구소.

황의호, 2000, 『보령의 고인돌』, 대천문화원·보령문화연구회.

許玉林, 1994, 『遼東半島石棚』, 遼寧省科學技術出版社.

許玉林·許明綱, 1981, 「遼東半島石棚綜述」 『遼寧大學學報』 1.

제5장
고인돌의 축조기술

김승근   고대문화재연구원

Ⅰ. 머리말

고인돌은 한국에서 대표적인 선사시대의 거석기념물이다. 거석기념물에 대한 연구의 시작은 인간과 거석에 대한 이해부터라고 생각한다. 특히 거석문화의 하나인 고인돌에 대한 축조는 고인돌을 축조한 사람들의 관념을 이해하고, 거석에 대한 고유한 특성을 인정해야 할 것이다.

인간과 거석의 관계 시작은 인간의 영원성에서 근거를 예측해야 할 것이다. 인간을 비롯한 지구상의 모든 동·식물은 시간과 공간 어느 곳에서도 각기 탄생과 소멸을 반복한다. 그러나 이러한 모든 동·식물의 일회성적인 탄생과 소멸의 구조는 종족보존이라는 가장 기본적인 본능을 통해 영원한 지속성을 유지하며 진화한다. 인간도 이러한 자연의 법칙에 예외일수는 없다. 자연의 원칙속에서 인간은 진화를 통한 발전을 하고 있지만, 인간은 조금씩 자연의 법칙을 이해하고 연구함으로서 다른 동식물의 단순한 이해구조를 다양하고 복잡하게 인간의 삶속에서 진화발전 시키고 있다. 그 결과 자연의 법칙의 기본적 구조인 탄생과 소멸에 대한 한계성 극복에 다양한 의미부여를 통해 자신과 종족에 대한 정체성을 비롯하여 다양한 가치를 만들어가고 있다.

인류가 남긴 다양하고 위대한 수많은 기념물 가운데 고인돌은 어떤 의미를 갖고 축조되었는지를 정확히 이해할 수 없는 것은 당시 사람들의 정신적 관념을 확인할 수 없는 한계성이 있다고 생각한다. 기존의 연구에서 확인되고 있는 고인돌은 축조한 사람들의 정신적인 관념을 통한 객관적 연구방향보다는 현재의 고인돌 자체의 형태나 구조를 통한 주관적인 연구가 진행되고 있다고 생각한다.

따라서 연구의 방향이 고인돌의 현상을 중심으로 주관적인 해석의 연구가 다양하게 진행 되고 있다.

따라서 고인돌의 문화를 이해하고 해석하는 과정은 고인돌을 축조한 그 당시 사람들의 관념을 최대한 이해하는 연구로서 거석을 통해 보여주고자 했던 의미를 객관화하는 다양한 연구방법이 필요하다. 특히, 고인돌의 축조는 거대한 석재를 이용한 균형의 미를 요구하는 건축학적 구조, 특히 거대한 석재를 받치는 하부구조의 역할 그리고 묘실을 통한 무덤의 기능 등이 중요하다고 할 것이다. 이러한 고인돌의 특징은 당시 축조인들의 현실적인 세계관과 죽음에 대한 내세관의 모습을 종합적으로 볼 수 있는 기념물로서 정확한 문화적 복원과 해석을 할 수 있는 연구방향이 필요하다.

그러나 고인돌의 연구방법과 해석의 객관적 필요성은 기존연구의 주관적 다양한 연구결과에서 볼 수 있는 연구 결과의 복잡성과 일관성 없는 기준으로 인해 더욱더 고인돌연구의 혼란스러움을 더해 연구결과를 진일보 할 수 없는 현실이 되고 있다.

따라서 이번 연구방향은 고인돌 연구의 다양한 분야 중에서 고인돌을 축조하는 인간의 관념을 고인돌의 축조방법을 통해 축조 의도와 거석이라는 자연적 고유의 특징과의 변화양상에 대한 비교 검토를 중심으로 정리하고자 한다. 먼저 기존에 연구된 자료를 정리하는 방법으로는 국내외 관련 사례와 문헌적 자료 및 실험적 자료를 검토하고, 고인돌의 채석방법, 운반방법, 축조시 상석과 하부 구조의 구조적 기능 등을 통해 고인돌 축조에 담겨진 관념세계를 예측해 보고자 한다.

Ⅱ. 연구약사

고인돌 연구에 있어 축조기술은 그 당시 사람들의 관념을 객관적으로 이해하는 연구대상이 된다. 축조기술은 고인돌을 축조하게 된 의미를 비롯하여, 기술적인 부분을 통한 그들의 삶의 모습의 복원을 바탕으로 생과 사를 통한 인간의 그 당시 생활 모습과 사후 내세관 까지 이해 할 수 있는 총체적인 연구라 할 수 있다. 이와 같은 연구에 있어 많은 기존의 다양한 연구가 이루어지고 있다. 기존의 연구를 통해 연구방식의 보완과 앞으로의 연구방향을 검토해 보고자 한다. 고인돌의 축조기술의 연구는 채석과 운반 그리고 축조로 구분하여 기존자료를 정리하였다.

고인돌의 채석에 대한 연구로 최몽룡(1973)은 고인돌의 개석에서 확인되는 수혈공의 확인은 '성혈', 'cup mark'이라 명명하고 원형과 장방형으로 구분하였다. 이러한 수혈공은 청동기시대 지석묘의 경우 수혈공에 목재를 채우고 물을 부으면 팽창원리에 의해 석재가 분리된다고 주장하고 있다. 이상균(2000)은 고창 지석묘군의 상석 채굴지 조사를 위해 죽림리 일대의 23개소를 조사하였다. 그 결과 상석의 채굴은 암석의 자연 절리면을 최대한 이용하였으며, 최소한의 힘과 수고를 통한 인공적인 타격과 그리고 지석묘 조영위치, 상석운반루트, 상석크기 등을 위해 사전 검토가 필요함을 주장하였다. 그리고 암석의 분리방법은 암석의 구조, 암석의 강도, 절리면의 상황 등에 따라 타격방법, 타격부위, 쐐기의 종류에 대한 검토의 필요성을 주장하고 있다. 상석채굴지의 잔존 타격방법과 지석묘군에 있는 상석의 동일한 채굴방법확인을 통해 타격방법으로 6가지 다양한 방법등을 소개하고 있다. 그러나 다양한 타격방법의 파악은 가능하지만 실제로는 어떠한 방식의 타격, 타격시 여기에 대한 노동력은 어떻게 해결 할 것인가에 대한 문제점을 제시하고 있다.

고인돌의 운반의 대한 연구는 하문식 · 김주용(2001)의 논고가 있다. 이 연구는 인문사회적 분석이 아니라 자연과학적 분석으로 원격탐사와 지리정보시스템을 이용하여 고인돌 유적 분포에 따른 지형분석 결과와 통계적 기법에 의하여 덮개돌의 채석장과 운반경로 및 당시 사람들의 예상 주거지역을 추정한 것이다. 연구방법으로는 고인돌의 이동경로를 추정하기 위해 먼저 채석장을 선정하고 현재지형 및 야외조사를 기본자료로 하고 인력과 시간은 고고학적 자료에 근거하지만 적용에는 다소 무리가 있으므로 본 글에서는 거리와 경사요소를 통하여 상정하여 검토하였다. 또한 고인돌 분포지역은 연도별 위성사진의 분석을 통하여 지표면의 시간적 변화 및 공간적 변화를 검토하였다. 그 적용 대상으로 이천지역 고인돌은 산록완사면의 경사도 15도 미만에 분포하고 있으며, 주거공간은 해발 75~100m의 10도 미만에 분포한다는 결과를 확인하였다. 또한 고인돌의 이동경로는 완만한 경사 또는 하천의 방향을 통한 최단거리, 운반하기 쉬운경로 즉 지형경사면, 수계, 지형고도 등을 이용한 것으로 추정하였다. 채석장에서 생산된 석재는 무덤군으로 운반되는데, 덮개돌과 같이 크기가 크고 무게가 많이 나가는 석재는 많은 노동력과 운반기술이 필요하다. 이에 대해서는 여러 학자들에 의해 다양한 의견이 제시되고 있는데, 대부분은 석재 운반의 계절적 속성과 노동력 동원에 대한 해석이 주된 관점으로 이어지고 있다. 그중에서도 덮개돌 운반로의 고증(金承玉 · 李宗哲 2001)이나, 실험고고학을 통한 덮개돌운반법 및 투입된 노동력을 파악하고자 하는 연구가 이루어졌다(崔盛洛 · 韓盛旭 1989). 특히, 이종철(2003)의 연구에서는 유적에서 확인된 3가지의 운반로를 근거로 덮개돌의 운반방법과 함께 운반과정에 대한 복원이 시도하였다. 덮개돌의 운반과정은 채석작업(Ⅰ단계)-적재작업(Ⅱ단계)-운반작업(Ⅲ단계)-하적작업(Ⅳ단계)-덮개돌놓기작업(Ⅴ단계)-운반부대시설 수거 및 처리작업(Ⅵ단계) 등의 6단계로 나누어 연구되었다. 또한 상석의 운반과 관련된 다양한 요소를 상정하였는데 거리, 노동력, 시간 등을 연관시켜보았다. 그러나 상석운반과 관련된 직접적인 자료가 현재까지 조사되지 않았다는 점은 현재까지의 기존의 연구들이 부족한 자료들의 한계속에서 상당한 부분의 추론에 바탕을 두고 있다고 생각한다.

지건길(1983)은 고인돌의 복원에 있어 고인돌의 규모, 매장방식, 군집방향등을 채석, 운반, 축조를 통한 연구를 통해 고인돌 사회의 복원을 검토하였다. 특히 고인돌의 채석위치 검토를 통해 인접거리와 원근거리를 기존 유적을 통해 분석하고, 운반방법으로 근거리와 원거리의 다양한 방식을 주장하고 있으며, 운반에 필요한 인원수를 실험고고학 자료를 통해 검토하며, 문헌을 통한 근거 자료를 증명하고 있다.

윤호필·장대훈(2009)은 고인돌 축조연구 가운데 실험을 통해 다양하게 진행되었다. 발굴조사과정에서 확인된 석재가공기술을 분석하고 무덤을 축조하는 사회적 의미를 검토하고자 하였다. 연구방법으로는 구석기와 신석기시대를 거치면서 석기의 축조기술이나 활용범위의 기술적 발전을 통한 가공기술이 청동기시대의 고인돌이라는 거대한 석재에 적용함으로서 기술적 전문화와 작업적 효율성의 변화는 사회적, 경제적, 문화적 변화의 양상을 보여주고 있다.

하문식(2010)은 고인돌의 축조를 탁자식을 전제로 하여 채석과 운반 그리고 축조로 분류하여 정리하고 있다. 고인돌의 채석에서는 쐐기를 사용하는데 팽창력을 활용하기 위한 자연적인 돌 틈을 이용하여 공간 확보를 가능하게 한다. 이렇게 채석된 덮개돌은 외형적 형태에 상징성과 위엄성를 나타내는 목적과 의도가 나타난다. 덮개돌의 채석에 있어 크기와 형태 선택은 황금비율을 통한 건축상의 안정감과 노동력의 변화를 통한 기술발전 단계를 설명하고 있다. 고인돌의 운반에서는 덮개돌과 굄돌을 중심으로 확인되는 홈의 위치와 사용흔적을 통해 운반에서의 밧줄사용을 주장하고 있다. 고인돌의 축조에서는 거대한 덮개돌과 굄돌사이에 쐐기돌을 통한 조절로 덮개돌의 수평균형을 주장하고 있으며, 굄돌의 그렝기법을 통해 힘의 분산과 홍색각선을 통해 기획의도를 설명하고 있다. 또한 굄돌의 안기울림의 의도적 축조의 주장을 통해 역학적 원리를 주장하고 있다.

윤호필(2013)은 고인돌의 축조과정에 적용한 다양한 기술양상을 단계별로 분류하고 세부적으로는 석재가공기술과 축조기술을 검토하였으며, 장승의례 또한 축조단계별로 검토를 통해 고인돌 사회를 연구하였다.

Ⅲ. 축조기술의 검토

선사시대에 축조된 거석기념물은 거석을 채석하고 운반해서 고인돌과 같은 구조물을 설치하는데 일련의 과정에 대한 기록이 전혀 남아있지 않다. 또 역사시대라 해도 기록이 없는 경우가 대부분이다. 그래서 거석의 채석, 운반, 축조의 과정을 통한 구조물을 축조하는데 많은 의문점을 가지게 되었고, 이를 해결하고자 많은 실험이 행해지기도 하였다. 즉 철기가 없던 시절에 돌과 나무를 이용해 거석을 어떻게 떼어내서 다듬었는가, 또 중장비나 운반도구가 발달하지 못한 때에 어떤 방법으로 먼 곳으로 부터 운반해 왔는가, 구조물을 어떤 방법으로 축조시켰는지 등이다. 실제로 이런 의문을 해결하고 이해하고자 많은 고고학자들이 실험을 통해 채석, 운반, 축조 방법에 대하여 남아있는 문헌자료 등을 통한 비교검토를 통해 고인돌 시대 사람들의 축조기술을 예측하고자 한다.

1. 채석의 검토

 고인돌의 채석에 있어 대표적인 연구대상은 돌의 성질, 채석방법, 거리의 검토 등 이다. 돌의 성질은 돌의 채석을 위한 필요한 지식이다. 돌의 강도, 돌의 무게, 돌의 결, 돌의 색깔 등 돌의 갖고 있는 고유의 특이한 성질을 이해하고 있어야 자신의 하고자 하는 방향의 고인돌을 축조할 수 있다. 특히 고인돌의 덮개돌은 규모가 크고, 고인돌을 축조하고자 하는 인간의 목적성이 함께 결합되어 표현되어야 하며, 고인돌의 축조의 어려운 점은 석재라는 단단함과 거대함 등의 특징을 동시에 갖고 있다는 것이다. 이러한 고인돌의 채석방법에 중요한 것은 전문 채석공이 필요하다는 추정이다. 기본적 요소가 돌의 성질에 따라 매우 전문성을 필요로 하는 採石工은 돌에 대한 뛰어난 능력을 가진 사람이었다고 할 수 있다. 다시 말해서 채석공은 돌의 성질을 비롯한 채석하고자 한 암석의 크기와 돌의 결을 정확하게 알고 자연적 또는 인위적인 돌의 틈을 내어 쐐기를 이용한 것으로 추정된다. 또한 거석을 채석할 때 공명을 이용하는 방법으로 작은 힘을 계속 되풀이하면 큰 진동을 얻을 수 있는데 암석에 되풀이하여 타격을 가하면 큰 진동(힘)이 작용되어 거석 사이에 균열이 생겨 쉽게 분리된다. 또한 거석을 떼어낸 방법으로 바위에 있던 틈이나, 돌 끌을 가지고 판 구멍에 나무쐐기를 박아서 물에 계속 불려 떼어내는 방법도 알려져 있다. 이러한 전문 채석공의 채석에 있어 고인돌을 축조하고자 하는 공간과 근거리에 석재를 선택하고자 할 것으로 추정된다. 기존 보고서와 연구 자료에 고인돌의 위치와 채석장의 거리 관계 또한 채석의 중요한 원인이라 할 수 있다. 이와 같은 고인돌의 축조를 위한 채석은 다양한 방법으로 추정되고 있는데 이러한 방법과 관련하여 다양한 실험 등이 이루어지고 있다. 고인돌 축조와 관련된 채석방법을 연구 검토하는데 실험사례를 통해 채석모습을 추정해보고자 한다. 프랑스 Mohen은 Bougon에서 4km 떨어진 Exoudun의 Chaumes 고원 채석장에서 1979년 실험하였다. 이곳에

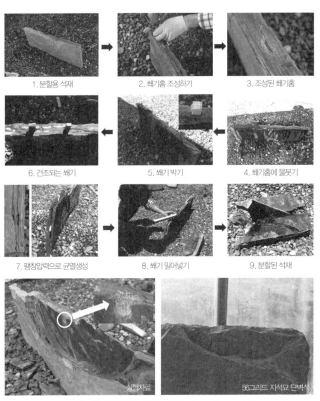

그림 1 _ **쐐기를 활용한 분할실험**(윤호필 · 장대훈 2009)

는 불규칙한 기반암이 드러나 있고, 기반암 사이는 돌결(틈)이 발달되어 채석하기에 좋은 조건을 갖추고 있다. 돌결 틈에 마른 자작나무 쐐기를 박아 물을 부어 팽창하도록 하고 동시에 돌망치로 떼어 냈다고 한다. 선사시대의 도구 즉 돌망치와 사슴뿔을 가지고 쐐기와 지렛대를 이용해 약 0.5톤을 3명이 1시간만에 떼어냈다고 한다. 그리고 마야문명의 유적에서 Erasmus가 실험고고학으로 밝힌 자료를 보면 나무쐐기를 가지고 한 사람이 하루에 1.5톤쯤 떼어낼 수 있다고 한다. 또한 윤호필·장대훈(2009)은 유사한 실험으로 채석한 석재를 이용하여 석실의 판석을 가공하기 위한 분할실험을 통해 석재의 쐐기를 이용한 가능성의 결과를 확인하였다. 이러한 실험은 석질이나 방법상 또는 문화관계의 차이가 있지만 거석문화 맥락에서 우리나라 고인돌의 채석 문제를 이해할 수 있는 사례라 할 것이다.

2. 운반의 검토

거대한 돌을 운반하는 작업에 필요한 요소로는 대표적으로 2가지 정도로 구분해 보고자 한다. 거대한 돌을 이동할 때는 필요한 힘과 그 힘을 최대한 이용할 수 있는 도구의 활용이다. 거대한 돌을 이동하는데 힘으로 이용된 것은 사람과 가축이다. 사람은 운반방법에 따라 인원의 수에 변화를 가지며 활용된 것으로 추정된다. 인간을 이용한 방식으로는 문헌자료를 통한 근거자료를 바탕으로 실험을 통해 증명하는 연구작업이 이루어지고 있다. 동물의 힘을 이용하는 방법으로는 1928년 Musso Lini 기념물축조에 사용된 거석을 60마리 황소가 3열로 끌었다고 하며, 헨리 4세 말탄상(청동상 25톤, 목재와 사람 15톤 총 40톤)은 황소 18마리가 쌍으로 끌었다고 한다. 이러한 인간과 동물의 힘을 이용하는 과정에서 그들의 힘을 극대화 하기위해 운반에 이용된 도구는 다양하게 활용되어졌다. 나무수라를 이용하여 지면에 마찰력을 최소화 하기위해 나무 레일을 이용하여 끄는 방법, 큰 돌 밑에 나무를 넣어 옮기는 지렛대방법, 돌을 묶어 사람들이 어깨에 메고 옮기는 목도방법, 강물이나 바다에서 뗏목을 이용하는 것, 겨울철에 눈이나 미끄러운 얼음을 이용하는 방법이 있었을 것으로 추정하고 있다. 또한 거리에 따라 방식도 다양하게 최대한 적합한 방식이 이용되었을 것이다. 가까운 거리에는 지렛대식이나 목도식이, 먼 거리에는 강물이나 바닷물을 이용한 방법 또는 끌기식이 사용되었을 것이다. 거석을 운반하는 방법의 연구검토 대상으로 문헌자료를 비롯한 실험자료의 근거자료를 통하여 살펴보고자 한다.

Coles는 멕시코 라 벤타의 대형 올맥의 석주 운반 실험을 하였는데, 한 사람이 100kg쯤의 돌을 움직일 수 있으므로 50톤의 석주를 500명 정도의 인력이 필요하다고 하였다. 그러나 이 연구는 거리에 대한 연구검토는 확인할 수 없다. 프랑스 Bougon에서의 실험은 32톤의 장방형 덮개돌 밑에 레일과 통나무를 깔고 지렛대를 이용해 덮개돌 묶어서 끄는 방법으로 실시하였다. 이를 토대로 Mohen은 둥근 통나무와 밧줄로 32톤의 큰 돌을 옮기는데 200명의 사람이 필요하다고 하였다.

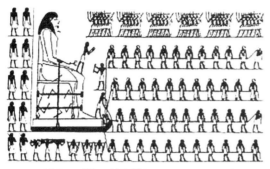

그림 2 _ 이집트 부조상(Prince Djehutihetep)

그림 3 _ 이집트 궁전부조상(Nineveh의 Sennadherib)

Charles Love는 미국 와이오밍주에서 길이 4m 무게 10톤의 석재를 두 가지 방법을 실험하였다. 먼저 석상을 나무 끌개에 싣고 'Canoe-Swivel Method' 방법으로 이동하는 실험은 14~22명으로 이동할 수 있지만 석상 밑부분이 훼손되거나 파손되었다고 한다. 두 번째 방법은 나무 썰매 밑에 통나무 굴림대를 깔고 그 위에 석상을 세운 다음 끈으로 묶어 끄는 방법으로 25명의 인력이 필요하였다고 하며, 이스터섬 석상은 썰매와 굴림대를 이용하는 것이 더 효과적이라고 하였다. 다른 사례로는 기록으로 잔존하고 있는 근거자료로서 이집트 부조상(Prince Djehutihetep)이다. 이 조상은 90명이 끄는 나무 썰매 위에 석상을 앉히고 묶어 운반하고 있는 모습이다. 좌상의 석상은 배 모양의 나무 썰매(끌개판)에 묶어 고정시키고, 머리에 고리 장치를 만들어 밧줄로 연결시키고 4열의 줄로 끄는 모습이 묘사되어 있다. 이집트 궁전 부조상(Nineveh의 Sennacherib)이다. 이 부조상은 약 30톤 가량의 석상을 뗏목으로 이동 후에 강에서 육지로 끌어 올리는 장면을 묘사한 것이다. 일본 축성 병풍도(日本 駿府城 築城圖屛風 -大阪府立 近つ飛鳥博物館)이다. 이 그림은 1607년에 축조된 6폭 병풍으로 거석을 운반하는 장면이 묘사되어 있다. 그림에는

그림 4 _ 日本 駿府城 築城圖屛風

크게 운반을 지휘하는 장면, 거석을 끄는 장면, 나무끌개 밑에 통나무 굴림목을 운반하는 장면, 뒤에서 지렛대로 운반을 보조하는 장면 등 4개의 장면이 있다. 조선시대 화성성역의궤의 駒板이다. 나무끌개(駒板)는 조선시대인 1796년(정조 20) 화성 성벽 축조에 사용된 거석 운반도구 중 하나로 무거운 물건을 운반하는데 사용된 기구이다. 우리나라에서도 여러 방법을 이용하여 고인돌 덮개돌의 이동문제를 실험하고 있지만 그 중에서도 崔盛洛(1989)의 연구는 우리나라 고인돌 이동문제를 추정할 수 있는 근거를

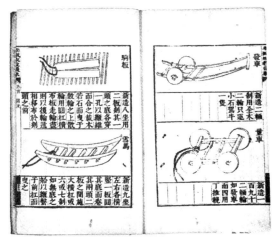

그림 5 _ 화성성역의궤의 駒板

제시해 주었다. 이 연구는 비록 모든 준비가 다된 상태의 실험이지만 덮개돌 이동에서 외국의 실험과 거의 같은 결과가 나와 한 사람이 100kg을 끌어 옮길 수 있는 사실을 밝혀주었다고 하겠다.

이상에서 본 실험은 평탄한 운반로와 채석된 거석, 준비된 통나무와 밧줄 등이 마련된 상태에서 시행된 것이어서 거석 운반 당시와는 상당한 차이가 있다. 즉 운반로의 지형(경사도, 수평, 대각선 이동), 운반 석재의 채석과 운반도구에의 적재, 운반 방법, 운반에 필요한 물품의 제작과 준비 등 많은 외적인 것이 산재되어 있기 때문이다.

3. 축조의 검토

고인돌 축조는 채석을 통해 운반된 석재를 구조물로 조립하는 것으로, 시신과 유물을 보호하는 시설물과 특정한 목적이나 대상을 기념하기 위해 만드는 기념물 일종이다. 고인돌의 축조에 대한 기본적 기술의 원리는 운반은 거대한 석재인 고인돌의 덮개돌을 수평적 이동의 원리에 대한 연구 검토라면, 축조는 거대한 고인돌의 덮개돌을 상하이동의 원리를 연구 검토하는 원리라고 할 것이다. 고인돌 축조의 상하이동의 원리는 운반의 원리와는 다르게 거대한 석재의 상하의 위치에 따르는 고인돌 상석의 거대한 무게에 따른 하부구조의 지탱을 위한 다양하고 섬세한 구조적 원리가 필요하다. 고인돌의 매장시설의 기본적인 축조원리를 검토하면 지료면보다 아래에 위치하는 양상과 지표면 위에 위치하는 양상으로 확인된다. 고인돌의 특성상 매장시설이 지상에 위치하고 있는 구조는 고인돌 덮개돌의 대한 하부구조의 부담이 더욱더 가중된다 할 것이다. 이와 같은 고인돌의 축조원리는 고대인들이 물건을 들어 올리는 공학적 원리의 인식의 연구검토가 필요한 부분이라고 할 수 있다. 고대인들의 물건에 대한 상하의 이동방법에 대한 확인 할 수 있는 근거자료와 민족지적 자료

등을 통해 검토함으로서 고인돌 축조당시의 축조원리 방법에 대한 연구검토가 이루어 져야 할 것이다. 그러나 고인돌 축조과정의 정확한 확인은 어렵다. 따라서 본 글에서는 아직도 고인돌 축조가 진행되고 있는 인도네시아 숨바섬의 고인돌 축조모습과 잔존자료로 볼 수 있는 이스타섬의 석상세우기 등의 자료를 비교 검토하고자 한다. 인도네시아 숨바섬은 현재까지도 고인돌을 축조하여 사용하고 있는 지역이다. 고인돌의 축조는 시신이 안치될 공간인 매장주체부가 지상에 설치되는 무덤으로, 매장주체부가 지상에 위치하게 된다. 이는 무덤을 외형적으로 돋보이게 하는 것도 있지만, 지상에 설치되는 특성상 자연적 현상이나 인위적 행위로 인한 훼손의 위험이 높기 때문에 외부 압력에 잘 견딜 수 있는 구조적 안정성이 강조된다. 고인돌의 지상에 매장시설을 축조하는 기본적인 형태는 4매의 판석을 세워 매장 주체부을 만들고 상부에 큰 덮개돌을 덮어 완성한다. 따라서 형태와 구조는 매우 간단하다. 하지만 벽석과 덮개돌은 규모가 크고 무게가 많이 나가기 때문에 이들 간에 균형이 맞지 않으며 쉽게 무너지게 된다. 따라서 구조는 간단하지만 축조에는 공학적이고 정밀한 토목기술이 요구된다. 즉, 벽석과 덮개돌의 관계인 '반력관계'의 중요성이 강조된다. 따라서 덮개돌 올리기는 가장 어렵고도 많은 노동력이 필요하기 때문에 축조과정에서는 가장 중요한 작업이 된다. 또한 덮개돌을 벽석 위에 올려놓음으로써 무덤의 기본적인 외형과 시신이 안치될 공간이 만들어지기 때문에 그 의미도 매우 중요하다. 탁자식 고인돌에서 덮개돌을 놓는 방법은 2가지가 상정된다. 첫째는 벽석의 안과 밖에 흙을 채운 후 덮개돌을 끌어올려 정치시킨 다음 다시 흙을 제거하는 방법이며, 둘째는 흙 대신 통나무로 단을 만들어 덮개돌을 끌어올려 정치시킨 후 통나무를 제거하는 방법이다. 이 두 방법에는 모두 덮개돌을 벽석 위로 끌어올릴 때 비스듬한 경사면을 이용하게 된다. 즉, 무거운 돌을 들어서 올릴 수 없기 때문에 경사면을 이용하여 끌어올리는 것이다. 이스타섬의 석상세우기 실험은 거석을 세우는 방법의 하나로서 고인돌의 하부구조의 받침돌을 어떻게 축조했는가를 추정할 수 있는 사례이다. 기본적인 도구는 지레, 밧줄, 쐐기를 이용 거석의 무게 중심에 맞추고 균형을

그림 6 _ 인도네시아 Sumba섬의 고인돌(가종수 외 2009)

그림 7 _ 이스터섬의 석상 세우기
(Mohen, J. P. 1990)

잡아 축조하는 방법으로 이스터섬 석상 세우는 작업에서는 석상의 머리 쪽에 지렛대를 이용해 들면서 돌로 계속 쌓아 점점 석상이 세워질수록 지렛대 위치가 높아지기 때문에 지렛대 끝에 밧줄을 묶어 잡아당기는 방법을 택하였고, 반대쪽에서는 석상 얼굴과 목부분에 밧줄로 묶어 끌어당겨 세우는 방법이다. Richard Atkinson은 스톤헨지 석주 세우는 실험에서 먼저 세울 장소에 도랑(구덩)을 파고, 거석과 쐐기를 밑부분에 넣고, 통나무를 한쪽면에 세우고 미끄려뜨려서 세웠다. 이 때 거석을 최대한 느리게 옮기는 것인데, 어긋나게 미끄러지거나 부스러짐, 깨짐을 방지하기 위한 것이다. 이런 방법으로 1985년 8월에 세워진 Prat-ledan 거석은 길이 7.5m, 무게 18.5톤으로 약 100여 명이 동원되어 세웠다고 한다.

Ⅳ. 축조기술 연구방향

고인돌 축조기술은 채석과 운반(이동) 그리고 축조로 구분하며 검토해 보면 가장 기본적인 요소는 고인돌에서 상석의 규모가 대형이며 재료가 단단한 석재라는 것이다. 그 결과 대상물에 인간의 자유로운 생각을 표현하기에는 어려운 점이 있다고 판단된다. 따라서 고인돌의 특징인 거대함과 석재라는 요소는 쉽게 인간의 주관적인 관념으로만 표현하기 보다는 거대함과 석재가 가지고 있는 자연적인 고유의 성질을 우선 검토되는 방법이어야 할 것이다. 그 결과 고인돌은 인간이 표현하고자 하는 관념과 거대한 석재의 특성을 이해한 조화의 결과물이다. 이러한 고인돌을 정확하게 이해하고 해석하는 방법에 있어서 좀 더 접근의 방향을 다양화 할 필요가 있다. 그러므로 고인돌이라는 구조물 축조를 통한 연구방향은 인간의 목적과 자연 고유의 특징을 모두 이해하는 공동체적인 조화로서 접근해야 할 것이다.

1. 채석의 연구

고인돌을 축조하는 과정에서 채석은 고인돌에 대한 인간의 가장 큰 목적이 상징적으로 함축된 선택의 시작이다. 인간이 축조하고자 하는 고인돌의 외형적인 형태의 가장 대표적인 요소인 덮개돌의 축조는 형태, 규모가 중요한 요소로 선택되었을 것이다. 따라서 당시의 사회적 여건과 피장자의 사회적 역할에 따라 다양한 상석이 제작되어진다. 그러나 상석의 거대한 석재는 제작과정에서 다양한 어려움을 볼 수 있다. 그러므로 거대한 석재의 채석을 위한 선택 과정에서는 전문장인에 의한 일정한 유통(생산과 공급)시스템이 적용되었을 것으로 보인다. 석재 생산시스템은 우선 석재를 선별하는 작업이 선행되어 자연석재를 그대로 이용할 것인지, 아니면 가공을 통해 필요한 석재를 확보

할 것인지를 결정한다. 이러한 과정에는 전문적인 지식과 오랜 경험이 필요하기 때문에 이를 전문으로 다룰 줄 아는 장인집단에 의해 이루어졌을 가능성이 높을 것으로 생각된다(윤호필 · 장대훈 2009). 아직 우리나라에서 전문적인 채석관련 장인의 증거는 확인되지 않았지만, 현재까지도 우리나라 탁자식 고인돌과 비슷한 고인돌을 축조하고 있는 인도네시아 Sumba섬 지역에서는 전문 채석공이 존재하며, 이들이 무덤에 필요한 석재를 채석장에서 채석한다. 이러한 민족지 자료는 우리나라 고인돌 축조에도 중요한 단서를 제공한다고 볼 수 있다. 고인돌의 덮개돌을 채석하는 방법은 절리가 거의 이루어진 암석을 이용하는 것이 가장 쉬운 방법이다. 이 경우 쐐기나 지렛대를 이용하여 간단하게 분리 할 수 있다. 그 대표적인 예는 화순 대신리 감태바위 채석장과 그 아래의 고인돌에서 확인된다. 채석장에는 절리가 잘 발달되어 덮개돌로 사용될 수 있는 암석들이 다수 확인된다. 절리가 발달한 암반에서의 채석은 쉽지만 그렇지 않은 경우 암반을 절단해야 하는 방법에 대해서는 일반적으로 쐐기구멍을 파는 방법을 이용하였을 것으로 추정하고 있다. 그러나 채석장에서 그러한 흔적을 발견되는 경우와 채석용 흔적에 대한 정확한 확인이 어렵기 때문이다.

이상에서 본 채석장은 규모가 큰 덮개돌의 경우 가능한 지근거리에 위치하고 있는 산기슭이나 강변의 암반을 이용하였으며, 보다 작은 받침돌이나 무덤 축조에 사용된 돌은 주변의 산이나 강 또는 하천에서 가져와 사용하였을 것으로 볼 수 있다. 즉 주변에서 돌을 구할 수 있는 모든 지역이 채석장 역할을 하였다고 할 수 있다. 그러므로 채석은 거대한 석재를 선택하고 또한 제작자의 의도가 포함되어야 하기 때문에 자연적인 절리로 인한 적합한 형태의 석재를 구하는 것이 가장 최선의 방법으로 추정된다. 그러나 채석의 석재는 제작하고자 하는 형태를 자연적 절리를 통해 구하기가 어려워 암반에서 떼어내고 원하는 형태를 만들기 위해 정교한 치석을 했던 것으로 추정된다. 따라서 고인돌 축조에 원하는 채석을 하기 위한 다양한 방법과 도구들이 사용되었던 것으로 잔존하고 있는 흔적을 통해 확인 할 뿐 정확한 채석의 방법과 도구들은 확인되지 않고 추정 할 뿐이다.

2. 운반의 연구

고인돌 축조에 있어 거대한 고인돌의 상석을 운반하는 것은 채석과정에서부터 운반이 검토될 정도로 가장 중요한 과정이다. 채석장소를 찾아가는 방법중의 하나로 고인돌의 운반경로를 추적하는 방법이 검토되고 있다. 고인돌의 운반 방법으로는 거대한 규모의 석재라는 특수성 때문에 다양한 방법을 이용하여 이동한 것으로 추정할 수 있다. 고인돌의 운반은 채석과정에서부터 운반경로가 검토되고, 최대한 자연적 환경조건을 이용하며 마지막으로 인간의 직접적인 참여를 통하여 운반한 것으로 추정된다. 특히 고인돌의 운반에 있어 자연지리적의 이용은 덮개돌운반 경로를 자연과학분석을 통해 추정한 연구가 있다. 석재분석과 지리정보시스템(GIS)을 이용하여 채석장으로 추정되는 산지를 확인하고 이를 통해 이동경로를 추정하는 것이다. 일례로 이천지역의 지석묘를 RS · GIS

로 분석하여 덮개돌의 운반경로를 추정한 연구를 들수 있는데, 이 연구에서는 유적의 분포상황과 지형분석을 통해 과학적인 운반경로를 추정, 복원하여 가장 가까운 거리의 운반경로와 운반하기 가장 쉬운 경로를 예측하였다(하문식 · 김주용 2001). 채석한 덮개돌을 운반하기 위해서는 운반로를 개설해야 된다. 이에 대한 확실한 증거는 없지만, 최근 전북 진안 여의곡 고인돌 유적에서 200m

에 이르는 덮개돌 이동로로 추정되는 흔적이 조사되었다. 이는 너비가 150~200cm의 간격을 두고 철도처럼 나란하게 열 지어 나타났다. 이 길의 양단에는 길이 3~4m, 깊이 10cm 내외의 흔적들이 여러 겹을 이루고 있었다. 이 형태는 고인돌의 덮개돌 운반을 추정할 수 있다. 먼저 직경 10cm 내외의 통나무를 3~4m로 자른 후 바닥에 레일처럼 깔고 그 위를 가로지른 통나무를 여러 개 배치한 후 올려진 덮개돌을 끌어 운반하는 방법으로 추정된다. 여기에는 여러 개의 둥근 통나무를 깔고 떼어낸 덮개돌을 올려놓은 다음 끈으로 묶어 끌면서 한편으로 지렛대를 이용했을 것이다. 무게가 가볍고 가까운 거리에는 지렛대식이나 목도식, 먼거리는 끌기식(牽引式)이 쓰여졌을 것이다. 강을 끼고 있는 곳에서는 뗏목을 이용하고, 추운 지역에서는 얼음판을 이용해 운반하였을 것으로 생각된다. 일본의 고분시대에 거석을 운반하는 슈우라(修羅)는 Y자형의 통나무를 이용한 것인데, 묶을 수 있도록 구멍이 뚫어져 있다. 레일처럼 깐 통나무 위를 가로지른 통나무 받침대를 이용하여 썰매처럼 쉽게 끌 수 있다.

우리나라에서의 실험은 전남 진도

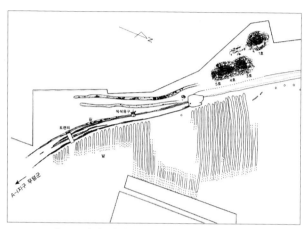

그림 8 _ 진안 여의곡유적(전북대학교박물관 2001)

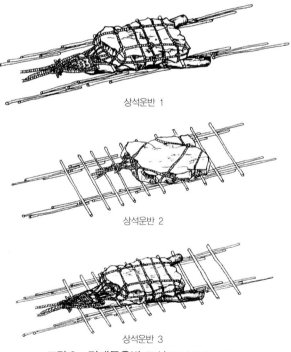

상석운반 1

상석운반 2

상석운반 3

그림 9 _ 덮개돌운반 모식도(이종철 2003)

에서 이루어졌는데, 덮개돌과 이동하는 길이 준비된 상태에서 6.8톤의 덮개돌을 60명이 끌 수 있고, 통나무를 옮겨 깔거나 운반을 지휘하는 사람을 포함하면 73명이 동원되었다.

　이와 같은 고인돌의 덮개돌 운반은 많은 인력 및 운반도구의 필요성이 요구됨으로 자연적인 지형을 이용하여 최대한 이동한 후 인위적인 이동을 위한 다양한 방법과 도구의 이용 그리고 자연적 기후의 이용 방식은 운반의 기본적인 원리로 추정한다.

3. 축조의 연구

　고인돌의 축조는 거대한 규모의 석재를 이용해 건축물을 만드는 과정이다. 고인돌의 기본적인 구조는 덮개돌과 받침돌 그리고 무덤방이다. 축조과정에서 무덤방은 지하에 매장되는 경우와 지상에 축조되는 경우 그리고 무덤방이 없는 경우로 분류해 볼 수 있다. 무덤방이 지상에 축조될 경우 받침돌의 역할을 겸하기도 한다. 따라서 고인돌의 기본적인 건축에 있어 덮개돌과 받침돌의 두 가지 요소는 거대한 석재를 이용하고 있는 고인돌 축조에 있어 가장 중요한 구조적 요소이다. 고인돌의 축조에 있어 거대한 규모의 외형적 미는 가장 중요한 것으로 조화와 균형을 바탕으로 하는 안정성을 기초로 해야한다. 우리 인간들이 아름답다고 느끼는 관념은 그리스시대부터 조화로운 비율로 건축물의 예술품에서 볼 수 있는 황금비율의 인식은 현재까지 다양한 곳에서 확인되고 있다. 고인돌의 축조과정에서 중요한 것은 덮개돌을 지탱하는 것이다. 이를 위해 무엇보다도 덮개돌이 쓰러지거나 내려 않지 않게 균형을 유지하여야 한다. 고인돌의 덮개돌과 하부시설과의 구조적 관계는 고인돌의 거대한 덮개돌을 통해 보여주고 싶은 가장 중요한 목적이라 할 것이다. 그러나 고인돌 덮개돌의 특징인 거대한 석재의 무게는 하부시설에 많은 영향을 미치게 된다. 이러한 무게에 대한 안정감과 균형의 구조는 고인돌 덮개돌의 변화을 가져오게 되고 따라서 하부시설의 변화를 볼 수 있다. 따라서 고인돌을 축조한 고대인들 또한 고인돌 덮개돌의 재료인 거대한 석재의 고유한 성질을 무시할 수는 없는 것으로 판단된다. 고인돌을 통해 보여주고자 하는 인간의 목적과 거대한 석재의 조화를 검토하며 고인돌을 축조하였던 것이다. 고인돌의 덮개돌과 받침돌의 구조적 특징의 변화양상을 알아보고자 한다. 고인돌의 구조적 특징은 탁자식 고인돌, 주형지석 고인돌, 기반식고인돌로 구분하여 비교 검토하고자 한다.

　탁자식 고인돌의 가장 구조적인 특징은 받침돌의 높이가 높다는 것이다. 이러한 구조는 고인돌의 덮개돌이 무너지지 않고 균형을 유지하기 위해서는 덮개돌의 규모가 적어지고 받침돌의 높이를 높여 균형을 조절하고 외형적인 거대한 부분을 강조하고 있다. 이는 덮개돌을 올릴 때 고도의 설계와 함께 기술을 요하게 된다. 그리고 덮개돌의 두께와 벽석의 높이는 측면에서 보았을 때의 구성비를 알아보기 위한 것이다. 덮개돌의 높이는 평균 51.0인데, 석실의 높이 평균은 169.2로 반비례한다. 즉 고인돌 덮개돌의 규모와 석실벽석의 높이는 서로 상반되는 관계를 볼 수 있다. 이러한 구성비는 축

표 1 _ 고인돌 구조별 규모의 비교

항목 구분	탁자식					주형지석 기반식					기반식				
	유구명	상석규모			지석 높이	유구명	상석규모			지석 높이	유구명	상석규모			지석 높이
		길이	너비	두께			길이	너비	두께			길이	너비	두께	
A	요령 와방점 태자	490	400	50	230	영광 삼효리 석전	400	350	144	100	나주 장산리	472	436	264	52
B	배천 룡동리 2호	600	400	80	130	영광 복룡리 1호	392	200	125	80	순천 비룡리	290	280	260	50
C	은률 관산리 2호	485	390	37	135	영광 성산리 87호	370	203	130	80	나주 송학리 12호	420	362	290	32
D	요령 석붕욕	435	450	50	185	영광 성산리 193호	270	200	140	80	여수 월내동 상촌Ⅲ 1호	590	520	224	65
E	고창 도산리	350	310	38	166	영광 금계리 전촌 2호	250	170	140	60	고흥 운교 12호	560	360	230	39
평균				51.0	169.2				135.8	80				253.6	47.6

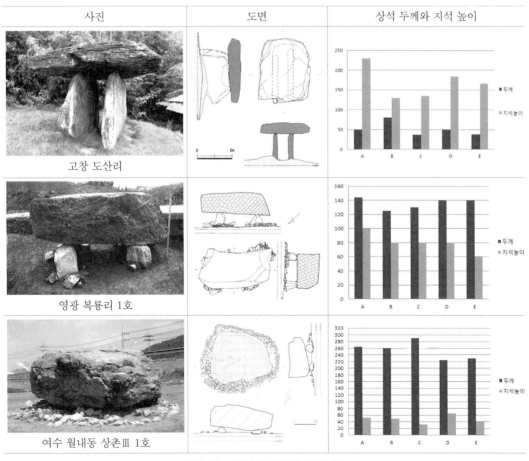

사진	도면	상석 두께와 지석 높이
고창 도산리		
영광 복룡리 1호		
여수 월내동 상촌Ⅲ 1호		

그림 10 _ 고인돌 구조별 규모비교

조시에 가장 적합한 비율이 기획 되어 탁자식 고인돌이 축조되었음을 보여준다. 그 결과 탁자식 고인돌의 형태는 거대한 웅장함과 동시에 조화로운 균형미를 보여준다고 하겠다.

주형지석 고인돌는 덮개돌 형태 또한 괴석형이 아닌 방형에 가까운 정형화된 석재를 사용함으로서 상호 무게중심과 균형이 조화롭게 이루어 질 수 있는 구조적 원리를 볼 수 있다. 주형지석 고인돌의 구조적 축조관계는 덮개돌의 두께와 주형지석의 높이는 반비례한다. 이는 받침돌이 무너지지 않고 균형을 유지하기 위해서 덮개돌의 무게의 균형을 맞추기 때문이다. 또한 주형지석을 가진 고인돌의 구조역시 안정감을 보여주기 위해 구조상 비율을 맞추고 있다. 고인돌 덮개돌의 두께와 주형지석의 높이의 구성비를 알아보기 위한 것이다. 고인돌 덮개돌의 두께는 평균 135.8이며 주형지석의 높이는 평균 80으로 덮개돌의 두께와 주형지석의 높이는 반비례한다. 특히 주형지석의 고인돌은 구성비는 덮개돌의 두께와 주형지석의 높이의 평균 구성비율은 1.69로 거의 건축 예술품의 완벽한 조화와 균형을 보여주는 황금비율에 가까운 비율을 확인할 수 있다.

그리고 기반식 고인돌의 구조적 특징은 덮개돌의 높이가 크고 받침돌의 높이가 낮다는 것이다. 기반식 고인돌의 축조에서 덮개돌과 받침돌과의 관계와 외형적인 구성비를 통해 균형원리를 알아보고자 한다. 기반식의 구성비는 덮개돌의 두께와 하부의 받침돌간의 크기 비교로, 덮개돌을 직접 받치고 있는 받침돌과의 관계를 알아보기 위한 것이다. 대표적인 자료를 분석한 결과 덮개돌의 두께의 평균이 253.6이며 받침돌 높이의 평균이 47.6으로 반비례한다. 즉 고인돌 덮개돌의 규모와 받침돌의 높이는 서로 상반되는 관계를 볼 수 있다. 이러한 구성비는 축조시에 덮개돌의 웅장함을 보여주기 위해 받침돌의 규모를 낮고 크게 함으로서 안정감을 볼 수 있는 가장 적합한 비율이 기획 되어 기반식 고인돌이 축조되었음을 보여준다. 그 결과 기반식 고인돌의 형태는 거대한 웅장함과 동시에 조화로운 균형미를 통한 안정감을 보여준다고 하겠다.

이와 같은 탁자식 고인돌, 주형지석 고인돌, 기반식 고인돌의 구조적 변화양상을 통해 고인돌의 덮개돌과 하부구조의 변화양상은 상호 관계를 볼 수 있는 구성비율이 상반결과를 확인했다. 고인돌 축조의 의도와 목적에 따라 고인돌 덮개돌의 규모와 받침돌의 높이를 균형과 조화 그리고 안정감을 적합한 비율을 선택함으로서 고인돌 축조의 구조적 관계에 대한 축조자의 관념을 살펴보았다. 이러한 축조자의 관념의 구조적인 특징은 고인돌 축조에 있어 덮개돌의 자연적인 거대석재의 고유성과 인간의 축조의도가 종합 검토된 기획성 있는 고인돌을 축조했다는 것이다.

V. 맺음말

고인돌의 축조기술 문제는 유구와 유물 그 자체보다는 인간의 행위가 중심이 되기 때문에 정확한 성격을 이해하기가 어렵다. 그러나 물질자료의 검토만으로는 당시의 사상체계나 사회상을 규명할 수는 없다. 따라서 조사를 통해 확인된 유적의 한계성을 갖고 검토될 수밖에 없다. 이러한 불확실성에 대한 한계는 인간의 행위를 기본으로 하는 관념의 이해가 함께 검토되어야 할 것이다. 이글에서 고인돌의 축조기술은 크게 구분하여 채석과 운반 그리고 축조라는 공간상의 변화에 따라 축조과정의 단계별 변화를 검토하였다. 구분된 단계별 과정을 통하여 대표적이고 객관화 할 수 있는 자료를 바탕으로 고인돌의 축조기술을 통한 제작자의 관념을 함께 검토함으로서 고인돌 축조의 기본 원리를 이해해 보고자 하였다. 따라서 고인돌 축조기술과 관련된 고고학적 자료, 다양한 기록적 자료, 민족지적자료, 실험적 자료 등을 통한 현재에서 확인할 수 있는 고인돌의 자료 검토를 통해 구조적 원리 연구방향에 대한 이해를 하고자 검토하였다.

고인돌 채석은 아직 고고학적으로 증명된 것은 없다. 그러나 덮개돌에 남아있는 채석흔적과 채석장의 존재를 추정할 수는 있다. 고인돌의 덮개돌 채석의 가장 쉬운 방법은 암반에서 자연절리 되어 있는 바위를 2차적 가공 없이 이용할 수 있는 적합한 석재의 확인이지만 그렇지 않은 경우 풍화된 암반 사이에 형성된 틈에 인위적으로 쐐기나 지렛대를 이용하여 적합한 형태로 분리될 수 있다는 것을 실험을 통하여 확인하였다. 특히 쐐기나 지렛대의 사용여부와 흔적은 확인이 어렵지만 가능성을 추정하고 있다. 이러한 방법은 우리나라 암석구조가 화강암과 편마암계통이 많고, 일부 화산폭발로 형성된 응회암질이 많은데, 이 암석들은 절리와 편리가 잘 발달되어 있고, 풍화작용으로 인한 암반 사이의 틈을 이용한 방법이다. 즉 절리가 발달된 응회암 같은 퇴적암이나 편리가 발달한 편마암 같은 변성암이 덮개돌로 선호하게 된 원인이라 할 수 있다. 이와 같은 방법은 덮개돌 채석에 용이하고, 쉽게 구할 수 있기 때문에 고인돌을 축조할 수 있는 자연 조건을 구비하고 있다고 볼 수 있다. 즉 우리나라에 고인돌이 밀집 분포하는 것과도 무관하지 않을 것이다

고인돌 덮개돌의 운반 과정에서 가장 중요한 것은 자연적 운반의 지형과 인간의 운반적 기술을 결합한 것으로 확인할 수 있다. 운반의 검토는 채석의 검토를 결정할 수 있는 요소이다. 운반로가 확보되지 않으면 채석의 의미가 없기 때문에 채석장의 확인연구는 운반로를 통한 지형학적 연구를 사용하기도 한다. 따라서 채석장은 고인돌이 위치한 곳의 산기슭이나 중턱에 암반들이 노출되어 있는데, 가깝게는 100m 이내지만 주변에 덮개돌을 구할 수 없는 저평한 구릉지대의 경우는 5km 이상도 확인되고 있다. 덮개돌을 옮길 때 운반로가 있어야 가능하다. 이에 대해서는 전북 용담댐 여의곡에서 확인된 바 있다. 통나무를 2열로 레일처럼 배치한 흔적에서 엿볼 수 있다. 고인돌 덮개돌의 운반방법은 고인돌에 남아있는 흔적, 즉 덮개돌 밑면에 나타난 통나무 굄 흔적, 측면에 밧줄 홈 흔적 등으로 추정되며 발굴조사 결과 이동 흔적으로 추정되는 유구가 확인되고 있다. 이 흔적은 운반의 일부만 추정할 수 있을 뿐 전체적인 운반 방법에 대해 추정할 수는 없다. 이를 보완하기 위해 부조상이나 그림, 문헌과 고고학 자료에 보이는 거석 운반도구, 거석 운반과 축조 실험 사례, 그리고 현재 지석묘를 조성하고 있는 민족지고고학을 토대로 재구성할 수는 있을 것이다. 특히 인도네시아 숨바섬의 거석운반 사례는 이를 추론하는데 매우 중요한 자료라 할 수 있다.

고인돌의 기본적인 축조에 있어 덮개돌과 받침돌의 두 가지 요소는 거대한 석재를 이용하고 있

는 고인돌 축조에 있어 가장 중요한 구조적 요소이다. 고인돌의 축조에 있어 거대한 규모의 외형적 미는 가장 중요한 것으로 조화와 균형을 바탕으로 하는 안정성을 기초로 해야한다. 고인돌의 덮개 돌은 거대한 석재의 안정성을 통한 균형의 비율은 황금비율까지 추정한다. 또한 하부시설의 구조는 덮개돌의 무게에 따른 균형의 원리을 이용한 고인돌 덮개돌의 규모와 연관성을 갖고 상호 변화를 보여준다. 그 결과 고인돌의 구조상 고인돌의 거대한 덮개돌과 하부시설의 받침돌의 구조는 상호작 용하며 고인돌을 축조하였다고 볼 수 있다. 고인돌 덮개돌의 거대한 특징과 하부시설 받침돌에 대한 특징은 양쪽 어느부분에 축조자의 의도를 표현함에 따라 고인돌의 외형적인 모습이 변화를 갖는다.

고인돌의 축조는 고인돌의 덮개돌과 하부구조의 받침돌의 구조적 선택에 따라 거대한 석재의 고 유한 요소를 바탕으로 축조자의 의도를 표현할 수 있는 과정의 조화와 균형이라는 고인돌 축조자의 관념을 이해할 수 있을 것으로 생각한다. 고인돌의 축조자는 많은 인력 및 제작도구의 필요성이 요 구됨으로 자연적인 요소를 최대한 이용하며 축조자의 의도를 최대한 포함 할 수 있는 다양한 방법 과 도구의 이용의 기본적인 원리로 추정한다. 특히 고인돌의 다양한 채석, 운반 , 축조의 제작방법은 인간의 축조의도를 통한 기획과 거대한 석재의 자연적인 고유성의 조화로운 공존의 활용 방식을 보 여준다 할 것이다.

참고문헌

가종수, 2009, 『지금도 살아 숨 쉬는 숨바섬의 지석묘 사회』, 북코리아.

김승옥 · 이종철 · 김진, 2003, 『진안 용담댐 수몰지구내 문화유적 발굴조사 보고서XI -여의곡 · 안자동 이전복원』, 전북대학교 박물관.

윤덕향 · 강원종, 2001, 『진안 용담댐 수몰지구내 문화유적 발굴조사 보고서VII -여의곡 · 구곡고인돌 이전복원』, 전북대학교 박물관.

윤호필, 2013, 『축조와 의미로 본 지석묘사회 연구』, 목포대학교 박사학위논문.

윤호필 · 장대훈, 2009, 「석재가공기술을 통한 청동기시대 무덤 축조과정 연구」 『한국고고학보』 70집, 한국고고학회.

이상균, 2000, 『고창 고인돌이군 상석 채굴지 지표조사 보고서』, 고창군 · 전주대학교박물관 · 전주대학교 역사문화연구소.

이영문, 2002, 『한국지석묘사회연구』, 학연문화사.

이영문, 2011, 「겨레과학기술원리탐구사업」 『고인돌축조로본과학기술원리연구』, 국립중앙과학관.

이종철, 2003, 「고인돌 상석운반에 대한 시론」 『한국고고학보』 50, 한국고고학회.

전주대학교박물관, 1999, 『고창 지석묘군 상석 채굴지 지표조사보고서』, 도서출판필 21.

지건길, 1983, 「수묵 진홍섭 박사 정년기념특집호: 고인돌사회의 복원에 관한 일고찰 -축조기술과 장제를 중심으로」 『이화사학연구』 13 · 14권.

최몽룡, 1973, 「원시채석문제에 대한 소고」 『고고미술』 119, 한국미술사학회.

최성락 · 한성욱, 1989, 「고인돌 복원의 일례」 『전남문화재』 2.

하문식, 2010, 「고조선시기 고인돌의 축조 방법 연구(Ⅰ)」 『고조선단군학』 22, 단군학회.

하문식 · 김주용, 2001, 「고인돌의 덮개돌 운반에 대한 연구」 『한국상고사학보』 34, 한국상고사학회.

陳元甫, 2002, 「中國 浙江의 지석묘 試論」 『호남고고학보』 15, 호남고고학회.

Atkinson, R. J. C., 2003, 「Neolithic engineering」 『ANTIQUITY PAPERS』.

Coles, J., 1973.1, Archaeology by Experiment.

Mohen. J. P., 1980, La constructoin des dolmens et menhirs au Neolithique.

Mohen. J. P., 1990, The World of Megaliths, Facts on Files, Inc.

Coles,J,1973, Archaeology by Experiment.

Erasmus, C.F., 1977, "Monument Building: Some Field Experiments", Experimental Archacology, Ingersoll, J.E · Yellen, W.M.

제2부
청동기시대의 사람과 장송의례

제1장
청동기시대의 사람

김재현 동아대학교 고고미술사학과

Ⅰ. 청동기시대 사람에 대한 연구

고고학에서 인골에 대한 연구는 물론, 인류학에서도 인골의 형질에 대한 연구는 그렇게 많이 이루어지지 않았다. 그것은 무엇보다도 한반도에서 출토되는 인골 자료가 우선 충분하지 못하였기 때문이다. 그리고 유적에서 인골이 검출된다고 하더라도 반드시 형질적 비교연구가 가능한 정보를 가지고 있는 경우 또한 드물다. 이처럼 인골자료는 여러 면에서 제약성을 가지고 있기 때문에 한국인의 형질에 대한 연구가 쉽게 이루어지지 못한 것이다. 그러나 인골은 오로지 형질적 연구에만 활용되는 것은 아니며, 고고학적 측면에서 인골이 가지는 의미 또한 점점 그 가치를 주목받고 있다. 이와 같은 상황에서 앞으로 인골 자료의 축적은 분명히 계속 증가될 것이라 기대하며 더불어 시대별·지역별 형질에 대한 연구도 이루어지리라 기대해 본다. 한국인에 대한 형질적 검토는 1930년대 일본인 인류학자들에 의해 처음, 그리고 집중적으로 이루어졌다.[1] 그러나 그것은 당시 조선인에 관한 연구이며, 간혹 한반도 석기시대 인골이나 역사시대 인골에 관한 발굴사례가 소개되는 정도였다.[2] 그

---

[1] 당시 현대조선인의 체질에 대한 연구는 東京人類學會의 人類學雜誌에 주로 실렸으며, 조선인 체질연구의 대표적인 연구자로는 荒瀨進, 今村豊, 島五郎, 小濱基借 등이 있다.

[2] 그러한 예로서 今村豊, 1933, 「樂浪古墳骨の一例(豫報)」『人類學雜誌』 48; 大倉辰雄, 1939, 「朝鮮高麗古墳人骨ノ一例ニ就テ」『京都醫學雜誌』 36; 鈴木誠, 1944, 「朝鮮咸鏡北道會寧鳳儀で發掘された石器時代

리고 한국인의 체질적 특징을 처음 다룬 연구[3]에서도 연구자가 밝힌 바와 같이 한국인 두개골에 관한 연구는 일본인 인류학자[4]에 의하여 보고된 당시 경성대학 소장의 조선인 남성인골 178개체와 여성인골 50개체의 연구결과를 소개하고 있지만, 시대별 파악은 이루어지지 못하였다. 그리고 그나마 이들 자료는 6.25사변으로 모두 망실되어 현존하지 않고 있다. 하지만 한국인에 대한 분석 결과에서 한국인의 머리는 단두이며, 고안이 중심된 특징으로 보았다. 즉 한국인이 얼굴은 장안에 속하여 광안인 몽골인종과는 다르고 두개골 용적이 큰 편이어서 뇌중량도 무거운 편이라고 하였다. 그러나 한국인은 이렇게 많은 인류학적 특징을 지닌 민족이기는 하지만 인종적으로는 모든 특징을 보아 몽골인종에 속한다고 하였다. 한국인의 기원에 대해서는 6가지의 가능성을 제시하고 있지만, 결국 한민족은 북몽골족인 퉁구스가 주류가 되고 여기에 중앙 몽골 및 남몽골과의 혼혈이 어느 정도의 영향을 미치면서 체질인류학적으로나 문화인류학적으로 뚜렷한 특성과 성질을 가진 한국 민족이 형성되었다는 견해[5]를 밝히고 있어서, 한민족은 단절되지 않고 적어도 후기 구석기시대부터 지속적으로 이어졌다는 입장을 취하고 있다. 이에 대해 북한은 '인종'이라는 용어가 가지는 차별적 문제점를 지적하였고,[6] 조선사람이 하나의 핏줄로 이어진 단혈성기원의 주민집단이라고 말하고 있지만,[7] 그것 또한 시대별, 지역별 인골자료에 의한 분석결과는 아니었다. 또한 1960년대 말의 조선 중북부지역에서 수집된 두개골 자료 남성 125개체와 여성 45개체의 연구에서도[8] 시대별 검토는 역시 불가능한 일이었다. 한국인의 기원과 관련하여 그 동안의 남북 인골자료를 사용하여 구석기, 신석기, 청동기시대, 철기시대별 변화양상을 조사한 연구가 박선주에 의해 이루어졌다.[9] 이에 대해서는 청동기시대 사람과 관련해 다음 장에서 다루겠다. 이처럼 절대적인 인골자료의 부족은 남북을 망론하고 한국인의 기원을 밝히는 작업은 물론, 시대별, 지역적인 형질의 비교·검토를 사실상 불가능하게 하고 있다. 그러나 이러한 불가능은 고착된 현실은 아니며, 인골 연구자의 증가와 인골자료의 증가라는 최근 몇 년간의 변화 속에서 무엇보다 고고학 연구자들의 노력에 의해 가능을 꿈꿀 수 있는 희망적인 전망으로 변화하고 있다. 그러므로 고고학 발굴성과에서 얻어지는 인골자료는 시대나 지역을 불문하고 그 중요성이 높게 인식되어지고 취급되어져 인골자료를 사용한 다방면의 연구가 반

人人骨に就いて」『人類學雜誌』59 등을 들 수 있다.

3) 羅世振, 1964, 「韓國民族의 體質人類學的 研究」『韓國文化史大系』Ⅰ-民族·國家史, 고려대학교민족문화연구소, 87~233쪽; 羅世振·張信堯, 1981, 「韓國人의 體質」『中央新書』97, 중앙일보사.

4) 島五郎, 1934, 「現代朝鮮人體質人類學補遺」『人類學雜誌』49卷 5號.

5) 주3)의 209쪽, 220쪽.

6) 백기하, 1965, 「인종주의의 반동성」『고고민속』1호, 49~52쪽.

7) 사회과학출판사, 1989, 『조선사람의 기원』, 백산자료원, 224~257쪽.

8) 장우진, 2002, 『조선사람의 체질』, 사회과학출판사, 백산자료원, 8~41쪽.

9) 박선주, 1996, 「한국인의 기원과 형성」『선사문화』4, 충북대학교 선사문화연구소, 165~198쪽.

드시 이루어지길 기대한다.

Ⅱ. 한반도의 청동기시대 사람

한국에서 청동기시대 인골이 출토된 유적은 모두 50개소 119기의 유구, 126개체에 이른다(그림 1).[10] 그러나 대부분의 인골은 부위동정이나 성별, 연령과 같은 분석이 가능한 정도이며, 형질에 대한 검토나 비교가 이루어지는 정도의 것은 아니다. 부족한 인골자료의 문제점 속에서도 청동기시대 인골이 처음 소개된 것은 황석리13호 지석묘출토 인골이다.[11] 이 인골은 제천 황석리에서 1962년 4월 발굴된 신전장의 남성 인골이다. 당시 인골에 대한 C14 연대측정에서 기원전 4~5세기경의 것으로 판정되었고, 인골에 대한 계측도 이루어졌다. 인골을 통한 검토에서 밝혀진 결과는 우선 피어슨식에 의한 추정신장[12]이 약 168cm이다. 추정키의 특징은 신석기시대 안도나 연대도, 초기철기시대 조도, 가야의 예안리 고분 남성 모두가 165cm를 전후하는 추정키와 비교해도 월등하게 높은 키를 나타낸다(표 1).[13] 그러나 황석리를 제외한 다른 유적에서 확인된 인골들의 추정키를 살펴보면, 앞서의 신석기시대나 삼한시대, 삼국시대와 비교하여 남성의 추정키가 크게 다른 차이를 보이지 않는다. 또한 여성에 있어서도 신석기시대 가덕도, 삼한시대, 신라를 제외한 가야나 백제와 크게 구분되는 차이점을 보이지 않음이 확인된다. 그러므로 추정키에서는 청동기시대 남녀 모두가 신석기시대, 삼한시대, 삼국시대와 다르지 않고 자연스럽게 이어지는 특징을 보인다고 말할 수 있다. 그리고 두개골의 계측치를 통한 비교(그림 2)에서 두개장폭지수(M8/1)는 현대 한국인 보다 큰 과장두(big-long cranial)이다.[14] 인골의 두개골 특징이 과장두에 속하는 것은 현대 한국 남자에서 특이한 현상으로, 이제까지 조사된 인골자료와 비교할 때 독특한 형질을 보이지만, 어디까지나 1개체

---

10) 신석원, 2015, 「인골로 본 청동기시대 장제연구」, 동아대학교 석사학위논문.
　　이 그림은 신석원의 석사학위논문 9쪽의 내용을 인용하였다.

11) 羅世璘·張信堯, 1967, 「黃石里 第13號 支石墓에서 出土한 古墳骨의 一例」『韓國支石墓』, 韓國中央博物館, 126~135쪽.

12) 坂田邦洋, 1996, 『比較人類學』, 靑山社, 192쪽.

13) 김재현, 2015, 「왜! 고인골인가? 뼈? 뼈! 고인골」『개인의 삶에서 시대의 문화를 읽다』, 국립김해박물관, 134~139쪽.

14) 주9)에는 hyper dolichocephalic으로 표시되어 있다. 황석리 출토인골에 대하여 두개골이 한반도에서는 드문 과장두이고, 추정키가 170cm에 가까운 점에서 백인으로 보려는 의견도 있으나, 단지 형질적으로 드문 특징을 보인다고 해서 백인으로 추정할 수 있는 근거는 전혀 없다.

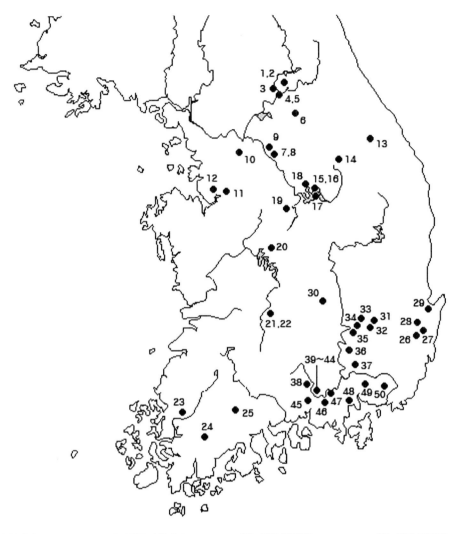

1. 춘천 천전리	13. 정선 아우라지	26. 경주 덕천리	39. 진주 대평리
2. 춘천 발산리	14. 영월 언당 피난굴	27. 경주 천군동	(문화재연구소)
3. 춘천 신매리	15. 제천 황석리(중박)	28. 경주 석장동	40. 진주 대평리 어은1
4. 춘천 중도(중박)	16. 제천 황석리B	29. 포항 호동	41. 진주 대평리 옥방1
5. 춘천 중도(강원대박)	17. 제천 양평리D	30. 김천 송죽리	42. 진주 대평리 옥방4
6. 홍천 외삼포리	18. 충주 하천리D	31. 대구 신서동	43. 진주 대평리 옥방5
7. 양평 상자포리(중박)	19. 괴산 사창리	32. 대구 매호동	44. 진주 대평리 옥방7
8. 양평 상자포리	20. 보은 부수리	33. 대구 동천동	45. 사천 본촌리
(이화여대)	21. 진안 삼락리 안자동	34. 대구 월성동	46. 진주 가호동
9. 양평 앙덕리	22. 진안 삼락리 구곡	35. 대구 진천동	47. 진주 중천리
10. 광주 역동	23. 나주 랑동	36. 달성 평촌리	48. 마산 진동
11. 안성 만정리 신기	24. 장흥 송정리	37. 창녕 사창리	49. 창원 덕천리
12. 평택 토진리	25. 순천 신평리	38. 산청 강누리	50. 김해 내동

그림 1 _ 청동기시대 인골 출토유적(신석원 2015)

표 1 _ 고대사람의 추정신장(Pearson식)　　　　　　　　　　　단위 : cm (김재현 작성)

시대	남성			여성		
신석기	연대도	평균	164.0			
	안도		164.8	안도		159.6
	가덕도(장항)	평균	158.4	가덕도(장항)	평균	146.7
청동기	황석리		168.4			
	대평리	4지구 26호	164.0	대평리	5지구 A-1호	148.7
				대평리	7지구 17호	149.3
	천군동		158.1			
	중천리		163.0			
삼한	조도		164.8			
				신창동 저습지		156.7
	늑도 (부산대)	평균	161.3	늑도 (부산대)	평균	147.3
				늑도 (동아대)	98-4	144.8
				늑도 (동아대)	98-6	143.8
가야				대성동	평균	149.7
	예안리	평균	164.7	예안리	평균	150.8
백제	복암리	평균	163.3	복암리	3호 17-1	150.6
	법천리		160.3			
신라	조영	1A	160.9			
	임당	A-Ⅱ-2-1	162.3			
	임당	G-22	171.4	임당 (嶺文硏)	평균	158.9
	성산고분	서1곽	167.8	성산고분	평균	153.5
				유하리	평균	152.1
	한국 현대인(1934)		161.2	한국 현대인(1934)		147.5
	한국(1967)		170.1	한국(1967)		156.2
	土井ヶ浜(야요이)		162.8	土井ヶ浜(야요이)		150.3
	북부구주	죠몽	159.2	북부구주	죠몽	150.5
		야요이	162.6		야요이	151.3
	山口	고분	162.8	山口	고분	150.2

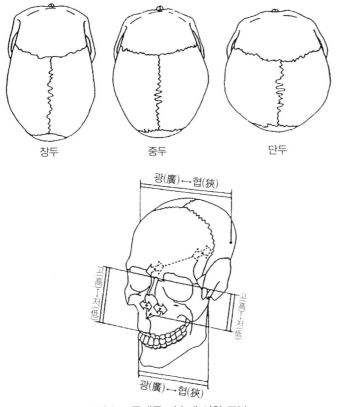

| 장두 | 중두 | 단두 |

그림 2 _ 두개골 지수에 의한 구분

에 한한 것인 만큼 청동기시대 사람의 전반적인 특징으로 규정하기는 곤란하다. 그러나 한국인의 기원과 형성에 관한 연구이지만, 청동기시대 사람의 두개골 특징에 대해 다룬 연구로 박선주의 연구가 있다.[15] 부족한 인골자료 속에서도 각 시대별, 지역별 자료를 분석한 박선주의 연구는 그 노력부터가 높이 평가되어진다. 이 연구에서 청동기시대 인골은 주로 웅기와 승리산에서 출토된 남성을 중심으로 분석하였다. 결과에서 한반도 청동기시대 사람의 형질적 특징에서 두개장폭지수(M8/1)는 단두(short cranial), 두개장고지수(M17/1)는 고두

(high cranial), 두개폭고지수(M17/8)가 중두(medium cranial), 안와시수(M52/51)는 고안와(high orbital), 비지수(M54/55)는 광비(broad nasal)를 나타내고 있다. 이러한 특징은 형질적 특징에서 볼 때, 신석기시대 사람의 특징이 청동기시대 사람에게도 계속 이어진 것을 의미한다.[16] 그리고 이와 같은 특징은 다소의 변화는 거치지만 크게는 계속해서 철기시대, 현대로 이어진다. 다시 말하면 한국인은 신석기시대부터 처음 형성되기 시작하여 청동기시대로 이어지면서 주변지역인 몽골, 중국, 일본과는 구별되는 형질적 특징을 갖게 되었으며, 그 형질적 연계성과 계속성은 신석기시대와 청동기시대, 철기시대, 현대 사람의 두개골 형태에서 그 근거를 찾아볼 수 있는 것이다(표 2). 그러나 이 분석은 형질을 검토하는 연구자는 누구나 절감하는 자료의 제약성을 감안한 것인 만큼, 인골 자료의 축적과 연구의 보완은 계속되어야 할 것이다.

---

15) 주9)와 동일.

16) 주9)의 182~185쪽.

표 2 _ 지수로 본 한반도 출토 두개골의 변화(박선주 1996)

두개골	구석기	신석기	청동기	철기	현대
두개장폭지수(M8/1)	장두	단두	단두	중두	단두
두개장고지수(M17/1)	중두	고두	고두	고두	고두
두개폭고지수(M17/8)	협두	중두	중두	중두	협두
안와지수(M52/51)	중안와	중안와	고안와	중안와	중안와
비지수(M54/55)	중비	광비	광비	광비	중비

Ⅲ. 청동기시대 사람과 마음

청동기시대 사람의 형질적 특징을 알아보는 작업은 인골자료의 한계상, 어려운 점이 있다고 하더라도 일부 또는 기본적으로 확인된 인골자료를 통해 짐작해 볼 수 있는 청동기시대의 모습이 있다. 그 중, 다음의 3가지 사례는 청동기시대 사람의 구성원에 대한 인식의 사례이다. 첫째는 어린이의 매장인데, 마산 진동유적의 15호 석관과 대평리 어은 1지구 4호 석관묘의 경우이다. 마신 진동유적 15호 석관에서 출토된 인골의 경우는 8세 전후의 어린이가 굴장된 판석형 소형석관(길이 97×너비 26cm)이며,[17] 대평리 어은 1지구 4호 석관묘(길이 80×20cm)도 판석식으로 5세 전후의 어린이가 매장되고 있다. 4호 석관의 인골은 매장상태에서 두개골은 앙와이지만 사지골은 强屈한 굴장을 취하고 있다. 이것은 마산 진동유적의 경우와 함께 대평리의 청동기시대 사회가 어린이도 사망하였을 경우 비록 규모는 소형이지만 석관에 매장하는 장송의례를 행하였음을 증명하는 것이어서, 진동유적과 대평리유적의 경우를 볼 때, 청동기시대는 적어도 5세 전후의 어린이도 사회 구성원으로써 인식되어져 장례가 행하여 졌음을 알게 한다. 즉 청동기시대 사람 모두가 석관에 매장되었다고 볼 수 없는 상황에서 석관에서의 어린이 유골은 분명 의미를 가지는 것이며, 신분의 계승이라는 점을 생각하게 한다. 두 번째 사례는 사천 본촌리유적의 2호 석관묘를 들 수 있다.[18] 2호 석관은 두개골과 좌우 사지골, 체간골 등이 확인되는데, 좌우 전완골의 팔굽관절은 굽어져 흉부 쪽으로 모아진 형태로 하고 있다. 성별과 연령에서는 성년후반(30대)의 여성으로 판정되었다. 더욱이 이 2호 석관 인

---

17) 김재현, 2008, 「마신진동유적 출토인골 분석」 『마산진동유적』 Ⅰ, 경남발전연구원 역사문화센터, 243~247쪽.

18) 田中良之 · 김재현, 2011, 「사천 본촌리 출토 인골에 대한 분석」 『사천 본촌리유적』, 경상대학교박물관, 부록 1~6쪽.

그림 3 _ 본촌리 2호인골 구강내 치아
(화살표)

골은 구강내의 위치에서 타인으로 것(50세 이상)으로 추정되는 하악의 소구치가 확인되었다(그림 3). 2호 석관에서는 이외에도 별개의 치아로써 절치도 하나 확인되었다. 이에 대해서는 服喪拔齒로 추정하였는데,[19] 이와 같이 본촌리 2호 석관 인골에서는 다른 개체의 치아가 2본 동반하고 그것도 하나는 분명히 구강내에 있어서, 절치도 같은 상황이었을 가능성이 높다. 그래서 이 피장자의 장례식에 임하여 死者를 석관에 안치한 다음 구강 내에 다른 사람의 치아를 넣는 의례가 행해진 것을 알 수 있다. 이러한 복상발치는 다른 나라의 민족지 예나 고고학적 사례에서 보아도 확인되는 것으로 대개는 장례식에 참여한 참가자 중 피장자와 친연관계인 사람 일부가 자신의 치아를 뽑아 죽은 자에게 공양한 사례가 보고되고 있다. 이 복상발치는 일반적으로 발치가 성인의례 등 성장과정에서 행해진 통과의례인 것에 비해 성인이 된 후에 행해졌다는데 큰 특징이 있다. 물론 성인이 된 후에 발치를 행하는 것은 의례적 행위 이외에도 여러 가지 생각되어 질 수 있지만, 인생의 큰 사건으로써 부모자식 또는 그에 가까운 사람의 죽음은 가장 큰 것이라는 점에서 본촌리 2호 석관 인골의 사례는 거의 확실한 복상발치의 예라고 할 수 있다. 한국의 발치는 늑도유적이 잘 알려져 있지만 이것은 아마 성장과정에서의 발치라고 생각된다. 그것에 비하여 복상발치의 가능성을 가지는 것은 김해 예안리고분군의 사례가 있다. 이것은 상악의 절치를 뺀 것으로 치아의 교모도를 보아 성인이 된 이후에 뽑은 것이 분명하다. 또 복상발치에서 하악치를 뽑았다는 것은 일본의 야요이시대 발치를 생각하는데 참고가 되어지는 것이다. 일본의 야요이시대 발치는 죠몽시대 이후 상악 犬齒의 발치에 더하여서 상악 절치와 하악 절치의 발치가 보이는데, 특히 하악 발치는 성인이 된 후의 발치인 것이 계속 밝혀지고 있다. 그러한 점에서 야요이시대 시작기에 가까운 본촌리 2호 석관의 하악 발치 사례 자체가 한국에서 일본으로 전해졌을 가능성을 시사한다. 다시 말하면 출토된 인골자료에서 청동기시대 사람들은 어린이들도 사회 구성원으로서 인식하는 세습적 신분사회의 가능성을 보였으며, 죽은 자에 대한 장례의례에서 연장자의 복상발치라는 행위가 존재하는 사회였음을 짐작하게 한다.

19) 田中良之, 1999, 「南江地域出土人骨について」 『남강선사문화세미나요지』, 127~137쪽.

Ⅳ. 한반도 사람과 일본의 도래설

한국에서 왜 일본인 기원과 관련한 渡來說에 관심을 가져야 하는지 의아해 할지 모르겠지만, 일본의 도래설이 한국에 소개되면서[20] 도래설은 한반도의 청동기 문화와 관련된 이론으로 인식되어 졌기 때문이다. 즉 한반도 청동기문화와 일본의 도작농경 시작을 관련짓는 이 이론은 이른바 한반도 청동기시대 사람의 이주를 상정하게 하는 이론이다. 일본에서 도래설이 일본인 형성과 도작농경 전파 등을 규명한 이론으로서 정착화 된 것은 알려진 사실이지만, 그 내용에서는 다소 차이점을 보인다. 우선 처음 도래설을 주장한 金關丈夫는 야요이시대의 일본인 형질변화를 이행[21]이 아닌 도래의 결과로 보았으며, 도래인의 출발지를 한반도로 보았고, 도래 시기는 죠몽시대 만기로 보았다. 도래인의 이동이나 형질적 영향은 北部九州를 시작으로 하는 山陰地方이나 近畿地方으로 보았으며 그 수도 죠몽인의 후손인 재래인에 흡수될 정도로써, 구성도 거의 남성으로만 이루어졌다고 주장하였다. 그러나 이 도래설도 여러 의견이 제시 되어 도래인의 출발지를 한반도와 북방아시아, 중국강남지역 등으로 보는 의견이 제시되었고, 도래인이 도착한 장소도 북부구주나 야마구찌(山口)로 보는 의견과 도래인의 숫자도 소수에서 대량이라는 의견들이 제시되게 되었다(그림 4).[22] 이에 대한 다양한 의견은 최근 고고학적 접근에서 검토한 端野晋平에 의해 정리되는데,[23] 한반도의 남강유역과 낙동강하류지역을 중심한 무문토기 중기의 송국리식 문화가 기후변화에 영향하여 일본으로 도래한 결과, 한반도의 청동기 및 도작농경이 북부구주에 전달되었다는 증거와 결론을 제시하였다. 그리고 거기에는 역시 한반도 사람의 일본 도래를 전제로 하였다. 그러나 여기에서 아쉬운 것은 고고학적 증거들은 제시되고 있지만, 아직 한반도의 청동기시대 사람이 도래했다는 인골자료의 적극적인 제시가 부족하다는 점이다. 그것은 바로 한반도 남부지역은 물론, 청동기시대 한반도 사람의 형질적 특징을 규명하거나 규정지을 수 있는 자료가 한국에는 아직 부족하다는 것이 가장 치명적인 약점이다. 그러므로 한반도 사람, 특히 청동기시대 사람에 대한 인골 자료의 확보는 단지 한반도 내

---

20) 田中良之(金宰賢 譯), 1992, 「이른바 도래설의 재검토」 『考古歷史學志』 8권, 동아대학교박물관, 587~611쪽.

21) 이행설(移行說)은 도래설과 대비되는 이론으로 鈴木尚에 의해 주장되었다. 야요이시대 일본인의 신체변화는 도래에 의한 것이 아니라 쌀의 보급에 의한 식생활의 개선이 그 원인이라고 보았다. 결과, 신석기시대 죠몽인의 얼굴과 신체 제형질에 변화를 가져와서 죠몽인과 야요이인의 차이점을 낳게 되었다고 주장하는 이론이다. 이 이론은 鈴木尚, 본인이 1980년 일본인류학회·일본민족학회연합대회에서 이행론을 철회하고 도래설을 인정함으로써 도래설의 승리로 일단락된다.

22) 주3)의 590~591쪽.

23) 古代史協會, 2014, 『列島初期稻作の担い手は確か』, すいれん舍, 79~124쪽; 端野晋平(김재현 역), 2015, 「도작농경 개시전후의 일본열도·한반도간 교류」 『동아시아지역사회의 지식정보 교류와 유통』, 동아대학교 석당학술원, 165~183쪽.

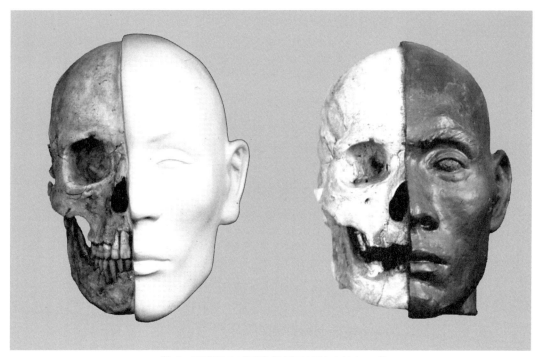
그림 4 _ 도래인과 재래인의 비교(일본 九州大 소장)

에서의 한국인 기원이나 변화양상과 관련한 범위를 넘어서 주변지역과의 비교연구를 통한 문화 전
파양상이나 변화추이를 위해서도 절대적으로 관심을 가지고 확보해 나가야할 사명과도 같은 과제
이다.

Ⅴ. 맺음말

　이상에서 청동기시대 사람에 대하여 알아보았다. 현재까지 한국에서 청동기시대 인골이 출토된
유적은 50개소 119기의 유구, 126개체이지만, 인골 대부분이 파편으로 존재하고 일부 부위만인 잔
존하는 경우여서, 겨우 인골의 부위동정이나 성별, 연령과 같은 분석이 가능한 정도이다. 따라서 형
질에 대한 검토나 비교가 이루어지는 정도의 것은 아니었다. 그러나 인골은 인류학에서 형질적 검
토가 불가능한 경우의 작은 골편이라도 고고학적으로는 유용한 정보를 얻을 수 있는 경우가 존재
함으로 인골의 중요성은 여느 유물과 마찬가지로 중요하게 취급되어지길 바란다. 그러므로 아무리

강조되어도 지나치지 않는 사실은 "그 사람이 죽었기 때문에 그 많은 유물들도 함께 부장되었다는 점"일 것이다. 인골자료의 지속적인 축적을 통해서만이 청동기시대 사람, 즉 시대별 사람들의 특징과 한반도 사람의 형질적 정체성도 밝혀질 것이며, 매장을 둘러싼 새로운 의례행위에 대한 추정도 풍부해질 것이다. 또한 주변국과의 관계, 특히 일본의 도래설을 둘러싼 한반도 사람의 역할도 보다 명료하게 규명되어질 것이라 생각한다.

羅世振, 1964, 「韓國民族의 體質人類學的 硏究」 『韓國文化史大系』 I -民族 · 國家史, 고려대학교민족문화연구소.

김재원 · 윤무병, 1967, 「한국지석묘연구」 『국립박물관 고적조사보고』 6책.

羅世振 · 張信堯, 1981, 『韓國人의 體質』, 中央新書97, 중앙일보사.

金鎭晶 · 白先溶 · 森本岩太郎 · 吉田俊爾 · 小片丘彦 · 川路則友, 1985, 「김해예안리고분군 출토인골(I)」 『김해예안리고분군』 I, 부산대학교박물관.

金鎭晶 · 小片丘彦 · 峰和治 · 竹中正已 · 佐熊正史 · 徐姈男, 1993, 「김해예안리고분군 출토인골 II」 『김해예안리고분군』 II, 부산대학교박물관.

小片丘彦 · 金鎭晶 · 峰和治 · 竹中正已, 1997, 『朝鮮半島出土先史 · 古代人骨의 時代的特徵』, 靑丘學術論集10.

박선주, 1977, 「부산 아치섬 인골에 대하여」 『백산학보』 22.

田中良之(金宰賢 譯), 1992, 「이른바 도래설의 재검토」 『考古歷史學志』 8권, 동아대학교박물관.

박선주 · 이은경, 1997, 「신창동유적 출토 인골의 분석」 『광주 신창동 저습지 유적』 I, 국립광주박물관.

김재현, 2003, 「김해 내동 제3호 큰돌무덤 출토 인골에 대한 소견」 『김해 흥동 유적』, 동의대학교박물관.

김재현, 2006, 「부산 · 경남지역 고대 장송문화의 정체성과 접변양상」 『석당논총』 37, 동아대학교 석당학술원.

김재현, 2006, 「나주 랑동유적 1호 묘실 인골분석」 『나주 랑동유적』, 전남문화재연구원.

김재현, 2006, 「평택 토진리유적 석관묘 및 적석유구 출토 인골 분석」 『평택 토진리 유적』, 기전문화재연구원.

김재현, 2008, 「마산 진동유적 출토 인골 분석」 『마산 진동 유적』 I, 경남발전연구원 역사문화센터.

김재현, 2008, 「진주 옥방 4지구유적 출토 청동기시대 인골에 대한 연구」 『진주 대평리 옥방4지구 선사유적』 I, 동의대학교박물관.

김재현, 2008, 「포항 호동유적 출토 인골에 대한 형질 분석」 『포항 호동유적』 VIII, 경상북도문화재연구원.

김재현, 2009, 「안성 만정리 신기유적 출토 인골에 대한 분석 -2지점 청동기시대 소형 석관묘 출토 화장뼈를 중심으로-」 『안성 만정리 신기유적』, 경기문화재연구원.

김재현, 2009, 「진주 중천리 공동주택 부지내 유적 출토 인골에 대한 분석」 『진주 중천리 유적』, 우리문화재연구원.

김재현, 2010, 「경주시 천군동 주변마을 주민복지시설 건립부지내 유적 5호 수혈주거지 출토 인골에 대한 분석」 『경주 천군동 청동기시대 취락유적』, 성림문화재연구원.

김재현, 2012, 「경주 석장동 876-5번지유적 화장묘 출토 인골분석」 『경주지역 소규모 발굴조사 보고서』 II, 계림문화재연구원.

김재현 외, 2010, 「낙동강지역 장송문화의 특징」 『동남어문논집』 29.

田中良之·김재현, 2011,「사천 본촌리 출토 인골에 대한 분석」『사천 본촌리유적』, 경상대학교박물관.

신석원, 2015,「인골로 본 청동기시대 장제 연구」, 동아대학교 석사학위논문.

島五郎, 1934,「現代朝鮮人體質人類學的補遺」『人類學雜誌』49, 東京人類學會.

栃原博, 1957,「日本人齒牙の咬耗に關する研究」『熊本醫學會雜誌』31-4.

和田仁, 1975,「現代日本人の脊柱における椎体の加齢的変化に關する研究」『札幌医學雜誌』44-2.

中橋孝博, 1988,「人骨の性判定法, 日本民族·文化の生成」『永井昌文教授退官記念論叢』.

二階宏昌·岡邊治男, 1996,『齒學生のための病理學』, 口腔病理編, 医齒藥出版株式會社.

片山一道, 1990,『古人骨は語る』, 同朋舍.

藤田恒太郎, 1991,『齒の解剖學』, 金原出版.

山本勝一, 1993,『法医齒科學』, 医齒藥出版.

赤井三千男, 1993,『齒の解剖學入門』, 医齒藥出版.

高津光洋, 1996,『檢死ハンドブック,』南山堂.

鈴木隆雄, 1996,『日本人のからだ-健康·身体データ集』, 朝倉書店.

坂田邦洋, 1996,『比較人類學』, 靑山社.

古代史協會, 2014,『列島初期稻作の担い手は確か』, すいれん舍.

Martin, R., 1914. Lehrbuch der Anthropologie, G. Fischer, Jena.

Martin, R., 1924. Lehrbuch der Anthropologie, 2. Aufl. G. Fischer, Jena.

K. Pearson. 1899. Mathematical contribution to The theory of evolution Ⅴ. On the Reconstruction of the stature of prehistoric races. Phil. Trans. Royal Soc. series A,192.

Lovejoy, C. Owen, R.S.Meindl, T.R.Pryzbeck,&Robert Mensforth, 1985. Metamorphosis of the Auricular Surface of the Ilium: A New Method for the Determination of Adult Skeletal Age at Death. American Journal of Anthropology, 68.

DR Brothwell, 1981. Digging up Bones, Oxford University Press. 3rd edition.

Hrdicka, A. 1920. Shovel-shaped teeth. Amer. J. Phys. Anthropol.3.

Tim D. White. 1991. Human Osteology. Academic Press,Inc.

Robert W. MANN & Sean P. MURPHY. 1990. REGIONAL ATLAS OF BONE DISEASE. Charles C Thomas.

Shlley R. Saunders & M. Anne Katzenberg. 1992. SKELETAL BIOLOGY OF PAST PEOPLES: RESEARCH METHODS. Wiley-Liss.

Douglas H. UBELAKER. 1989. HUMAN SKELETAL REMAINS. Taraxacum Washington.

제2장
지석묘의 장송의례

윤호필 중부고고학연구소

 인간의 죽음은 생물학적인 죽음과 더불어 사회적 존재로서의 의미도 소멸하기 때문에 동물과 달리 죽음에 대한 다양한 이데올로기가 생겨난다. 즉, 인간은 집단의 구성원으로서 상호관계를 통해 사회체계를 유지하기 때문에 개인의 죽음은 사회구조를 변화시키는 중요한 요인 중 하나가 된다. 따라서 인간의 죽음은 그 자체로서 사회적 의미가 있으며, 喪禮라는 의례를 통해 변화의 질서를 다시 세우고 죽은 사람이 남긴 틈을 상징적으로 메우게 된다. 죽음에 대한 의례는 시대, 장소, 인종, 풍습 등에 따라 매우 다양하게 나타나지만 주검을 현세에서 사후세계로 떠나보내는 애도의 의미는 비슷하다. 따라서 주검을 처리하는 방법과 의식의 행위인 '葬送儀禮'는 死者와의 이별을 애도하는 표현방법으로 일련의 과정을 거치게 된다. 또한 사자를 처리하는 방법에 따라 다양한 형태의 무덤이 만들어진다. 무덤은 복합사회의 발전에 따라 형태와 규모, 입지와 배치, 의미와 상징성 등이 점차 확대되어 개인 분묘의 기능을 넘어서 집단의 공동 기념물로서의 역할을 하게 된다.

 무덤축조는 다양한 재료가 사용되며 형태 또한 매우 다양하다. 하지만 피장자를 사후세계로 떠나보내는 마음은 같을 것이다. 청동기시대를 대표하는 무덤인 지석묘은 이러한 생자의 마음이 가장 잘 나타난 무덤이다. 그것은 지석묘의 가장 큰 특징인 상석을 통해 피장자를 표현하면서 무덤의 존재를 알리기 때문이다. 특히 탁자식 지석묘의 경우는 매장주체부를 지상에 돌출시키고 거석을 덮음으로써 피장자를 보다 적극적으로 표현하고 있다. 무덤의 축조 또한 매우 힘든 과정을 거치게 된다. 채석에서부터 매장주체부의 축조와 묘역의 조성까지 오랜 시간과 많은 노동력이 동원되는 것이다. 따라서 지석묘은 단지 개인의 죽음을 애도하는 표현을 넘어서 집단의 사상까지 표현되는 구조물인 것이다. 지석묘의 장송의례는 축조의 각 과정마다 儀禮가 행해지며, 이를 통해 개인적인 행위 뿐 만 아니라 사회구성원들의 사회적 연대를 강화하고, 공동체의 행동규범을 次代에 계승함과 동시에 사회적 통합을 강화하는 역할도 하는 것이다. 이렇듯 지석묘에서 나타난 장송의례는 청동기시대의 사회구조, 문화, 기술, 세계관, 내세관 등을 파악할 수 있는 중요한 요소가 된다.

I. 분묘에 나타난 의례양상

1. 의례의 구성요소

선사시대의 의례[1]는 기본적으로 자신과 가족의 안녕을 기원하기 위한 것으로 일상생활 전반에서 이루어지게 된다. 하지만 특별한 경우에는 기원의 목적에 따라 일상의 장소가 의미화 되거나 특별한 장소가 祭場되어 의례가 행해진다. 의례장소를 광의의 취락공간에서 구분해 보면 크게 생활의례(주거지역), 장송의례(분묘지역), 농경의례(경작지역), 수변의례(하천변, 해안 등), 산악의례(산악지역) 등으로 나누어지며, 각각의 의례는 기원 목적에 따라 다양한 형태로 나타난다. 따라서 다양한 의례양상을 포괄적으로 이해하기 위해서는 기본적인 요소들을 살펴보는 것이 필요하다. 의례의 기본적인 구성요소는 크게 장소(祭場), 儀式, 供獻으로 나눌 수 있다.

의례장소는 의례가 행해지는 祭場으로 기원의 목적에 따라 다양한 장소에서 이루어지는데, 크게 일상 생활공간과 전용 의례공간으로 구분된다. 하지만 이는 공간적 차이(위치, 입지)가 있을 뿐 포괄적으로는 '현

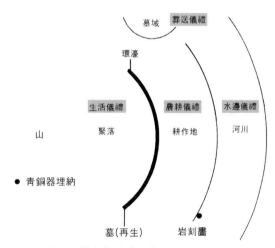

그림 1 _ 취락내 의례공간(이상길 2000, 199쪽)

---

1) "儀禮"와 관련 용어로서 "祭祀"가 있다. 두 용어는 서로 비슷한 뜻으로 쓰이고 있으나 약간의 차이가 있다. 제사는 天神에게 지내던 祭와 地神에게 지내던 祀를 합한 祭天祀地를 일컫는 것으로 우리말 사전에는 신이나 죽은 사람의 넋에게 음식을 차려 놓고 의식을 베푸는 것 또는 그러한 의식을 말한다(신기철 · 신용철 1990). 이에 비해 의례는 질서가 선 행위로서 보다 포괄적인 의미로 사용된다. 즉, 인간의 형식적인 행동으로서 상징성과 사회적 성격이 모두 포함된 행동을 의미하며, 이는 직접 종교와는 관계가 없는 세속적인 행사도 포함하는 것이다. 따라서 선사시대는 생활방식이나 사회구조로 보아 보다 포괄적인 의미를 가진 용어인 '의례'를 사용하는 것이 좋을 것으로 생각된다.

세와 내세'를 연결하는 장소이자 '참여자와 초월자'를 연결하는 장소로 볼 수 있다. 또한 의례장소는 기본적으로 성스러운 장소로 항상 청결이 유지되어야 하며, 오염으로부터 지켜져야 한다. 儀式은 주관자나 참여자가 의례대상(신이나 초월자, 死靈, 자연, 동식물 등)에게 기원하거나 소통할 수 있도록 행해지는 일정한 행동방식을 말한다. 의례의식에서 가장 중요한 것은 의례대상이 臨齋하거나 임재하도록 유도하는 일이다. 즉, 의례대상과 소통하는 과정과 결과가 의례의식 속에서 나타나야 하는 것이다. 따라서 의례의식은 일정한 과정이 필요하며, 이를 엄숙히 진행하고 집중시키기 위한 장치들이 마련된다. 먼저 의례대상을 '상징화'하는 작업이 필요하며, 다음으로 참여자들이 의례과정에 집중할 수 있는 '의식'이 필요하다. 상징화는 의례대상에 대한 상징물을 사용한다든지, 장식 · 형상 · 미술 · 도상 등 다양한 방식이 사용된다. 의식은 주위집중을 통하여 의례행위에 필요한 의식상태를 만드는 것으로 도구(빛, 소리, 냄새 등을 유발시키는 것)를 이용하여 주위를 환기시키고 참여자를 집중시킨다. 이때의 의식상태는 기도(기원)의 말, 몸짓(동작), 체험, 경외심 등이다. 供獻은 희생물과 선물이라는 두 가지 유형이 사용된다. 공헌물은 물건, 음식, 동물, 사람 등이 있다. 공헌방법은 의례대상에게 공헌물을 바치는 것이 기본적인 방법이며, 이외에 살아있는 생명을 희생시키거나 공헌물(물건, 음식, 음료 등)을 훼손시키는 등 여러 가지 방법이 있다. 공헌물의 훼손 방법은 음식과 음료의 경우는 태우거나 쏟아버리는 행위가 있으며, 물건은 부수거나 감춰(묻거나) 버리는 행위가 있다 (윤호필 2011, 157~160쪽).

의례의 기본 구성요소를 청동기시대 장송의례에 적용해보면, '장송의례'는 피장자를 떠나보내는 의식으로 전용 의례공간은 '墓區'[2]를 중심으로 이루어진다. 넓은 의미로는 무덤을 축조하는 모든 과정에서 의례가 이루어지기 때문에 분묘축조에 필요한 재료를 가져오는 곳(채석장)과 재료를 운반하는 운반로도 제장이 된다. 장송의례에서 행해지는 의식은 다른 의례 의식에 비해 가장 체계적이고 복잡하다. 그것은 인간이 가장 두려워하는 '죽음'과 관련되어 있기 때문이다. 또한 거석을 이용하는 묘제의 특성상 의례기간이 길고, 많은 사람이 동원되어야 하기 때문에 일정한 분묘축조 및 장송의례 시스템이 필요하다. 특히, 장송의례는 피장자의 사회적 관계를 의례과정에서 정리하는 것으로 사회적 · 정치적 변화가 일어나기 때문에 다양한 절차가 필요하다. 따라서 의례가 진행되는 동안 의례대상을 상징화 하고 의례대상이 임재할 수 있도록 많은 장치(도구, 행위)가 동원된다. 또한 각 제장에서는 단계별로 의례가 이루어진다. 공헌물은 대부분 토기, 석기, 옥, 청동기 등으로 일상용품과 공헌을 위한 특수용품이 나누어진다. 전자는 분묘축조의 각 단계별 의례행위에서 파손되거나 훼손된 상태로 주로 片의 형태로 사용되며, 후자는 피장자가 안치되는 공간인 매장주체부 내부나 외부의 별도 공간에 完形의 형태로 부장된다.

---

2) 墓區는 묘역의 의미를 확대한 개념으로 무덤이 조성된 공간과 더불어 주변의 자연적 공간까지도 포함한 의미로 사용한다.

표 1 _ 의례의 구성요소(윤호필 2011, 159쪽)

의 례 구성요소	내 용

장소 (祭場)	- 일상 생활공간 : 생활 속에서 이루어지는 의례공간
	  * 주요장소 : 주거지역(주거지, 야외노지, 수혈, 구, 환호 등)
	- 특수 공간(전용 의례공간) : 특수한 목적을 위해 이루어지는 의례공간
	  * 주요장소 : 분묘군, 경작지, 요지, 산, 하천, 해안, 저습지, 신전, 제단(거석기념물),
	                암각화유적, 전용 의례공간(매납공간 : 청동기, 토기 등) 등

의식 (儀式)	〈의례의식의 요소〉
	1. 의례대상의 臨在
	  : 의례의식은 의례대상이 임재하거나 임재하도록 유도해야 하기 때문에 의례대상은 어떤
	    물질적 형태 또는 상으로 상징화됨
	  * 상징물 사용, 장식, 형상 미술 혹은 도상으로 나타남
	2. 주의집중
	  : 의례의식의 과정은 참여자에게 의례행위에 필요한 의식상태를 요구하거나 불러일으켜야
	    하므로 다양한 주의집중 방법 필요. 즉, 기도의 말, 몸짓(동작), 경외심 등 요구
	  * 의례용구를 이용하여 빛, 소리, 냄새 등 이용
	  * 의례용구 : 의례용 그릇, 향로, 등잔, 징, 종, 악기, 기타 모든 의례용구 등
	  * 의례적 체험을 유발하기 위해 춤, 음악, 마약, 고통 가하기 등 다양한 방법 사용

공헌 (供獻)	〈공헌방법〉 1. 동물 혹은 사람의 희생 2. 음식과 음료 : 공헌물로 바치거나 태우든지 쏟아버리는 행위 3. 물건 : 공헌물로 바치거나 부수든지 감춰(묻거나) 버리는 행위

2. 장송의례 유물

분묘에서 확인되는 유물은 기본적으로 모두 의례적 행위를 통해 埋納된 것으로 완형과 편으로 구분된다.[3] 또한 분묘 출토유물을 세분하면, 크게 副葬遺物과 儀禮遺物로 나눌 수 있다(尹昊弼 2000, 51~52쪽). 부장유물은 사후세계를 위한 유물로 주로 시신과 함께 매납된다. 대부분의 부장유물은 매장주체부 내에 부장되며, 일부는 관외에 부장공간을 마련하여 부장한다. 이는 부장유물도 시

---

3) 분묘에서 출토되는 유물 중 의례행위와 관계없는 유물은 크게 2가지로 생각해 볼 수 있다. 하나는 축조 과정에서 의도하지 않게 토사와 함께 휩쓸려 묻힌 경우, 다른 하나는 분묘축조 이후에 주변에서 유입된 경우이다. 이들 유물들은 대부분 소형의 편으로 확인되는 특징이 있지만, 조사과정에서 꼼꼼히 확인하지 못하면 의례유물과 구별되지 않는 경우가 있기 때문에 주의가 필요하다. 따라서 분묘에서 출토되는 유물은 작은 편이라도 출토위치와 출토 정황을 정확하게 판단해야 한다.

신과 비슷한 상징적 의미를 가지는 것으로 부장형태에서도 유물을 보호하려는 의도가 있는 것을 알 수 있다. 부장유물의 의미를 좀 더 살펴보면, 대부분의 부장품은 피장자의 身邊遺物로서 피장자의 의복, 걸치고 있는 장신구, 소지하고 있는 무기류나 토기류 등이다. 이들 신변유물들은 사후세계에 필요한 유물들이지만, 현세에서는 피장자의 사회적 지위와 정체성을 알려주는 상징적 유물이 된다. 부장유물 중에는 장송의례 전용으로 특별히 제작한 것이 있는데, 대표적인 유물은 적색마연토기와 채문토기이다. 이들 유물은 형태나 제작기법이 일반 무문토기와 전혀 다르며, 표면은 붉은 색과 채문의 양상을 하고 있다. 이는 사후세계에서 피장자의 안녕을 비는 공헌의 한 형태로 보인다.[4] 토기 이외의 의례전용 유물들은 원형의 일부분을 훼손하거나 원형을 새로운 형태로 제작하여 '儀器化'한 다.[5] 이러한 의례전용 유물의 사용은 장송의례가 다른 의례에 비해 상대적으로 매우 중요한 의례행 위였음을 보여주는 것이다. 의례유물은 분묘의 축조과정과 시신을 안치하기 전·후에 행해지는 의 례행위를 통해 매납되며, 대부분 편으로 출토된다. 이는 유물을 의례적 행위에 사용하기 위해 인위 적으로 훼손하거나 파손하기 때문이다. 이러한 행위는 일반 유물을 의례유물로 전환하는 가장 기본 적인 방법으로, 원형을 훼손함으로써 생명이 없는 사물에 '죽음'의 의미를 부여하여 현세의 물건이 아닌 사후세계의 물건으로 탈바꿈시키는 것이다.[6] 따라서 의례유물과 부장유물은 형태적 또는 의 미적으로도 확연히 구별되며, 이는 의례행위의 다양성을 보여준다고 하겠다. 분묘에서 의례유물의 출토위치를 살펴보면, 토광의 바닥에서 부터 매장주체주, 분묘의 주변에 이르기까지 거의 모든 지점 에서 의례유물이 확인된다. 이는 축조의 각 단계에 따라 매우 다양한 의례행위가 이루어지는 것으 로 청동기시대 장송의례의 특징이라고 볼 수 있다.

---

4) 붉은 색의 의미에 대해서는 ① 현생과 내세를 연결하여 죽은 사람이 영생하도록 하는 것, ② 악귀나 악 령을 쫓아내기 위한 수단, ③ 붉은 색은 피를 상징함으로 시신이 회색빛으로 변하는 것을 막아 영원한 생명력을 지니게 하는 것, ④ 붉은 색은 그 자체의 의미가 죽음을 상징한다(이융조 1975, 20쪽). 또한 살 아있는 사람이 죽은 사람으로부터 예기치 않게 받게 될 위험을 멀리하여 주는 辟邪 의미도 함께 지닌 것 으로 여겨진다(이은봉 1984, 219쪽).

5) 일반유물의 '의기화'는 원형을 과장되게 표현하거나 소형화하여 원형과 외형적인 차별성을 두거나 실용 성을 없애버린다.

6) 원형 훼손방법은 穿孔, 破碎, 破折, 選別破碎, 轉用再加工 등이 있다. 토기류는 주로 깨뜨리는 행위가 사 용되고, 석기류는 부러뜨리는 행위가 사용된다. 이는 '죽음'의 의미와 더불어 의례에 한번 사용되어 신 에게 바쳐진 도구는 두 번 다시 사용하지 않는다는 금기의 개념도 포함되어 있다.

Ⅱ. 지석묘의 장송의례

1. 지석묘의 축조 단계설정

지석묘의 형식은 크게 탁자식, 기반식, 개석식, 위석식 등으로 구분되며, 각 형식의 지석묘들은 세부적인 속성에 따라 다시 다양하게 나누어진다. 이는 지석묘의 형태, 구조, 규모 등이 매우 다양함을 의미하는 것으로 각 형식의 축조과정과 장송의례를 세부적으로 모두 검토하는 것은 어려운 일이다. 따라서 모든 형식의 지석묘에 적용할 수 있는 일반적인 지석묘 축조과정을 모델화하고 이를 통해 축조과정에 따른 장송의례를 살펴보고자 한다.[7]

지석묘의 일반적인 축조과정은 크게 묘지선정·묘구조성 단계(Ⅰ단계)-지석묘 축조단계(Ⅱ단계)-관리·보존단계(Ⅲ단계)의 3단계로 구분된다(윤호필 2013). Ⅰ단계는 지석묘가 지속적으로 조성될 수 있는 공동의 장소를 선정하고 조성하는 단계로 묘지선정 단계(Ⅰ-①단계)와 묘구조성 단계(Ⅰ-②단계)로 구분된다. Ⅱ단계는 지석묘를 축조하는 단계로 축조 준비단계인 Ⅱ-1단계와 축조 및 매장 단계인 Ⅱ-2단계로 구분된다. Ⅱ-1단계는 축조의 공통단계로서 묘구내의 묘역선정 및 정지단계(Ⅱ-1-①단계), 축조재료의 채석단계(Ⅱ-1-②단계), 축조재료의 운반단계(Ⅱ-1-③)의 3단계로 구분된다. Ⅱ-2단계는 피장자를 매장하기 위한 구조물을 만드는 단계로 축조과정은 매장주체부의 위치에 따라 지하식 지석묘와 지상식 지석묘로 구분된다.[8] 지하식 지석묘는 ①묘광파기 - ②바닥석 및 벽석(4벽)설치 - ③시신안치 및 유물부장 - ④매장주체부 내부 채우기 - ⑤개석덮기 - ⑥개석상부 채우기 - ⑦지석 및 상석 설치 - ⑧묘역시설 설치 등 총 8단계로 구분된다. 지상식 지석묘는 ①바닥석 및 벽석(3벽)설치 - ②상석놓기 - ③시신안치 및 유물부장 - ④마구리돌 설치 - ⑤묘역시설 설치 등 총 5단계로 구분된다. Ⅲ단계는 묘구확장에 필요한 준비작업과 묘구경관 및 축조된 분묘의 유지·보수 작업으로 기본적으로 벌목과 벌초를 통해 청결상태 및 조망권을 확보하여 묘구경관을 유지한다. 이러한 지석묘 축조의 단계는 단순히 지석묘의 외형적 틀을 만드는 작업 뿐

---

7) 지석묘의 일반적인 축조과정과 장송의례를 검토하기 위해서는 지석묘의 형태에 따른 각각의 검토 보다는 기능에 따른 통합적인 검토가 필요할 것으로 생각된다. 지석묘에서 가장 중요한 기능은 '매장기능'으로 피장자를 어느 위치에 어떠한 형태로 묻을 것인가가 중요한 요소가 된다. 따라서 피장자가 묻히는 매장주체부의 위치가 기능적으로는 가장 중요하다고 볼 수 있다. 이런 관점에서 보면, 지석묘의 여러 형식들도 크게 지상식과 지하식으로 대별할 수 있으며, 축조과정과 장송의례도 이러한 관점에서 살펴보고자 한다. 지상식은 탁자식 지석묘와 위석식 지석묘가 해당되며, 지하식은 기반식 지석묘와 개석식 지석묘가 해당된다.

8) 매장주체부의 위치가 지하에 있는지, 지상에 있는지에 따라 지석묘의 구조가 완전히 달라지기 때문에 축조과정 역시 처음부터 마지막까지 많은 차이가 발생한다.

만 아니라 분묘 축조에 필요한 전·후의 작업까지도 모두 포함된다. 따라서 장송의례도 이러한 축조의 단계별 작업에 따라 이루어지게 된다.

2. 지석묘의 장송의례 복원[9]

지석묘의 장송의례 복원은 앞서 살펴본 대로 의례의 구성요소인 장소, 의식, 공헌의 관점에서 단계별 축조양상의 기능과 의미를 검토해보고 축조과정에 나타난 의례유물의 양상을 통해 그 특징을 시원적으로 살펴보고자 한다.[10]

1) 축조 I 단계 의례

묘지선정과 묘구조성은 집단이 성립되는 시점에서 이루어지는 것으로 개인의 분묘축조나 장송의례와는 관련성이 적다. 하지만 집단의 특별한 장소로서 의미가 있으며 의례행위도 집단적으로 이루어졌을 것이다.

(1) 묘지선정 단계(I-①단계) : 山川儀禮

묘구의 입지와 관련된 것으로 입지선정 기준은 여러 가지가 있지만[11] 의례적 관점에서 보면 자연지세와 밀접한 관련성이 있어 이와 관련된 의례행위가 행해졌을 것으로 추정된다. 따라서 선정된 묘지의 지형에 따라 다양한 의례가 이루어졌을 것이다. 전남지역 지석묘의 입지는 평지가 가장 높은 비율을 보이는데(김승근 2007, 354쪽), 구릉에 입지하는 경우는 산과 관련된 의례(山神祭)가 행해지며, 강변에 입지할 경우는 강(물)과 관련된 의례(水神祭)가 이루어진다. 이러한 의례는 주변 환경의 정화를 통해 집단의 신성한 영역임을 알리고 묘구를 보호하기 위한 것이다.

---

9) 지석묘의 장송의례 부분은 필자의 졸고(2013)에서 제3장 제1절과 제4장 부분을 호남지역 지석묘를 중심으로 다시 정리·검토하였다.

10) 축조 단계별 장송의례 양상은 고고자료의 부족으로 의례행위의 존재여부는 일부 파악할 수 있지만 구체적인 의례행위나 그 의미를 파악하기는 어렵다. 하지만 청동기시대 사회의 발달정도나 분묘의 구조적 다양성, 축조 단계별 의례유물의 양상 등으로 볼 때 지석묘 축조에 세부적인 장송의례가 존재했을 것으로 생각된다. 따라서 고고자료가 부족하더라도 보다 적극적인 해석과 주변 학문과의 연관성을 통해 세부적인 장송의례 양상을 설정해 보고자 한다.

11) 묘지선정 기준은 크게 묘지의 경관, 무덤조성 공간의 확보, 분묘축조 재료의 확보와 운반 등 3가지 관점으로 볼 수 있다(윤호필 2012b, 366쪽).

(2) 묘구조성 단계(I-②단계) : 地神儀禮

묘구는 무덤이 조성될 공간으로 땅에 대해 지속적인 형질변경을 하게 된다. 따라서 지신에게 묘구의 존재를 알리는 의식을 통해 묘구를 신의 영역에 포함시키고, 사회구성원들에게 도 묘구가 성스럽고 특별한 장소임을 인식시킨다. 또한 신성한 공간이 영원히 유지될 수 있도록 초목벌채를 통해 항상 정비된 상태를 유지한다. 이때 벌채된 초목은 불로 태움으로써 토지의 사령을 물리치고(都出比呂志 1991, 236쪽), 地靈에 대한 眞檀祭儀의 의미를 가진다(金東淑 2002, 72쪽).

2) 축조 Ⅱ단계 의례

축조 Ⅱ단계의 의례는 피장자가 죽음을 맞이하면 시작되는 것으로, 피장자가 안치될 공간을 선정하고, 그에 따른 외형적인 틀을 만드는 과정에서 진행되는 의례이다. 의례는 축조 Ⅱ-1단계와 축조 Ⅱ-2단계에 따라 구분된다. 축조 Ⅱ-1단계 의례는 공통적으로 진행되는 의례로써 묘역선정 및 정지, 채석, 석재운반 등에 따른 안전기원 및 땅에 대한 의례가 행해진다. 축조 Ⅱ-2단계부터 지석묘의 형식에 따라 축조단계가 달라지기 때문에 의례양상도 달라진다. 하지만 피장자를 사후세계로 보내는 기본적인 의례행위는 비슷하기 때문에 전체적인 축조의례의 흐름은 같다고 볼 수 있다.

(1) 축조 Ⅱ-1단계

① 묘역선정 및 정지(Ⅱ-1-①) : 整地儀禮

묘역선정에는 집단의 동의가 필요하다. 집단동의는 무덤을 묘구에 조성하는 것에 대한 허가와 묘구 내의 위치와 점유범위를 결정하는 것을 말한다. 이는 지석묘군의 배치형태를 통해 알 수 있는데, 대부분이 상호 일정한 간격을 유지하거나 열을 지어 배치된다. 이는 집단의 분묘조성이 일정한 계획에 의해 진행되었음을 말해준다.[12] 묘역정지 작업은 지석묘 축조의 시작을 알리는 것으로 땅에 대한 의례가 이루어진다. 묘구자체가 신의 영역으로 땅을 정지하는 것은 신의 영역을 침범하는 것이며, 묘역은 피장자가 영원히 안식할 공간이다. 따라서 지신에게 피장자의 죽음을 알리고 시신과 영혼을 안전하게 보호해 달라는 기원의 의례가 행해지며, 사회구성원들에게는 피장자의 분묘 위치와 영역을 알리는 것으로도 볼 수 있겠다.

---

12) 묘구 내에서 일부 확인된 연접을 이룬 분묘들의 성격을 가족분묘로 생각할 때, 개인별 공간보다도 가족 단위의 공간을 할애했을 가능성도 있다.

② 채석 단계(Ⅱ-1-②) : 採石儀禮

　분묘축조에 필요한 석재를 공급하는 채석장에서 이루어지는 의례이다. 채석은 암반에서 돌을 떼어내어 인간의 필요에 의해 변형시키는 것으로 정지행위와 같은 의미이다. 또한, 떼어낸 돌은 분묘의 부재로 쓰이기 때문에 신성시되어진다. 따라서 채석의례는 채석이 이루어지는 암반에 대한 의례와 떼어낸 돌에 대한 의례로 구분할 수 있다.13) 암반에 대한 의례는 일종의 거석사상과도 연결되는 것으로 석재를 공급해 주는 것에 대한 감사와 채석작업의 안전을 기원하는 의례행위가 이루어졌을 것이다. 또한 떼어낸 돌은 의례행위를 통해 자연의 산물에서 영혼의 산물로 바뀌게 된다. 그것은 크기와 형태가 변함으로써 본래의 의미는 없어지고 피장자를 위한 새로운 의미가 부여된다. 이러한 의례행위는 채석행위를 담당하는 전문장인에 의해 주도되었을 것으로 보인다.14) 그것은 채석에는 고도의 기술과 함께 많은 시간과 노력이 필요하며, 큰 돌을 다루기 때문에 안전도 중요한 요소이기 때문이다.

③ 석재운반 단계(Ⅱ-1-③) : 運搬儀禮

　운반의례는 운반의 시작부터 도착에 이르기까지 전 과정에 걸쳐 이루어진다. 운반과정은 자연적·지형적 저항요소를 극복하면서 진행되는 매우 힘들고 협동심이 필요한 작업이다. 따라서 석재운반의 과정에서는 피장자에 대한 의례행위15)와 함께 석재의 원활한 운반과 운반에 동원된 사람들의 협동심 고취를 위한 의례행위가 주가 된다. 먼저 채석된 석재는 운반에 앞서 석재의 정화차원에서 부정을 없애는 의례행위와 운반의 안전을 기원하는 의례행위가 행해진다.16) 석재의 운반 중 가장 어려운 것이 상석의 운반이다. 상석은 규모가 크고 무게가 많이 나가기 때문에 이동 시 상석자체를 컨트롤하는 것도 어렵고, 이동 중 수많은 저항요소들을 극복하는 것도 어려운 부분이다. 따라

---

13) 일본의 '岩石祭祀'에서는 암석에 대해 크게 3가지로 나누고 있다. 첫째는 신이 憑依한 돌, 둘째는 신이 降臨한 돌, 셋째는 인위적으로 성역을 만든 돌 등이다. 이는 일본의 고분시대 유적을 중심으로 파악한 것이지만, 그 의미는 선사시대에도 크게 다르지 않을 것으로 보인다. 따라서 지석묘의 채석과 관련해 보면 채석장을 선정하고 돌을 떼어내는 과정에서의 의례행위는 충분히 상정된다고 볼 수 있다(椙山林繼 1995, 12쪽).

14) 채석을 위한 전문장인인 '채석공'의 존재에 대한 물적 증거는 파악하기 힘들지만, 여러 가지 정황으로 볼 때 존재 가능성이 충분하다. 또한 민족지적인 예로서 숨바섬 서부지역의 '채석공'을 들 수 있다. 이들 채석공은 채석만을 하는 전문장인으로 분묘 축조자들은 이들에게 댓가를 주고 채석계약을 한다(Adams, Ron L. 2007a, pp.144~151).

15) 피장자에 대한 의례행위로서 상정할 수 있는 것은 피장자를 나타내는 상징물을 상석과 함께 운반하는 정도일 것이다. 현재의 예를 들면 사자의 이름을 적은 '명장'이나 사자의 공덕을 애도하는 글을 적은 '만장' 같은 것이 될 수 있겠다.

16) 민족지적인 예이지만 Sumba섬 서부지역의 거석묘 축조에서는 상석을 운반하기 전 상석을 깨끗하게 씻는 의식이 있다. 이는 상석을 물로 정화시킴으로써 부정을 막는 의례이다(Adams, Ron L. 2007a, p.152).

서 이를 해결하기 위한 인위적 노력도 필
요하지만 의례를 통한 안전기원의 행위도
필요하다.

　상석운반과 관련된 자료는 진안 여의
곡유적에서 일부 확인되었다.[17] 이를 검
토해 보면, 운반의 흔적인 '구' 내부에서
할석과 자갈, 그리고 토기편이 출토된 것
이다. 이 중 할석과 자갈은 상석의 하중을
받치는 통나무를 고정시키거나 견고하게
받치기 위한 것이다.[18] 하지만 함께 출토
된 토기는 조금 다른 이유로 파악할 수 있
다. 그것은 토기의 출토량이 할석이나 돌
에 비해 적고 토기의 경도로 보아 통나무
를 고정시키거나 하중을 견디기는 어렵다.
또한 토기는 모두 파손되어 편으로 출토
된다. 이러한 양상으로 볼 때 운반로에서
출토되는 토기는 운반이 안전을 기원하
는 의례행위로 생각된다.[19] 즉, 무게를 가
장 많이 받는 통나무의 가장 아래쪽에 토
기편을 뿌림으로써 지신에게 안전한 운반
을 기원하고, 이를 통해 상석운반에 동원

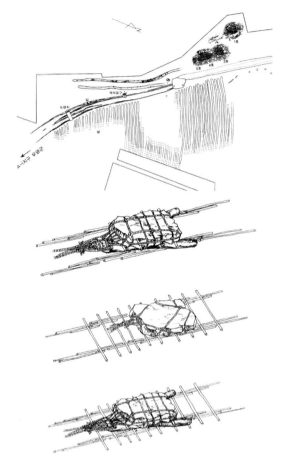

그림 2 _ 진안 여의곡유적 상석운반로 및
상석운반 모식도(이종철 2003 재인용)

---

17) 운반로 중에 B형 길에서 확인된다. B형 길은 2개의 구가 레일처럼 배치되어 있는데, 길이는 동쪽 구
　25m, 서쪽 구 34m 정도가 남아있고 깊이는 차이는 있지만 대략 10~15cm 정도이다. 구의 내부에서 할
　석과 자갈, 무문토기편 등이 다량으로 확인되었다(金承玉·李宗哲 2001, 374쪽).

18) 이러한 양상은 삼국시대 이후의 도로유구에서 많이 나타난다. 특히 우마차의 흔적이 남아있는 경우 바
　퀴로 인해 생긴 구 내부에 소형의 할석이나 돌이 들어있는 경우가 많다. 이는 구 내부를 할석이나 돌로
　메우거나 고정시킴으로써 우마차의 운행을 위활히 한 것으로, 상서 운반로에 니타난 양상도 같은 이유
　라 생각된다.

19) 안전을 기원하는 의례행위는 여러 가지가 있고, 그 중 상석 운반 전에 안전을 기원하는 고사를 지냈을
　가능성이 높으나 물질적 증거의 확보는 어렵다. 안전을 기원하는 한 예로 현재에도 행해지고 있는 배의
　진수식 장면이다. 진수식에서는 배와 선원의 안전을 기원하기 위해 뱃머리에서 적포도주를 깨뜨리는 행
　위를 한다. 적포도주의 붉은 색은 피를 상징하며, 병을 깨뜨리는 행위는 바다의 신에게 제물을 받치는
　행위로 볼 수 있다. 이렇듯 안전을 책임지는 대상에게 제물을 바치거나 그에 상응하는 행위를 함으로써
　안전을 기원하는 것이다. 상석의 운반과정에서도 이와 비슷한 의례행위를 상정해 볼 수 있겠다.

된 사람들을 안심시키고 협동심을 고취시킨다. 또한 운반의 긴 여정과 운반의 풍경은 피장자의 죽음과 사회적 지위를 사회구성원들에게 널리 알리는 역할도 한다. 상석이 묘구에 도착하면 이에 따른 의례가 진행된다. 묘구에서 상석을 맞이하는 의례와 묘구로 들어가는 것을 허가하는 의례이다. 그것은 상석을 안전하게 운반한 것에 대한 보상과 분묘축조를 최종적으로 허락하는 것이다. 묘구는 신의 영역으로 생자의 세계와는 이별을 고하는 것이다. 따라서 入石許可와 함께 애도의 표시가 이루어진다(Adams, Ron L. 2007a, p.162).

(2) 축조 Ⅱ-2단계

① 지하식 지석묘

지하식 지석묘의 축조과정은 총 8과정으로 구성되며, 각 과정마다 의례행위가 이루어진다. 유물의 출토양상을 통해 의례행위의 범주를 살펴보면 〈그림 3〉과 같이 총 6곳으로 나눌 수 있다.

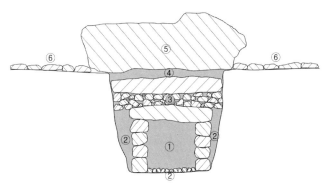

그림 3 _ 개석식 지석묘 모식도 및 출토유물의 위치

　㉠ 묘광파기 단계(Ⅱ-2-①) : 穿壙儀禮

穿壙은 땅을 파는 작업으로 정지의례와 같이 '지신'을 위한 의례가 이루어진다. 천광의례는 后土祭와 開土祭로 구분된다. 후토제는 묘광을 파기 전 지신에게 분묘조성을 고하는 의례이며(국사편찬위원회편 2005, 98쪽), 개토제는 묘광파기 시작단계에서 행해지는 의례이다(임재해 1996, 89쪽). 이러한 의례는 지신에게 분묘조성을 알리면서 피장자와 가족의 평안을 기원한다. 천광의례에 대한 고고학적 자료는 의례에 쓰인 토기편과 천광에 쓰인 굴지구(석부), 그리고 석기를 재가공하는 지석 등이 출토되는 것인데, 묘광내부 보다는 주로 상석주변이나 묘역에서 확인된다.[20]

　㉡ 바닥석 및 벽석 설치 단계(Ⅱ-2-②) : 築造儀禮

바닥석과 벽석의 설치는 시신이 안치될 공간을 만드는 것으로 내부공간은 피장자의 영원한 안식처로서 신성한 공간이다. 따라서 부정을 막는 여러 가지 의례행위가 행해진다. 〈그림 3〉의 ②범주는 바닥석 아래와 벽석사이, 벽석과 묘광 사이이다. 의례유물은 주로 토기, 석기, 관옥 등이 사용된다.

---

20) 석부와 지석의 출토양상은 전남지방의 개석식 지석묘에서도 같은 양상이며, 이는 부장용 보다는 의례용 유물로 파악된다(李榮文 1993, 153~156쪽).

의례행위는 축조과정에서 유물을 벽석에 끼워 넣거나 뿌리는 방법과 붉은 흙을 깔거나[21] 목탄을 넣는 경우도 있다. 이는 부정을 막고 매장주체부와 시신을 보호하며 벽사와 영생의 의미를 가진다. 또한 목탄은 불과 관련된 것으로 일종의 정화의식으로 볼 수 있다.[22]

ⓒ 시신안치 및 유물부장 단계(Ⅱ-2-③) : 매장의례, 매납의례

매장의례는 시신을 매장주체부에 안치할 때 행해지는 의례로 〈그림 3〉의 ①범주에 해당된다. 시신을 안치하기 위해서는 시신을 운반하는 과정이 필요하며, 여기에서도 시신을 위한 많은 의례가 이루어진다. 시신의 운반과정에 대한 구체적인 증거는 확인되지 않았지만, 피장자가 죽음을 맞이한 장소나 殯 등에서 묘역까지 이동되었을 것으로 보인다.[23] 매장방법은 크게 伸展葬, 屈葬, 洗骨葬, 火葬 등으로 나누어지며, 매장주체부의 크기를 통해 어느 정도 추정할 수 있다(이영문 2002, 338쪽). 호남지역에서는 다양한 규모의 매장주체부가 확인되고 있어 다양한 매장방법이 사용되었을 보인다. 이중 2차장이라 볼 수 있는 세골장은 아직 직접적인 증거는 확인되지 않았지만 지석묘의 축조 기간을 감안하면 '殯'에 일정기간 보관했다가 다시 꺼내어 매장하였을 가능성이 높다. 지석묘의 물리적인 축조기간과 함께 축조자의 경제력 부족으로 인한 2차장의 가능성도 생각해 볼 문제이다. 이는 민족지 자료인 인도네시아 지석묘 축조사례를 보면, 돔푸 지역이나 숨바섬 지역에서는 가족의 경제력으로 인해 피장자를 가매장한 다음 분묘축조가 가능한 시점까지 기다렸다가 장례를 치르는 경우가 많다(하리스 슈켄달 2004; 윤호필 2012a). 화장의 경우는 확인 사례가 극히 드물지만 춘천 중도 지석묘에서 불탄 인골과 함께 숯이 발견된 것으로 보아 화장도 청동기시대에 사용된 장법 중에 하나임을 짐작할 수 있다(강원대학교박물관 1984). 이러한 세골장과 화장은 당시 사람들의 내세관을 엿볼 수 있다. 시신 해체의 궁극적인 목적은 골격으로의 환원으로 분화할 수 없는 최소 단위로 돌아가는 것이다. 뼈는 인간의 마음속에 있는 영원불변의 창조적 원천의 상징이며 영혼의 근원적 구조이다. 따라서 뼈를 통해 죽은 자가 재생, 부활한다고 믿는 것이다(국사편찬위원회편 2005, 57쪽). 피장자의 두향은 내세관을 반영하는 것으로 장송의례에서 중요하지만 인골 출토가 빈약하여 정확한 양상은 파악되지 않는다. 다만 매장주체부의 장축방향을 통해 짐작할 수 있다. 매장주체부는 일정한 방향성은 가지지만 정형화된 것은 아니며, 입지한 지형의 등고선 방향으로 배치되거나 주변의 자연 지세에 따라 방향이 정해지는 것이 많다(趙鎭先 1997). 따라서 피장자의 두향도 자연방위

---

21) 화순 사수리유적 36호 지석묘의 바닥에서 붉은 색을 흙이 확인된 경우가 있다(충북대학교 고고미술사학과 1990).

22) 목탄은 불과 관련이 있으며, 불은 邪惡한 것을 태워 버림으로써 깨끗이 하고자 하는 淨化意識이다(土生田純之 1993).

23) 유교의 상례로 보면 '발인제'라 하여 장지로 떠나기 전에 제사를 지내고 장지에 도착해서도 제사를 모신다. 또한 운반은 지름길로 가지 않으며 길에 물이 괴고 진창이라도 피해가지 않는다(국사편찬위원회 편 2005, 101~103쪽).

보다는 주변 지세에 따라 달라졌을 것이다.

매납의례는 피장자를 위한 부장유물과 의례유물을 매납하는 행위로서 〈그림 3〉의 ①범주에 해당된다. 부장유물은 사후세계에 사용될 물건이며, 그 종류는 석검, 석촉, 적색마연토기, 옥, 동검, 방추차, 어망추, 석부, 지석, 반월형석도 등으로 대부분의 생활유물이 모두 포함된다. 하지만 주를 이루는 것은 석검과 석촉(무기), 적색마연토기(그릇), 옥(장신구) 등으로 피장자가 사후세계에서도 이승과 같이 무기를 통해 자신을 보호하고 사냥하며, 그릇으로 음식을 먹고, 장신구를 통해 자신을 나타낸다고 보았다. 따라서 유물의 부장을 통해 피장자를 애도하고 사후세계에서의 영생을 바라는 것으로 볼 수 있다.[24] 의례유물은 축조과정에 따른 각 단계별 의례에 사용되는 유물이다.

　ⓔ 매장주체부 내부 채우기(Ⅱ-2-④)·개석덮기(Ⅱ-2-⑤)·개석상부 채우기(Ⅱ-2-⑥)
　　: 密封儀禮

〈그림 3〉의 ③·④범주에 해당된다. 시신안치와 유물부장이 끝나면 매장주체부 내부를 흙과 돌을 이용하여 채우게 된다. 이는 내부의 빈 공간을 채움으로써 외부로부터 시신을 보호하고(식물과 동물 등), 유체가 썩어도 유골이 흩어지지 않게 한다. 또한 상부의 하중으로부터 매장주체부를 보호하는 역할도 하게 된다. 따라서 시신보호를 통해 피장자를 사후세계로 잘 보내려는 기원의 의미가 있으며, 또한 시신을 움직이지 못하게 하여 소생할 수 없는 상태로 만드는 의미도 있다. 의례행위는 주로 매장주체부를 채운 후 개석을 덮기 전에 이루어진다. 개석을 덮음으로써 매장주체부가 완성된다. 매장주체부의 완성은 생자와의 단절을 가시적으로 보여주는 것으로 그 자체가 중요한 의례이다. 매장주체부의 상부에는 상석이 놓이게 되는데, 그 사이에도 빈공간이 존재한다. 이 부분을 채움으로써 시신과 매장주체부를 보호하는 역할과 함께 한 번 더 밀봉하는 의미를 가진다. 즉, 생자와의 단절을 견고히 하는 의미를 가진다. 이러한 밀봉의 형태는 점차 발전하여 다중개석이나 다단토광의 형태로 바뀌어 간 것으로 보인다(윤호필 2005·2009). 피장자를 보다 견고하게 밀봉함으로써 피장자의 영생을 기원하는 것과 동시에 생자의 세계로 귀환하는 것을 막는 의미가 있는 것이다. 대표적인 유적은 보성 동촌리 지석묘가 있다.

　ⓕ 지석 및 상석 설치(Ⅱ-2-⑦) : 上石儀禮

〈그림 3〉의 ⑤범주에 해당된다. 지석묘 상석은 외형적으로 가장 두드러진 부분으로 그 자체가 무덤을 나타내는 중요한 상징물이다. 따라서 상석의 사용 자체가 중요한 의례행위가 된다. 상석을 통해 무덤을 알리고 돋보이게 하면서 피장자를 기억하게 하기 때문이다. 이러한 의미가 확대되면 묘구를 나타내는 묘표적 기능을 하게 된다. 상석의 장축방향을 살펴보면, 매장주체부의 방향과 같이

---

24) 유교상례에서는 시신과 함께 묻는 부장품(그릇, 악기, 무기, 木人, 石人 등)을 명기라 하는데, 귀신의 물건으로 사자의 영생을 위한 것이다. 즉, 제사에 사용되는 제기는 사람의 그릇이며 명기는 귀신의 그릇이된다(국사편찬위원회편 2005, 106쪽).

주변의 자연 지세와 밀접하게 관련된다. 즉, 하천이나 능선의 방향을 고려하여 설치되는 것으로, 자연 숭배사상과 연관시키기도 한다(지건길 1983, 5쪽). 지석묘 밀집지역에서 나타나는 일정한 배치 형태를 지석묘가 시기를 달리하여 지속적으로 축조된 증거로 파악하여 피장자의 신분이 세습되는 현상에 따른 것으로 해석하기도 한다(유태용 2003, 477쪽).

진안 여의곡유적에서는 상석의 설치과정이 확인되었다. 상석 운반로 중에서 C형 운반로가 상석 설치와 관련이 있는 것으로 보인다. 구조적으로 소형 할석이 깔려있고 조성위치가 묘역이나 매장 주체부 위로 운반작업 보다는 상석 설치 작업과 관련성이 더 깊은 것으로 판단된다.[25] 상석에 나타난 의례행위의 하나로 성혈을 들 수 있다. 성혈에 관해서는 다양한 의견이 제시되었지만 당시가 농경사회임을 감안할 때 多産과 豊饒를 기원하는 신앙적 의식의 표현으로 볼 수 있다.[26] 하지만 성혈이 조성되는 부분이 지상에 항시 노출되어 있는 상석임을 감안할 때 정확한 조성시점을 알기 어렵다.[27] 따라서 성혈의 조성을 상석이 놓이는 시점과 후대의 시점으로 나눌 수 있다. 전자는 피장자의 관점으로 몸은 죽었으나 영혼은 살아있는 것으로 보고 피장자를 이승에서 저승까지 인도할 사자가 필요하며, 특히 무사히 저승까지 갈 수 있도록 하는 방편이 필요하다. 성혈도 이러한 한 가지 방편으로 생각해 볼 수 있겠다. 이는 피장자가 매장되는 주체에 일정한 표시나 행위를 함으로써 영혼을 무사히 저승으로 보내려는 의도가 있었던 것으로 보인다(국사편찬위원회 편 2005, 79~80쪽).[28] 후자는 생자의 관점으로 신의 영역에 들어간 조상의 힘을 빌려 다산과 풍요를 기원한 것으로 파악된다.

ⓑ 묘역설치(Ⅱ-2-⑦) : 墓域儀禮

〈그림 3〉의 ⑥범주에 해당된다. 묘역은 매장주체부를 보호하고 분묘의 영역을 표시하며, 묘구 내 점유양상을 통해 사회적 지위를 공인시킨다. 또한 사후의 제사공간으로도 활용된다. 따라서 묘역의 조성은 분묘의 완성을 의미하며 피장자를 조상신으로서 여기게 되는 것이다.

② 지상식 지석묘

지상식 지석묘의 축조과정은 총 5과정으로 구성되며 각 과정마다 의례행위가 행해진다. 유물의 출토양상을 통해 의례행위의 범주를 살펴보면 〈그림 4〉와 같이 총 4곳으로 나눌 수 있다. 호남지역

---

25) C형 운반로는 소할석층으로 되어 있으며, 길이 12~13m, 너비 3m, 두께 50~60cm 정도이다. 이 소할석 층에서 다량의 토기편, 석검편, 유구석부편, 석촉편 등이 출토되었다(金承玉·李宗哲 2001, 61쪽).

26) 모방주술(imitative magic) 儀式을 통해 '구멍-여성의 성기-마찰-생산'으로 이어지는 祈子信仰的 형태와 '구멍-알-곡식-생산'으로 이어지는 풍요의 형태로 인식되어진다(國立文化財研究所 2004, 582쪽).

27) 보성 동촌리 1호 지석묘의 경우 상석이 아닌 1차 적석층의 개석에서 9개의 성혈과 무수히 많은 성혈이 확인되었다. 이는 당시에도 성혈을 통한 의례적 행위가 보편적으로 있었음을 의미한다. 호남지역의 주요 성혈유적은 전북 1개소, 전남 11개소가 있다(광주박물관 2003).

28) 시대는 다르지만 유교의 상례에서는 영혼을 저승까지 무사히 인도하기 위해 상여에 인물상을 조각하기도 하였다.

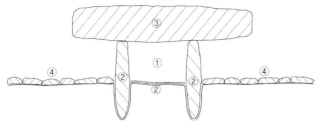
그림 4 _ 탁자식 지석묘 모식도 및 출토유물의 위치

에서 확인된 지상식 지석묘의 수가 적고 대부분 유물이 출토되지 않아 장송의례 양상을 파악하기는 힘들다. 따라서 지상식 지석묘의 구조적 특징을 중심으로 장송의례를 살펴보고자 하며, 기본적인 양상은 앞서 살펴본 지하식 지석묘의 장송의례 양상과 비슷할 것으로 생각된다.

㉠ 바닥석 및 벽석설치(Ⅱ-2-ⓐ) : 築造儀禮

시신을 보호하는 공간을 만드는 것으로 견고성이 요구된다. 특히 지상식 지석묘는 매장주체부가 지상에 설치되기 때문에 구조역학적인 축조기술이 필요하다. 따라서 축조과정에는 숙련된 장인이 중심이 되어 진행되었을 것으로 보인다. 〈그림 4〉의 ②범주에 해당된다. 지상에 축조된 매장주체부는 독립적인 형태로 그 자체가 의례적 기능을 가지며, 내부공간은 피장자의 영원한 안식처로서 신성한 공간이 된다. 이러한 축조의례는 시신을 보호하고 부정을 막으며 벽사와 영생의 의미를 가진다. 특히, 지하식 지석묘에 비해 매장주체부가 드러나 있기 때문에 이를 돋보이게 하는 의례도 함께 이루어졌을 것으로 보인다.

㉡ 상석 설치(Ⅱ-2-ⓑ) : 上石儀禮

〈그림 4〉의 ③범주에 해당된다. 매장주체부 축조의 가장 중요한 작업으로 협동심과 함께 가장 발달된 축조기술이 필요하며, 축조는 통솔자의 지휘 아래 이루어진다. 상석을 올리기 전·후에 축조의 성공과 안전을 기원하는 의례가 있고, 또한 상석정치 후 이에 대한 격려와 보상에 대한 의례도 있었을 것이다. 하지만 지상식 지석묘에서는 이러한 양상을 물질적 증거로 찾기란 매우 어렵다. 의례가 외부에서 이루어지므로 다른 의례양상과 중복되는 경우가 많고 상호 구별도 어렵기 때문이다. 따라서 상석의례의 양상은 주변출토 유물과 성혈을 통해 단편적으로 확인할 수밖에 없다. 성혈에 관한 의미는 지하식 지석묘와 같다.

㉢ 시신안치 및 유물부장(Ⅱ-2-ⓒ) : 埋葬儀禮 및 埋納儀禮

매장의례는 〈그림 4〉의 ①범주에 해당하며, 기본적인 매장의례 양상은 지하식 지석묘와 비슷하다. 호남지역 지상식 지석묘의 매장방법에 대해서는 인골의 출토사례가 없어 정확한 양상은 알 수 없지만 기본적으로 모든 장법이 사용되었을 것으로 생각된다. 또한 2차장인 세골장이나 화장의 경우도 확인된 자료는 없지만 다른 지역에서 확인되는 사례와 지석묘의 축조기간을 감안할 때 지상식 지석묘의 경우도 '殯' 사용을 추정할 수 있다. 부장유물은 석검과 채문토기가 일부 확인되었는데 전체적인 양상도 지하식 지석묘의 출토유물과 유사할 것으로 보인다. 전체적으로 보면 지석묘의 외형적인 모습이 잘 드러난 구조이기 때문에 유물보다는 외형적인 틀을 이용한 의례행위가 주가 되었을 것으로 생각된다.

ⓛ 마구리돌 설치(Ⅱ-2-ⓓ) : 密封儀禮

매장의례와 매납의례를 통해 매장주체부의 내부공간은 사자의 공간으로 바뀌었으므로 이를 밀봉하여 생자의 공간과 서로 분리하는 것이 필요하다. 생자의 공간에서 분리시킴으로써 사자만의 공간이 만들어지게 되는 것이다. 이러한 분리 과정은 밀봉을 통해 이루어진다. 〈그림 4〉의 ②범주에 해당된다. 밀봉은 시신이 안치된 매장주체부의 외부를 빈틈없이 막음으로써 피장자를 분묘 밖으로 나오지 못하게 하여 생자와 영원히 단절시키는 것이다.[29] 즉, 매장주체부를 완성함으로써 시신과 유물을 보호하는 역할과 생자와의 단절을 통해 매장을 완성한다.

ⓜ 묘역설치(Ⅱ-2-ⓒ) : 墓域儀禮

〈그림 4〉의 ④범주에 해당된다. 묘역의 의례양상은 지하식 지석묘와 비슷할 것으로 파악된다. 다만 지상식 지석묘는 지하식 지석묘에 비해 묘역조성이 드물고 서로 연접해서 나타나는 것도 없기 때문에 묘역에 대한 인식의 차이는 있다.

3) 축조 Ⅲ단계 의례

Ⅲ단계는 분묘조성 완료 후 행해지는 의례이다. 분묘의 축조과정 의례가 애통과 애도가 위주였다면, 분묘 완성 후의 의례는 誠敬이 위주가 된다. 유교상례에서는 이를 平土祭라 한다. 평토제는 관을 묻고 흙을 지면까지 채운 상태에서 행해지기도 하나 무덤이 완성된 후에 주로 행해지는 것으로(국사편찬위원회 편 2005, 109쪽), 피장자의 마지막 가는 길을 애도하며 축조에 동원된 사람들을 위해 饗應을 베푸는 것이다. 고고학적 증거로는 의례에 사용된 공헌물이나 사용된 도구, 음식물 등을 들 수 있다. 공헌물과 사용된 도구는 대부분 파손되어 편으로 출토되며, 음식물은 남은 뼈를 통해 확인된다. 호남지역에서는 전남 화순 사수리유적에서 동물뼈가 확인된 예가 있다[30](충북대학교 고고미술사학과 1990). 이러한 양상은 지석묘가 축조되는 인도네시아에서도 보편적으로 행해지는 의례행위로서 주목된다(하리스 슈켄달 2004, p.60). 이외에 분묘 축조 후 祭祀는 크게 3가지 종류로 구분된다. 차례(명절에 지내는 것), 기제(조상이 돌아가신 날 지내는 것), 성묘와 묘제(묘를 관리하면서 지내는 것)이다. 이들 제사가 비록 유교의 풍습이지만 청동기시대의 분묘제사도 비슷한 양상으로 진행했을 것으로 추정된다. 그것은 유교의 상례가 '농경'과 '효'를 바탕으로 하기 때문에 발달된

---

29) 숨바섬 서부지역에서는 매장주체부를 밀봉하기 위해서 진흙으로 틈새를 메우는 경우도 있다.

30) 화순 사수리 유적은 3차에 걸쳐 발굴된 유적으로 2차 발굴조사에서 동물뼈가 일부 확인되었다. 확인된 동물뼈는 29호에서 돼지이빨, 36호에서 짐승뼈, 37호에서 들염소뼈가 출토되었다.

농경사회이자 가족중심 사회인 청동기시대의 장례풍속과도 비슷한 양상이었을 것으로 생각된다. 분묘의 관리는 조상을 섬기는 조상숭배와 연결되고 피장자를 사회구성원들에게 지속적으로 인식하게 하는 방편이 된다. 이는 피장자의 사회적 지위를 사후에도 권력의 승계를 정당화하여 가족의 사회적 지위도 보장받으려는 의도로 보인다. 사후제사는 분묘축조 완료 후 행해지는 것과 주기적으로 행해지는 것, 묘구 전체에 대한 것 등으로 나눌 수 있지만 물질적 증거는 확보하기 어렵다. 분묘관리는 개별 분묘뿐만 아니라 묘구에 대한 정비와 보수도 병행된다. 이는 무덤을 보호하고 보존하는 차원 이외에도 집단의 영역관리를 위한 것으로도 볼 수 있다. 앞서 검토한 지석묘의 축조단계별 장송의례 양상을 정리하면 〈표 2〉와 같다.

표 2 _ 지석묘 축조단계에 따른 장송의례 양상

축조단계			단계별 축조과정	단계별 의례		의례내용
I 단계	①		묘지선정	山川儀禮		· 주변환경을 정화하고 신성한 지역으로 만듦 · 집단의례로서 묘구 보호를 기원(산신제, 수신제 등)
	②		묘구조성	地神儀禮		· 지신에게 묘구의 존재를 알리고 사회구성원들에게는 묘구를 성스럽고 특별한 장소로 인식시킴 · 집단의례가 행해짐
II 단계	II-1 단계	①	묘역선정 및 정지	整地儀禮		· 지신에게 피장자의 죽음을 알리고 시신과 영혼의 보호를 기원(땅에 대한 의례) · 사회구성원들에게 피장자의 무덤영역을 알림
		②	채석	採石儀禮		· 무덤재료의 공급원으로서의 감사의례 · 채석작업의 안전기원
		③	석재운반 (상석, 벽석, 바닥석 등)	運搬儀禮	운반 시작	· 상석정화(상석이동에 앞서 씻음) 및 안전사고 상기
					운반 과정	· 안전운반 기원 · 피장자의 죽음과 사회적 지위를 알림 · 협동작업에 따른 격려와 보상
					운반 도착	· 입석허가 및 애도표시 · 협동작업에 따른 격려와 보상
	II-2 단계	①	묘광파기	穿壙儀禮		· 땅에 대한 의례(開土祭, 后土祭) · 방향 및 규모설정(내세관)
	지하식 지석묘	②	바닥석 및 벽석 (4벽)설치	築造儀禮		· 시신보호. 부정을 막음. 벽사의미. 영생의미
		③	시신안치 및 유물부장	埋葬儀禮 埋納儀禮		· 매장의례 : 장송의례, 시신 운반의례, 매장방법(처리방법, 두향, 자세 등). 부정방지 및 벽사 · 매납의례 : 내세관, 사후세계에 필요한 물품공급. 부장유물을 통해 사회적 지위 표시
		④	매장주체부 내부 채우기	密封儀禮		· 시신보호. 부정방지. 벽사
		⑤	개석 덮기	密封儀禮		· 시신보호. 생자와의 단절

축조단계			단계별 축조과정	단계별 의례	의례내용
지 상 식 지 석 묘		⑥	개석상부 채우기	密封儀禮	· 매장주체부 보호. 부정방지. 벽사
		⑦	지석 및 상석 설치	上石儀禮	· 축조성공과 안전을 기원 · 협동작업에 따른 격려와 보상 · 안녕과 풍요기원
		⑧	묘역설치	墓域儀禮	· 무덤의 영역표시 및 무덤 공간인식. 외경의식 · 축조 후 제사공간 활용
		ⓐ	바닥석 및 벽석설치	築造儀禮	· 시신보호. 부정을 막음. 벽사의미. 영생의미
		ⓑ	상석설치	上石儀禮	· 축조성공과 안전을 기원 · 협동작업에 따른 격려와 보상 · 안녕과 풍요기원
		ⓒ	시신안치 및 유물부장	埋葬儀禮 埋納儀禮	· 매장의례 : 장송의례, 시신 운반의례, 매장방법(처리방법, 두향, 자세 등). 부정방지 및 벽사 · 매납의례 : 내세관, 사후세계에 필요한 물품공급. 부장유물을 통해 사회적 지위 표시
		ⓓ	마구리돌 설치	密封儀禮	· 시신보호. 생자와의 단절
		ⓔ	묘역설치	墓域儀禮	· 무덤의 영역표시 및 무덤 공간인식. 외경의식 · 축조 후 제사공간 활용
Ⅲ단계			벌목(벌초) 및 보수작업	祭祀儀禮	· 묘구 · 묘역을 관리 · 보수 · 유지 · 조상숭배. 피장자의 인식 · 사후제사 · 집단의 영역표시

3. 장송의례로 본 지석묘의 사회적 의미

지석묘의 장송의례는 피장자의 죽음과 함께 시작하여 분묘축조라는 일련의 과정 속에서 다양한 형태로 나타난다. 따라서 지석묘 축조에 따른 단계별 의례양상을 지하식 지석묘와 지상식 지석묘를 통해 검토하였다. 지하식 지석묘는 시신을 지하에 매장하기 때문에 땅을 관장하는 지신에 대한 의례와 시신을 안치한 후 이어지는 밀봉의례가 주를 이룬다. 이는 시신을 외부로부터 보호하는 의미와 함께 생자의 세계로 돌아오지 못하게 하는 의미를 지닌다. 시신을 땅에 밀봉하여 가둠으로써 생자의 세계와 완전하게 분리시키는 것이다. 지상식 지석묘는 시신이 지상에 안치되기 때문에 피장자를 표현하는 매장주체부의 축조가 가장 중요한 의례가 되며, 이를 통해 피장자의 존재를 인식시키고자 한다. 지석묘를 통한 경관의 의미화 과정이라고 할 수 있다. 이와 같이 지하식 지석묘와 지상식 지석묘는 피장자에 대한 인식의 차이가 분명히 존재하는 것으로 판단된다.

또한 이를 공간관계의 측면에서 살펴보면 수직적 공간관계와 수평적 공간관계로 나눌 수 있다. 수직적 공간관계는 분묘의 외형을 지상에 보다 돌출시킴으로써 무덤을 하나의 독립적인 존재로 인식하게 하는 것이고, 수평적 공간관계는 매장주체부나 상석 보다는 묘역의 범위를 넓게 하여 분묘 존재를 부각시키는 것이다. 전자는 무덤이 독립적인 입지에 위치하거나 군집을 이루어도 분묘의 개별적인 성격이 강하게 부각된다. 후자는 분묘의 개별적인 성격과 함께 주변 분묘와의 관계도 매우 중요한 요소가 된다. 묘역을 갖춘 분묘의 경우 서로 연접하거나 한 묘역 내에 여러 기의 무덤이 배치되는 것이 많다. 또한 개별적으로 묘역을 갖추고 있는 경우에도 바로 인접해서 무덤이 배치된다. 따라서 수직적 공간관계는 독립적·제단적인 성격이 강하며, 수평적 공간관계는 가족적·씨족적 친분관계가 강한 것으로 생각된다. 이러한 지석묘의 성격들은 장송의례에도 반영되어 나타나는 것으로 볼 수 있다.

Ⅲ. 지석묘의 의례적 기능

1. 지석묘의 상징성

무덤은 시신을 외부로부터 보호하는 구조물로서 '죽음'이라는 인간의 마지막 통과의례가 이루어지는 장소이다. '시신의 보호'라는 기본적인 기능과 더불어 피장자의 사회적 관계에 따라 무덤은 다양한 상징적 의미를 가지게 된다. 특히, 청동기시대 무덤은 농경의 발달과 사회구조의 변화로 신석기시대와는 전혀 다른 분묘의 형태(구조)가 나타나면서 무덤은 다양한 기능과 의미를 가지게 된다. 청동기시대 분묘의 가장 큰 특징은 돌(石)을 이용하여 축조하는 것으로 청동기시대인의 돌에 대한 관념을 잘 볼 수 있다. '돌(石)'은 단단하며(堅固性) 영원히 변하지 않는 성질(永遠性)을 가진다. 이는 돌에 초자연적인 힘이 있다고 믿는 呪術的 사상과 영혼이나 신령 등이 깃들어 있다는 애니미즘(animism)적 사상을 갖는 것으로 우리나라 뿐만 아니라 전 세계적으로 펴져 있는 '巨石文化'의 일종인 '巨石崇拜' 사상과 연결된다. 따라서 청동기시대의 무덤은 단순히 시신을 보호하는 구조물의 기능 뿐 만 아니라 거석문화(거석숭배)의 관점에서도 분묘의 상징적 의미를 살펴보는 것이 필요하다. 이를 지석묘에 적용해 보면, 첫째, 거석을 이용함으로써 피장자의 무덤을 돋보이게 한다. 둘째, 돌을 재료로 사용함으로써 무덤은 영원성을 가진다. 셋째, 거석을 이용한 축조는 많은 시간이 필요하기 때문에 피장자의 죽음을 애도하는 기간도 길어진다. 따라서 피장자의 긴 애도 기간을 통해 피장자의 죽음으로 인한 사회적 변화를 안정시키고, 그에 따른 사회적 지위를 계승한다. 넷째, 축조 비용과 사회적 비용을 피장자의 가족이 부담함으로써 경제력 및 사회적 관계를 다시 한 번 공인시키는 역할을 한다.

인간은 죽음을 맞이하는 순간부터 사회적 존재로서 장송의례가 시작된다. 장송의례는 기본적으로 사자를 애도하면서 생자로부터 분리시키는 행위로서, 분묘축조를 중심으로 진행된다. 분묘의 축조는 시신을 위한 공간을 마련하는 것과 동시에 피장자의 사회적 관계 속에서 분묘의 상징성을 부여하는 작업이다. 분묘의 상징성은 피장자의 성격이나 사회적 관계, 사회발달 정도에 따라 다양하게 나타나지만, 사회가 발달할수록 분묘의 상징성이 강화되는 것은 틀림없다. 청동기시대 중기의 지석묘는 다른 분묘들과의 차별화가 본격적으로 나타나기 시작한다. 대규모의 분묘군 조성과 더불어 거대한 개인무덤을 축조하거나 지석묘 형태의 거대한 제단을 만들고 집단의 경계나 교통로에 분묘들이 배치된다. 이러한 분묘의 차별성은 개인분묘의 의례적 기능이 확대되어 집단의 공동 기념물로서의 상징성을 가지게 된다. 이는 공동의 의례장소나 집단을 표현하는 의미를 가진다.

2. 지석묘의 의례적 기능

청동기시대 사회가 농경을 기반으로 발달하면서 취락의 규모도 점차 확대되어 대규모 취락이 등장하게 되었다. 대규모 취락은 주변취락들과의 네트워크를 통해 중심취락과 주변취락의 관계를 유지하면서 새로운 사회적 관계를 형성하였다. 이에 지석묘도 취락의 확대에 따라 대규모 지석묘군이 조성되고 위계화의 진전과 경제적 안정으로 거대한 개인분묘도 축조되었다. 지석묘의 이러한 변화는 지석묘의 축조가 단순히 개인을 위한 기념물이 아니라 집단의 공동 기념물로서 그 기능과 의미가 확대된 것이다. 지석묘의 다양한 기능에 대해서는 이영문에 의해 분묘, 제단, 묘표석의 3가지 기능으로 정리된 바 있으며(이영문 1994), 이후 지석묘를 농경사회의 기념물(이성주 2000·2012), 교통로의 표지석(김춘영 2005), 경계의 표지석(윤호필 2007), 가매장시설(이영문 2011) 등으로 그 기능을 확대하여 검토한 연구들이 있다. 또한 최근에는 제단적 성격의 지석묘를 '상징 지석묘'로 설정하여 그 성격을 검토한 연구가 있다.[31] 이러한 기능들을 간략하게 살펴보면 다음과 같다.

1) 제단적 기능

외형적인 형태는 일반 지석묘이지만 구조적으로는 매장주체부가 없다. 즉, 시신을 매장하는 분묘의 기능이 없는 지석묘인 것이다. 따라서 본질적인 성격은 지석묘와는 다르다고 볼 수 있다. 하지만

---

31) '상징 지석묘'는 외형상 웅장하고 주위의 지석묘와 뚜렷하게 차별화된 상석을 가지면서 매장주체부가 없는 지석묘를 말한다. 지석묘는 상석 두께 2.0m 이상인 괴석형 상석, 상석 두께 1.5~2.0m 정도로 잘 정제된 타원형 상석, 상석 두께 1.0~1.5m의 직육면체형 상석이 해당된다. 이러한 지석묘는 대형 자연석이나 할석을 이용한 지석과 주형지석을 한 기반식 지석묘이다(이영문 2011, 132쪽).

일부의 제단 지석묘는 묘구 내에 위치하면서 주변의 분묘들과 밀접한 관련성이 있기 때문에 큰 범위에서는 지석묘의 범주에 포함시켜도 될 것으로 생각된다. 호남지역에서 확인되는 제단 지석묘에 대해서는 이영문(2011)의 연구에 잘 정리되어 있는데, 상석의 형태가 일반 지석묘의 상석과는 뚜렷이 구분되는 괴석형이나 타원형, 직육면체형의 형태이며, 형식은 대부분 기반식 지석묘이다. 입지형태는 단독으로 있는 것도 있지만 대부분 묘역의 한쪽에 치우쳐 일정한 거리를 유지하고 있거나 묘역의 중심부에 있다. 지형적으로 계곡 위쪽이거나 약간 높은 자리에 위치하고 있는 점이 특징이다. 단독 입지의 경우 주변 어디에서나 쉽게 바라다 볼 수 있는 곳에 위치한 점도 하나의 특징이라고 할 수 있다.[32) 제단 지석묘의 성격에 대해서는 집단의 공동 기념물로서 공공집회, 공공의례가 행해지는 장소로서 집단의 협동 및 결속을 강화하여 정체성을 높인다. 또한 일부는 묘구를 나타내는 표시나 집단 경계의 표시 그리고 집단의 상징물로서의 역할도 병행한 것으로 보인다.

2) 묘표석의 기능

묘역을 상징하는 기념물 내지는 묘역 조성 집단의 권위와 위용을 드러내기 위한 것, 또는 묘역을 표시하는 단순한 기능 등으로 구분된다(이영문 1999). 외형적으로는 제단 지석묘와 같이 상석의 규모가 크고 매장주체부가 없는 것과 매장주체부가 있으면서 주변의 분묘들과 구별되는 것이 있다. 배치양상도 제단 지석묘와 비슷하다. 따라서 묘표적 기능은 제단 지석묘의 기능과도 유사한 점이 있으며, 상호 복합적인 기능을 한 것으로 보인다.

3) 농경사회의 기념물

청동기시대 사회가 성숙한 농경단계로 들어서면서, 청동기시대인의 삶이 농경과 밀접한 관계를 가지게 되고, 이에 대한 결과물로써 기념물적 지석묘가 축조된 것으로 보았다. 즉, 농경의 발달이 사회를 분화시키고 상호간에 사회적 관계를 맺게 함으로서 분묘의 축조에도 많은 영향을 미친 것이다. 즉, 복합사회의 발달에 따른 개인분묘 및 분묘군이 확대되고 상징화되는 것으로 본다.

4) 교통로의 표지석 기능

지석묘의 입지형태는 구릉정상부, 산기슭, 평지, 고갯마루 등으로 다양하지만, 대부분 하천주변

---

32) 단독입지는 순천 비룡리 지석묘, 해남 호동리 지석묘, 고창 죽림리 2433호 지석묘, 고창 암치리 지석묘, 곡성 연반리 전기 지석묘, 무안 성동리 안골 지석묘 등이 대표적이며, 군집내 독립적 입지는 순천 우산리 곡천 1호 지석묘, 장흥 송정리 갈두 2호 지석묘, 고흥 운교 지석묘 등이 대표적이다. 군집내 중심 입지는 여수 오림동 지석묘, 순천 우산리 내우 지석묘, 장흥 대리 하방촌 다 · 라 지석묘군이 있다.

의 구릉이나 하천변에 입지하는 경우가 많다. 이는 취락의 입지형태와도 비슷한데 서로가 인접해서 배치되기 때문이다. 당시의 취락은 농경과 수공업품을 중심으로 상호 교류가 활발하던 시기로 취락 간의 네트워크가 교통로를 중심으로 발달했을 것으로 생각된다. 주요 교통로는 평지의 하천망이나 해안의 해안길과 연안항로, 그리고 고갯길을 중심으로 한 내륙망으로 상정할 수 있는데, 일부 지석 묘들이 이러한 교통망의 주요 길목에서 교통로의 방향과 마을의 존재를 알려주는 표지석의 기능을 했던 것으로 추정된다.[33] 지석묘의 입지에서 교통로와 관련된 입지형태는 고갯마루에 분포하는 것, 하천을 따라 띄엄띄엄 분포하는 것, 하천의 합수지점에 분포하는 것, 해안에 인접한 구릉의 산기슭 에 분포하는 것 등 다양한 형태로 확인된다. 이러한 지석묘군의 분포는 교통망과 일치하는 경우가 많아 단순히 분묘군을 조성하는 것이 아니라 교통로와 관련하여 의도적으로 조성한 것으로 볼 수 있다. 교통로는 단순히 사람과 물자의 이동만을 의미하는 것이 아니라 문화의 교류를 의미한다. 따라서 이러한 중요한 장소에 기념물적 무덤을 조성함으로써 교통로를 더욱 활성화 할 수 있으며, 이를 통해 사회적 관계를 형성한 것으로 보인다.

5) 취락의 경계 기능

무덤을 집단 영역의 경계 표시로 사용하는 것이다. 이는 제단 지석묘나 묘표적 지석묘의 기능 중 에도 일부 포함된다. 무덤이 모여 있는 묘구를 취락의 경계에 배치함으로써 집단의 영역을 표시하 고 외부로부터 집단을 보호하려는 의미가 있다. 또한 묘구는 조상들이 매장된 공간으로 조상신을 모시는 곳으로 숭배의 대상이 된다. 즉, 무덤이 가지는 상징성(조상신, 외경대상, 신성지역)을 통해 내부를 단속하고 외부의 세력을 견제하는 역할을 하는 것이다(윤호필 2007). 따라서 기념물적 지석 묘를 취락의 경계에 축조하여 집단 영역을 명확히 함으로써 집단의 정체성을 확립시키고 집단의 안 녕을 기원한다.

6) 가매장시설의 기능

지석묘의 축조는 축조재료와 구조적 특성, 장례절차, 피장자의 사회적 관계, 가족의 경제력 등 다 양한 변수들로 인해 축조기간이 다른 분묘에 비해 매우 길다.[34] 따라서 피장자를 지석묘에 매장하

---

33) 지석묘의 분포와 교통로의 관계를 검토한 연구를 보면, 선사시대의 교통로가 현대에 이르기까지 중요한 교통로로 상용되고 있음을 알 수 있다. 또한 중요 교통로에 지석묘를 배치함으로써 교통로의 안정성과 교류를 더욱 활발히 할 수 있었던 것으로 보인다(김춘영 2005).

34) 현재도 지석묘를 축조하고 있는 인도네시아 숨바섬에서는 지석묘의 축조기간이 개인의 여러 가지 사정 에 따라 짧게는 한 달에서 길게는 몇 십 년까지 걸리는 경우도 있다.

기 전까지 가매장하는 시설이 필요하며, 이러한 시설이 '殯'이다. 빈의 존재는 아직 고고학적 자료로 확인된 경우는 없지만, 앞서 살펴본 여러 가지 정황으로 볼 때 어떤 형태로든 존재했을 가능성이 높다. 민속자료로는 초분을 만들어 시신을 임시로 매장하기도 하기도 하며, 인도네시아 숨바섬의 민족지자료처럼 시신을 취락 주변의 큰 나무아래에 방치해 두기도 한다. 청동기시대의 경우는 자료의 부족으로 정확한 양상을 파악하기 어렵지만, 같은 지석묘 중 일부가 가매장 시설로 이용되었을 가능성이 있다. 이영문(2011)의 연구에 따르면, 가매장 지석묘는 1면의 개폐가 용이한 탁자식, 높이 50cm 이상인 주형지석을 한 지석묘, 묘역시설이 있는 대형 지석이 고인 기반식 지석묘가 가매장시설로 이용되었던 것으로 보았다. 즉, 상석 하면과 바닥 사이에는 일정한 공간을 마련하여 시신을 보관한 것으로 보았다. 이는 한국 지석묘에서 빈의 존재 가능성을 말해주는 것이라 하겠다.

IV. 맺음말

한국 청동기시대 무덤연구는 주로 외형적 형태와 구조, 출토유물을 연구의 중심에 두었기 때문에 무덤을 둘러싼 사회구조나 사상적인 문제(장송의례, 내세관, 세계관) 등은 많이 다루지 못하였다. 하지만 최근 대규모의 발굴조사로 무덤관련 고고자료가 증가하고, '인지과정고고학(Cognitive-processual Archaeology)'[35)]에 대한 관심이 높아지면서 청동기시대 무덤을 보다 포괄적이고 다양한 관점으로 연구하려는 시도가 증가하고 있다.

청동기시대는 농경의 발달로 사회적 기반이 안정화되면서 복합사회 단계로 들어서게 된다. 이는 사회구조 및 구성원들의 사회적 관계가 다양해지고 복잡해지는 것으로 이에 따른 사상적 변화가 나타난다. 즉, 취락을 중심으로 개인과 집단의 正體性이 강화되고, 취락간의 네트워크를 통해 世界觀이 변화하며, 대규모 분묘군의 조성으로 死生觀과 祖靈觀이 중요한 사상적 기반이 된다. 따라서 청동기시대의 장송의례는 이러한 사회적 변화 양상이 분묘 축조나 장송의례에 반영되어 나타난다. 즉 사자를 떠나보내는 일련의 과정은 보편적인 사회규범이지만 그 속에는 사자의 사회적 지위와 관계, 또는 생자의 사회적 지위와 관계가 분묘의 형태와 규모, 그리고 장송의례 절차에 중요한 요소로 작용한다. 따라서 무덤은 피장자 및 축조자를 표현하는 구조물이자 죽음으로 변화된 사회적 질서와

---

35) 인지과정고고학(Cognitive-processual Archaeology)은 콜린 렌프류(Colin Renfrew)가 주창한 것으로, 인간의 물적 행위에 의해 만들어진 건축물, 예술품, 기타 물건 등을 통해 당시의 사람들이 왜 그것들을 조성하고 만들었으며 어떻게 사람들의 생각이 반영되었는가를 연구하는 것이다. 고고학 자료의 객관성이나 유물론적 인식이 문제점으로 지적되고 있으나 과거 사람들의 사상체계를 밝힐 수 있다는 점에서 매우 유용한 연구방법이다(최몽룡 · 최성락 편 1997, 304~332쪽).

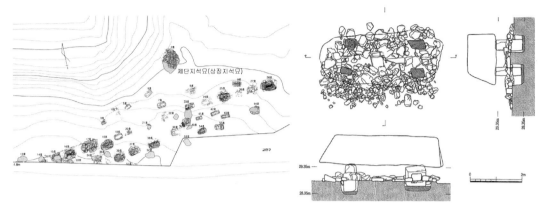

제단지석묘 : 장흥 송정리 갈두 지석묘   가매장시설 가능성 : 고창 죽림리 재해 지석묘
그림 5 _ 지석묘의 의례적 기능

관계를 재정립하는 매개체가 된다. 이는 취락의 규모가 확대되면서 대규모의 분묘군과 거대한 개인 무덤이 조성되고, 취락간 네트워크를 통해 중심취락과 주변취락이 생겨나면서 분묘의 의례적 기능이 보다 강화되어 새로운 의미를 가지게 된다. 즉, 분묘 기능 이외에 농경사회의 기념물로서 제단 기능, 묘표석 기능, 교통로의 표지석 기능, 취락의 경계 표지석 기능, 가매장시설 등의 기능 등이 나타난다. 이는 무덤이 사자를 위한 개인 기념물에서 집단의 공동 기념물로서 기능과 의미가 확대된 것을 알 수 있다.

  지금까지 연구된 호남지역의 지석묘 특징을 요약하면 분포상에서 밀집분포하고 있는 점, 형태와 구조상에서 다양한 형태와 유형들이 나타나고 있는 점, 특히 대형의 기반식 지석묘가 존재하는 점, 지역에 따른 출토유물의 종류와 빈도수에서 뚜렷한 차이가 있는 점, 특히 영산강유역의 박장풍습, 여수반도지역의 청동기와 옥, 고흥반도의 적색마연토기와 채문토기의 부장 풍습, 산지지형인 동부지역 즉, 금강 상류, 보성강을 포함한 섬진강유역, 남해안지역에서의 석검 부장 빈도가 높은 점 등을 들 수 있다(이영문 2009). 이러한 특징들은 장송의례의 다양성을 말해주는 것이지만, 본 발표문에서는 필자의 능력부족으로 세부적으로 검토하지 못하고 장송의례의 일반론적인 부분만을 정리하였다. 이에 대해서는 향후 자료보완을 통해 다시 검토하고자 한다.

참고문헌

가종수, 2009,『지금도 살아 숨쉬는 숨바섬의 지석묘사회』, 북코리아.

강원대학교박물관, 1984,『중도 고인돌 발굴조사보고』.

경기도박물관, 2007,『경기도 고인돌』.

광주박물관, 2003,『보성 동촌리유적』.

국립문화재연구소, 2004,『한국고고학전문사전 -청동기시대편-』.

국립전주박물관, 1995,『특별전 바다와 祭祀 -扶安 竹幕洞 祭祀遺構-』.

국사편찬위원회편, 2005,『상장례, 삶과 죽음의 방정식』, 두산동아.

김동숙, 2002,「新羅·伽倻墳墓의 祭儀遺構와 遺物에 관한 硏究」『嶺南考古學』제30집.

김승근, 2007,「전남지역의 청동기시대 묘제와 고인돌」『아시아 거석문화와 고인돌』제2회 아시아권 문화
　　　유산(고인돌) 국제심포지엄, 동북아지석묘연구소.

김승옥·이종철, 2001,『如意谷遺蹟』, 진안 용담댐수몰지구내 문화유적 발굴조사보고서Ⅷ, 전북대학교박
　　　물관·진안군·한국수자원공사.

김종일, 2005,「경관고고학(LandscapeArchaeology)의 이론적 특징과 적용가능성」『景觀의考古學』, 第1回
　　　國際學術會議. 高麗大學校 考古環境硏究所.

김진, 2007,「전북지역의 청동기시대묘제와 고인돌」『아시아 거석문화와 고인돌』제2회 아시아권 문화유
　　　산(고인돌) 국제심포지엄, 동북아지석묘연구소.

김춘영, 2005,「지석묘를 통해 본 고대의 교통로 -함안지역을 중심으로-」『함안 봉성동유적』, 경남발전연
　　　구원역사문화센터.

都出比呂志, 1991,「墳墓」『日本考古學 -集落と祭祀-』4, 岩波書店.

동진숙, 2006,「古代 祭祀遺構와 遺物」『선사·고대의 제사풍요와 안녕의 기원』, 복천박물관.

복천박물관, 2006,『선사·고대의 제사풍요와 안녕의 기원』.

신기철·신용철, 1990,『새우리말큰사전』, 삼성출판사.

유태용, 2003,『한국지석묘연구』, 주류성.

윤호필, 2000,「동검묘와 그 피장자의 성격에 관한 연구」, 경남대학교 대학원 석사학위논문.

윤호필, 2005,「청동기시대 다중개석무덤에관한연구-의미와분포권을중심으로-」『咸安鳳城里遺蹟』, 경남
　　　발전연구원 역사문화센터.

윤호필, 2007,「고찰: 2.유구」『사천방지리유적Ⅲ』, 경남발전연구원 역사문화센터.

윤호필, 2009,「청동기시대 묘역지석묘에 관한 연구」『경남연구』1, 경남발전연구원 역사문화센터.

윤호필, 2011,「한국 선사시대의 수변의례」『고대 동북아시아의 수리와 제사』, 학연문화사.

윤호필, 2012a,「청동기시대 장송의례의 재인식 -인도네시아 숨바섬 지석묘의 장송의례 비교를 중심으
　　　로-」『무덤을 통해 본 청동기시대사회와 문화』, 학연문화사.

윤호필, 2012b,「경기도지역 지석묘의 장송의례」『인문논총』제30집, 경남대학교 인문과학연구소.

윤호필, 2013,「축조와 의례로 본 지석묘 사회연구」, 목포대학교 대학원 박사학위논문.

이상길, 2000,「청동기시대 의례에 관한 고고학적 연구」, 대구효성가톨릭대학교 대학원 박사학위논문.

이성주, 2000,「지석묘: 농경사회의 기념물」『한국 지석묘연구 이론과 방법』, 주류성.

이성주, 2012,「의례, 기념물, 그리고 개인묘의 발전」『호서고고학』 26, 호서고고학회.

이영문, 1993,「전남지방 지석묘사회의 연구」, 한국교원대학교 대학원 박사학위논문.

이영문, 1994,「지석묘의 기능적 성격에 대한 검토」『배종무 총장 퇴임기념논총』.

이영문, 1999,「호남지역 청동기시대 묘제연구의 성과와 과제」『호남고고학보』 9집, 호남고고학회.

이영문, 2002,『한국 지석묘사회 연구』, 학연문화사.

이영문, 2009,「호남지역 지석묘 특징과 그 성격」『거제 대금리유적 -고찰편-』, 경남고고학연구소.

이영문, 2011,「호남지역 지석묘의 형식과 구조에 대한 몇가지 문제」『호남고고학보』 8호, 호남고고학회.

이영문 · 정기진, 1993,『여천 적량동 상적 지석묘』, 전남대학교박물관.

이영문 · 정영희 · 한옥민, 1997,『무안 성동리 안골 지석묘』, 목포대학교박물관.

이융조 · 우종윤, 1988,「황석리 고인돌문화의 묻기방법에 관한 고찰」『博物館紀要』 제4집.

이융조 · 하문식, 1989,「한국 고인돌의 다른 유형에 관한 연구」『동방학지』 63.

이은봉, 1984,『韓國古代宗敎思想』.

이종철, 2003,「支石墓上石運搬에대한試論」『韓國考古學報』 제50집, 韓國考古學會.

임재해, 1996,『전통상례』, 대원사.

장철수, 1995,「祭禮」『韓國民俗大觀』 제1집, 高麗大學校民族文化硏究所.

조진선, 1997,「지석묘의 입지와 장축방향 선정에 대한 고찰」『호남고고학보』 6.

조진선, 2010,「인도네시아 숨바섬의 거석묘 조영과 확산과정」『고문화』 76, 한국대학박물관협회.

楯山林繼, 1995,「日本의 祭祀遺蹟과 竹幕洞遺蹟」『扶安 竹幕洞祭祀 遺蹟』, 국립전주박물관 개관5주년 기념학술심포지엄 발표요지, 國立全州博物館.

충북대학교 고고미술사학과, 1990,『화순 대전 선사문화(Ⅰ) -고인돌문화-』.

최몽룡 · 최성락 편, 1997,『인물로 본 고고학사』, 한울아카데미.

최성락 · 한성욱, 1989,「支石墓 復元의 一例」『全南文化財』 第2輯, 全羅南道.

하리스 슈켄달, 2004,「인도네시아의 고인돌」『세계 거석문화와 고인돌』, 동북아지석묘연구소.

하문식, 1998a,「東北亞細亞 고인돌文化의 硏究」, 崇實大學校 博士學位論文.

하문식, 1998b,「고인돌의 장제에 대한 연구(I) -화장(火葬)을 중심으로-」『白山學報』 제51집, 白山學會.

Adams, Ron L., 2007,「인도네시아 서 숨바(Sumba)섬 지역에 세워진 거석묘에 대한 민족지고고학적 시각」『아시아의 지역문화와 문화교류』, 전남대학교 BK21 CAA + 전문연구인력양성사업단.

Adams, Ron L., 2007, "The Megalithic Tradition of West Sumba, Indonesia: An Ethnoarchaeological Investigation of Megalith Construction". Unpublished Ph.D. Dissertation, Simon Fraser University, Burnaby, British Columbia.

제3부
청동기시대의 사회

제1장
분묘와 사회

이영문 국립목포대학교

I. 분묘의 사회적 의미

한국 청동기시대 분묘는 지석묘와 석관묘를 비롯한 석곽묘, 구획묘, 토광묘, 주구묘, 옹관묘 등 다양한 분묘들이 일정한 형태로 정형화되어 집단적으로 조성되고 있음은 잘 알려진 사실이다. 청동기시대 사회의 논의는 최근에 취락을 통해 활발하게 진행되고 있지만(송만영 2007; 이형원 2009; 박영구 2016) 주로 분묘와 부장유물로 본 양상에서 꾸준히 진전되고 있다.[1] 청동기시대 사회를 추론하기 위해서는 취락과 분묘를 중심으로 한 생활과 생산, 의례와 제사 등 다각도에서 종합적으로 접근해야 한다. 청동기시대는 대규모 집단 취락과 분묘군의 형성, 상징적인 거석기념물 축조, 논밭 등 경작지의 발견과 다종의 탄화곡물의 확인, 다양한 의례와 제사행위가 행해졌던 흔적이 고고학적으로 증명되고 있기 때문이다.

분묘의 구조나 매장 방법에 있어서 일관성을 가지게 되는 청동기시대의 매장 습속은 정주생활의 결과로 나타난 것이다. 분묘 축소는 묘지 선정에서부터 분묘의 축조, 부장품 등 매장풍습에 이르기

---

[1] 이에 대해서는 한국고고학회에서 '계층사회와 지배자 출현'이라는 주제로 2006년에, 경남발전연구원과 청동기학회 공동으로 무덤을 통한 '청동기시대 사회와 문화'를 2011년에 다룬 적이 있다. 또 분묘나 부장유물의 연구에서 지역성과 함께 사회적 의미도 제시하고 있다.

까지 당시의 문화나 사회상을 반영하고 있다. 지석묘의 경우 거석을 무덤으로 채택한 당시 사람들이 가지고 있는 신앙적인 측면, 상석을 채석해서 옮기는데 따른 전문인과 노동력 등 경제적·정치적인 측면, 무덤에 묻힌 피장자의 신분과 지위 등 사회적인 측면, 유물을 통한 문화적인 측면 등 여러 측면에서 복합되어 축조되었다(이영문 2002). 지석묘는 농경사회의 기념물로 집단의 결집에 의한 집단 의례의 결과물을 상징하고 있다.

청동기시대 모든 분묘와 의례는 해당 시기와 지역에 존재했던 정치·사회적 토대, 생업유형 등 경제적 기반, 생사관 또는 세계관과 관련된 이념적·종교적 영향에 따라 나타난 현상이다. 즉 사후세계에 대한 생사관과 조영관 등 원시신앙(종교)이나 사상에 기초하여 사회적 현상이나 의미로 축조집단의 위상을 드러내고 집단 내에서 피장자의 존재를 분묘로 표현되었다고 할 수 있다. 분묘들은 특정 집단의 신앙에 기초한 사회적 관습과 규범에 의해 축조되며, 이는 관습과 경험에 근거한 전통을 유지하게 되고, 무덤에는 집단 구성원들의 성향들이 반영된 것이다. 청동기시대의 분묘는 농경사회에서 집단들의 전통성과 집단 내외의 계층성을 상징적으로 보여주며, 공공의 의례와도 관련되는 등 당시의 사회적 복합도를 대변해 주는 중요한 고고학 자료이다.

분묘를 통한 사회 연구는 매장구조가 확인되지만 부장유물이 빈약하고, 발굴된 유구 수도 제한적이고, 분묘간의 시기 차나 동시기성을 파악하는데 어려움이 있다. 하지만 가장 많이 조사되고, 지표상에서 쉽게 확인되는 지석묘는 타 분묘에 비해 많은 정보들이 축적되어 왔기 때문에 사회 연구에 귀중한 자료가 된다. 분묘에 나타난 사회 유추 자료는 차별적 입지와 군집, 분묘의 규모와 구조, 부장유물의 종류와 부장방식, 묘역의 유무와 조합 양상 등을 들 수 있다. 이러한 분묘의 축조와 특정 유물의 부장에서 개인이나 집단의 위계나 계층의 지표는 분묘에 묻힌 피장자, 피장자가 속한 집단, 혈연집단(혈연공동체) 또는 지연집단(지역공동체)간의 유기적인 관계 등 여러 측면에서 접근할 필요가 있을 것이다.

Ⅱ. 분묘에 나타난 제 사회 양상 유추 자료

분묘를 통해 청동기시대 사회를 어떻게 접근할 것인가? 이의 접근은 다양하게 나타나는 분묘의 여러 요소와 속성에서 추론할 수밖에 없다. 분묘에는 개인 신분이나 집단 간의 계층, 의례와 관련한 사회적 성격을 상징적으로 보여주는 것이다. 분묘는 집단 구성원들의 합의하의 묘지 선정, 집단의 전통과 경험에서 분묘의 축조, 집단과 피장자와의 관계속에서의 부장풍습, 무덤군의 배치와 조합에서 분묘 집단의 위상과 구성원의 성향 등을 살펴볼 수 있을 것이다.

1. 차별적 입지와 형태

분묘의 입지는 평지에서부터 구릉, 산기슭까지 다양한 모습을 보이고 있다. 평지에 조성된 무덤군 주변에는 생활유적과 공존하는 양상이며, 구릉이나 산기슭에서는 주로 분묘군이 조영되어 있다. 차별적 입지를 가진 분묘는 대형지석묘로 대형의 탁자식과 기반식이 있다. 대형 탁자식 지석묘는 지상에 구축된 석실이 크고 웅장하며, 대형 기반식 지석묘도 상석이 웅장하지만 석실이 발견되지 않는 것이 특징이다. 입지는 주변

그림 1 _ 대표적 상징 지석묘(중국 석붕산 지석묘)

에서 관망되는 구릉 정상부나 산기슭 대지상에 위치하고, 주로 단독으로 배치되어 있다. 외형적인 규모나 구조는 여타 지석묘들과는 확연하게 돋보이는 형태이다. 무덤으로 보다는 집단의 상징 기념물적인 성격이 강한 지석묘들이다. 상징 기념물은 집단들이 공동의 제장이나 의례의 장소에 세워진 제단이나 공공집회장소로서 상징물이다.

대형 지석묘는 단독으로 배치된 것과 분묘군과는 얼마간의 거리를 두고 배치된 것이 있다. 단독입지의 대형 지석묘는 집단들의 기념물, 즉 여러 혈연집단들로 구성된 지역공동체의 상징적 기념물로 본다면 일정한 영역을 배경으로 한 지역공동체가 형성되었다고 추론해 볼 수 있다(하문식 1999). 분묘군 내의 규모와 형태에서 차별화된 대형 지석묘는 열상의 분묘군과 얼마간 거리를 두고 지형적으로 높은 곳에 독립 입지한다. 또한 수십기가 수 열로 배치된 대군집을 이루고 있는 것이 특징이다. 분묘군을 상징하는 묘표석 지석묘로의 역할을 한 대형 지석묘는 지역공동체의 상징 지석묘를 자신들의 분묘군 상징물로 축조한 것이다. 이런 지석묘 조성집단은 일정한 지역을 영역권으로 한 지역공동체를 대표하는 세력이여야 가능할 수 있는 일이다. 그 지역에서 가장 유력한 세력 집단의 분묘군으로 상정할 수 있을 것이다(이영문 2011).

이외 대규모 분묘군이 있다. 입지가 평지라도 평지보다는 높은 지형에 해당하는 곳이며, 대부분 산기슭 대지상에 조성되어 평지가 내려다보이는 곳이다. 주변의 평지나 구릉 입지 분묘군과는 차별화되어 있고, 수열로 배치된 것이 특징이다. 그 중심을 이룬 분묘는 호서지역의 경우 석관묘도 있지만 주로 지석묘군이다. 군집성에서 여타 분묘들과 차별화되고, 오랜 기간 축조된 점으로 보아 지역공동체의 대표 집단의 무덤군으로 볼 수 있는 것이다.

2. 분묘 군집과 배치 양상

분묘의 군집과 배치 양상은 조성집단들의 성향에 따라 조성 기간이나 친연성 관련도가 반영되어 있기 때문에 혈연집단 구성원 단위, 분묘간 우열의 차이에서 사회 조직이나 구조를 파악하는데 유용한 자료가 될 수 있을 것이다.

군집 수의 차이는 그 조성집단의 상징성과 우열의 차이를 반영한다고 할 수 있다. 분묘의 군집 수가 많을수록 상위집단의 무덤군 또는 장기간에 걸쳐 축조되는 기간과도 관련성이 깊다. 분묘의 군집은 거대한 군집분묘군, 분산 군집, 개별 군집 등 여러 양상이 나타나고 있다. 1기만 있는 것과 쌍으로 배치된 분묘는 구릉상이나 산기슭 대지상 같은 우월적 입지가 특징이다. 지석묘는 대형으로 집단의 기념물적인 성격을 가진 것이다. 석관묘나 토광묘는 주로 전기의 분묘에서 나타나며, 부장유물과 입지로 볼 때 우세 집단의 유력자 무덤으로 추정해 볼 수 있다. 하지만 집단의 신성한 제단적인 성격을 가진 무덤이나 여러 사람의 화장 흔적에서 공동 화장 무덤도 있다. 소군집은 주로 전기의 군집 양상인데, 대개 3~6기 정도여서 집단 내의 우세한 혈연집단의 무덤으로 당시 가족 구성원을 추론할 수 있는 자료이다. 대군집은 주로 중기에 성행한 것으로, 여러 소군집들로 조합되는 경향이 강하다. 각 소군집들이 오랜 기간에 걸쳐 조성되어 대군집 분묘군을 이루고 있기 때문에 혈연공동체의 공동 무덤의 성격을 띤다. 대군집의 분묘군은 부장유물의 빈도가 높고, 누세대적으로 일정한 영역 범위 안에서 한정되어 조영된 점에서 지역공동체의 중심이 되는 유력집단의 묘역으로 상정된다. 하지만 한 혈연집단이 누세대적으로 조영된 묘역인지 여러 혈연집단의 공동 묘역인지에 따라 당시 사회의 구성을 달리 해석할 여지가 있다.

분묘의 배치상태는 단독, 군상, 열상, 열상+군상 등으로 나누어진다. 열상 배치는 1열에서 2~3열 등 복열 배치도 나타나기 때문에 분묘군 간의 시간성을 반영하고 있다. 열상 배치는 혈연적으로 친연성을 시사해 주는 자료이다. 군상 배치는 소군집 단위가 모여진 것과 지석묘를 중심으로 주위에 석관묘가 배치되어 가족 구성원 단위를 추론할 수 있다. 군집과 배치양상은 대군집의 경우 3열 이상의 열상과 열상+군상으로, 중군집은 주로 1열 주이고, 소군집도 군상이 많아 분묘간의 우열을 나타내는 근거로 삼을 수 있을 것이다.

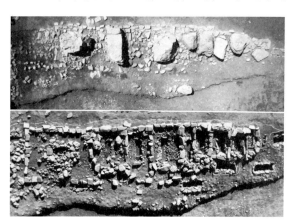

그림 2 _ 지석묘 상석과 연접석실, 소형석실 배치상태
(여수 월내동)

3. 분묘의 구조나 규모, 묘역시설

　분묘의 구조나 규모는 당시 사회에서 어떤 의미가 있는가? 청동기시대 분묘의 기본적인 구조는 장방형 묘광 안에 목관, 석관, 석곽 같은 구조물을 마련한 것이 일반적이기 때문에 대체로 분묘구조를 공유하고 있다고 할 수 있지만 지역에 따라 차이는 있다. 분묘의 구조는 관습적인 매장방식과 전통성이 강하여 분묘 조영집단의 성향을 알 수 있는 중요한 지표가 될 수 있다. 세부적인 구조 차이는 지역에 따라 축조 집단의 선호도가 달리 반영되고 있는 점에서 지역성을 살피는데 하나의 자료로 삼을 수 있다.

　석실 규모의 차이는 피장자의 신분을 나타낸 고고학적 자료인가? 무덤의 크기는 정형성이 보이지 않으며, 시기에 따라서 장법이나 피장자의 연령에 따라 매우 다양하게 나타날 수 있다. 전기의 대형 석곽묘는 거의 단독으로 동검과 석검 같은 위세품을 비롯한 석촉과 옥, 부장토기 등이 발견되어 집단 내 유력자의 무덤으로 추론하고 있다. 중기의 무덤은 크기에서 차별화되어 있고, 동검이나 석검, 부장토기 등이 주로 1점씩만 부장되어 혈연집단 내에서 유력자와 그와 관련된 가족도 상정할 수 있을 것이다. 하지만 깊은 묘광과 3중 적석 등 막대한 노동력이 요구된 무덤들도 출현하여 집단 내 유력자의 등장도 상정해 볼 수 있다. 소형 석실은 전기와 중기에 걸친 다수 발견되고 있으며, 일부 단독인 것도 있지만 대부분 군집군의 외곽에 배치된 양상이다(이영문 2015). 소형 석실의 피장자가 동일한 가족 구성원인지 아니면 순장같은 배장묘의 성격인지도 살펴보아야 하고, 어린아이 무덤인지 성인의 세골장인지, 화장인지 등을 분석을 통해 밝혀야만 당시 사회를 이해하는데 도움이 될 것이다.

　거대한 묘역시설은 주변 타 분묘와 확연히 차별화되어 있고, 군집되었다 하더라도 독립되어 조성되고 있기 때문에 당시 사회를 논하는데 의미가 크다고 할 수 있다(김승옥 2006; 안재호 2012; 우명하 2016). 거대한 묘역 규모는 당시 사회에서 지역공동체 집단들의 인력이 동원되었을 것으로 추론되고, 무덤의 조성에서 차별화된 피장자의 위상과 그 집단의 상징성이 반영되었을 가능성이 많다.

그림 3 _ 최대 유력자 상징 초대형 묘역(진주 초장동)

4. 부장유물과 부장풍습

　분묘의 부장유물은 피장자의 신분을, 부장풍습은 조영집단의 성향을 보여주는 지표인가? 부장유

그림 4 _ 신분 상징 대표적 부장유물
(비파형동검과 석검, 여수 월내동 적량동)

물은 피장자가 생전에 사용하거나 애용한 물품으로 피장자와 직접 관련된 유물, 피장자를 위한 부장유물로 특별히 제작한 집단의 상징적 유물, 교역이나 교류를 통해 확보한 유물이나 피장자를 위해 가져 온 유물 즉 주변 집단과의 교역과 진상 유물 등으로 나누어 볼 수 있다. 당시 최고의 공예품인 부장유물은 피장자의 사회적 지위나 신분을 반영한 것인가 또는 축조집단의 위상을 반영한 것인가 등을 유물의 성격에 따라 달리 해석될 수 있다. 청동검, 석검, 옥, 부장토기 등은 당시 사회의 위세품의 상징으로 보고, 등급화해서 계층사회의 근거로 삼기도 한다(배진성 2007). 청동검과 석검의 경우는 유력자 신분의 상징물로 보는 것이 일반적이지만 석검이 사회적 권위나 집단의 유력자의 상징물에서 점차 의례적 성격이 강하고(平群達哉 2013; 이재언 2016), 석검이나 석촉이 서로 다른 집단들 사이의 연결을 강조하는 상징적 의미(우정연 2010)를 지닌 것으로 시기에 따라 다양하게 해석될 수 있다.

분묘에서 동일한 유물과 부장 풍습은 축조 집단의 오랜 전통과 관습, 관례가 복합되어 집단의 선호도와 전통성이 반영되어 있기 때문에 동족집단의 성향을 보여주는 것이고, 지역 간의 차이에서 지역성도 파악하는데 유익한 자료이다. 부장유물은 피장자 개인이 아니라 일정 단위 혈연집단 전 구성원 차원에서 해석할 수 있고, 부장유물을 근거로 피장자 신분, 등급화 가능성, 불평등사회인지 등을 파악할 수 있을 것이다. 부장양상에서 부장유물의 유무와 유물의 종류, 부장유물의 양적이나 질적인 차이, 세트화된 부장유물 등은 이를 판단하는데 기준이 될 수 있다.

부장유물 중 파검과 파촉 행위는 유력자 무덤에서만 확인되는 점도 주목해 보아야 한다. 이를 피장자의 사회적 지위나 신분을 부정하는 의미로 해석되기도 한다(하인수 2000). 부장유물이 인접 지역과의 교류 또는 교역에 의한 것이라면 교역 물품이 어떤 것이 있는가를 추정해 볼 수도 있고, 이를 통해 당시 교역로 또는 교통로 설정 등도 추론이 가능하다. 각 유물의 제작 집단의 설정과 이와 관련된 전문 장인집단도 추정해 볼 수 있지 않을까 한다. 부장유물이나 부장 방식 등 풍습의 공유는 집단간의 친연성을 강하게 반영되고 있다고 할 수 있다. 이 풍습의 공유와 차이는 집단 간의 문화권을 설정하는 자료로 활용될 수 있을 것이다. 물론 동 시기라는 전제가 있어야 하지만 매장풍습의 전통성과 보수성에 비추어 보면 지역권 설정을 통한 소 영역권도 가능할 것이다.

Ⅲ. 분묘에 반영된 사회상

청동기시대 고고학 자료를 통해 당시 사회상을 추론하는 데는 많은 한계가 있으며, 추론할 수 있는 유적도 많지 않다. 그 중 분묘는 다른 유적에 비해 많은 정보를 내포하고 있다. 분묘에는 정형성을 가진 무덤의 존재, 군집성, 차별화된 입지와 형태, 규모와 구조, 부장유물과 부장풍습 등은 당시 사회상의 일면을 반영한 것으로 볼 수 있는 요소들이다.

1. 혈연집단의 형성과 농경사회인가

청동기시대 분묘들은 단독도 있지만 군집을 이루고 있는 것이 큰 특징 중 하나이다. 동일한 형태의 무덤들은 친연성이 강한 집단에 의해 조성되었고, 무덤 방향이 일정한 열상 배치나 소군집은 혈연적인 관계를 암시한다. 대규모로 조성된 분묘군은 혈연 중심의 집단들이 여러 세대에 걸쳐 무덤을 축조했음을 보여주는 것이다. 집단의 상징인 분묘를 대를 이어 조영한 것은 혈연을 중시하는 조상숭배의 개념이 확립되어 있음을 시사한다.

이러한 분묘군의 조영은 수렵과 채집의 유목사회와는 달리 일정한 지역에서 안정적으로 식량을 확보할 수 있는 농경사회여야만 가능한 일일 것이다. 지석묘 축조 같은 대규모 노동력이 동원된 분묘 축조는 일정한 범위를 중심으로 정착생활을 하는 다수의 집단들이 존재하고 있어야만 가능하다. 청동기시대에 논밭 등 경작 유구가 확인되고, 주거지에서 각종 곡물자료가 검출되어 당시 벼농사(도작)와 밭농사가 활발한 본격적인 농경이 행해졌음이 이를 뒷받침하고 있다. 이를 바탕으로 일정한 범위의 생활권과 영역권이 형성된 지역에서 혈연을 중심으로 한 공동체 집단들에 의해 정형화된 분묘가 조성되었다고 볼 수 있다. 분묘 조성은 여러 집단들의 협동과 결속력을 다지기 위해 일정한 지역 내에서 공동체 사회, 즉 혈연집단 간의 거족적인 행사의 일환으로 자기 조상의 무덤뿐 아니라 집단의 기념물을 축조하였다고 할 수 있다. 특히 지석묘 축조는 공동체 사회 힘의 결집과 협동 체제가 갖추어져 사회적인 통합과 집단의 응집력을 키우는 데 큰 역할을 하였던 것이다.

그림 5 _ 부부와 자녀의 가족단위를 보여준 지석묘
(화순 다지리 월정)

2. 위계화된 계층사회인가

청동기시대 위계화와 계층사회의 논의는 분묘에 드러난 고고학 자료를 기초로 하여 축조에 동원된 구성이 가족구성원인지, 혈연집단인지, 취락공동체인지 혹은 그 상위의 지역집단인지에 따라 위계와 계층화 정도를 판단할 수 있을 것이다. 축조에 동원된 인력도 자발적인지 강제 동원인지에 따라 사회적 성격이 달라질 수 있으며, 이에 따라 공동체의 협력체계가 강한 사회인지 개인 유력자에 의해 강제력이 있는 사회인지 등을 논할 수 있을 것이다.

1) 위계화와 계층화 문제

분묘에서 보이는 권력과 위계의 지표는 분묘 축조에 따른 노동력의 양과 질, 분묘의 규모와 배치형태 · 입지, 위신재의 종류와 부장유물의 양과 질, 종교적 의례 행위 등에서(김승옥 2007), 계급과 계층의 발생은 개인이나 집단의 불평등에서 나타난 현상으로 묘제, 장송의례, 분묘 제사에서(이상길 2007), 분묘축조, 석검 출현, 무기부장 등은 당시 계층화의 표지적 현상을 반영한 것으로 추론하고 있다(배진성 2007). 이처럼 청동기시대 사회 추론에서 많이 논의되는 위계화는 분묘의 규모와 구조, 분묘 축조의 시작과 석검의 출현, 청동기 부장의 희귀성이나 마제석검의 부장비율을 통한 사회내의 불평등에 대해 언급되어져 왔다. 특히 청동기시대 중기 사회는 전기에 비해 분묘 수의 증가와 성행하고 있어 분묘의 구조, 부장유물의 질적이나 양적의 차이 등에서 위계에 대한 논의가 활발하게 진행되고 있다.

계층사회에 대해서는 분묘의 부장유물과 군집수(이영문 2002), 부장유물의 세트 관계(배진성 2011), 분묘의 구조양상(김승옥 2006) 등에서 주로 논의되고 있다. 무기 비율과 조합 양상이 계층화를 반영한다는 견해도 있다(황창환 2013). 이러한 논의는 분묘에 불평등이 반영된 것으로 분묘군에서 대규모 군집과 차별화된 묘역, 청동검과 석검, 옥 등이 부장된 분묘, 유물의 조합상 등이 분석 대상이다. 물론 동시성이라는 측면에서 전제가 있어야 논의가 가능하다 할 것이다. 우세한 신분의 소유물로 본 석검(청동검)을 포함하여 호, 옥 등이 부장되는 양상과 분묘의 군집 수에서 계층성을 살펴거나, 청동검이나 석검 출토 무덤과 다른 부장품과의 세트관계를 바탕으로 계층구조를 논하고 있다.

이외에도 지석묘의 축조 및 의례를 바탕으로 위계화된 계층사회로 발전하였다거나(윤호필 2011), 도작농경과 청동기술이 사회적 변혁을 가속화 시킨 요인에서 지석묘사회를 계층사회로 보기도 한다(유태용 2005). 한편 부장유물에서 본 매장의례의 공유는 계층화의 수단보다는 사회적 통념을 지닌 문화권의 사람들이 자발적 참가하는 사회적 통합으로 해석하기도 한다(장용준 · 平群達哉 2009).

계층사회에 대한 부정적인 견해도 있다. 분묘군의 규모는 조영 기간의 차이이며, 무덤 구조와 부

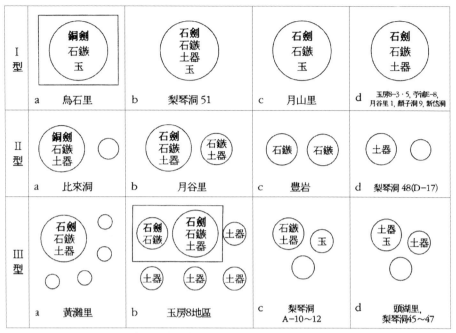

그림 6 _ 부장유물의 조합으로 본 전기 분묘의 유형(배진성 2007)

장유물의 관계에서 뚜렷한 신분이나 계층차이를 발견할 수 없다는 것이다. 또한 계층 차이보다는 동일 시기에 개인적 역량이 반영된 것이고, 동일한 석검의 부장은 유사한 내세적 세계관의 공유에서 나타난 현상이라는 것이다. 하지만 남한지역의 청동기시대 중기 분묘에는 유력자나 유력집단을 상정할 수 있는 자료들이 많기 때문에 위계나 계층화를 논할 수 있으며, 시기에 따라 지역마다 분묘 양상이 다른 점에서 사회 복잡화는 다양하게 전개된 것으로 볼 수 있다.

2) 유력자[2]의 등장

청동기시대에 사회 구성원 중 일부 특정 집단이나 개인만이 분묘를 조성하였다는 것이 일반적이다. 이런 점에서 분묘의 규모나 구조, 부장유물에서 유력자를 상정하고 있다. 청동기시대의 무덤 규모와 부장유물의 관계를 보면 규모 치이가 없시만 유물의 질과 양의 차이가 있는 무덤, 규모 차이가

---

2) 차별화된 분묘를 통해 유력자, 지배자, 지도자, 리더, 수장 등 다양하게 쓰고 있다. 여기서 유력자로 사용한 것은 당시 지배체제가 갖추어진 사회였는가와 관련하여 지배층와 피지배층의 구분하기 쉽지 않고, 협동체제에 기반을 둔 공동체사회라는 의미에서 이다.

그림 7 _ 상징 지석묘와 대규모 분묘군(여수 월내동)

있지만 부장유물에 차이가 없는 무덤, 규모와 부장유물이 비례한 무덤 등 다양한 양상으로 나타나고 있다. 유력자 분묘로 추정되는 자료는 단독 또는 소군집에서 신분 상징유물이 부장된 분묘, 여타 무덤들과는 차별화된 규모와 구조를 가진 분묘, 차별화된 묘역과 상징유물 출토된 분묘 등을 상정한다. 특히 장타원형과 장방형 묘역시설이 잇대어 쌍으로 배치되고 한쪽에 소형 석실이 있는 분묘는 유력자의 부부와 그 자녀로 판단되고 있다. 성인과 함께 어린아이까지 무덤을 조성한 것은 유력자들의 신분 세습의 가능성도 추론해 볼 수 있는 자료이다.

부장 유물 중 유물 제작의 전문성, 재료의 희귀성, 사회적 상징성에서 청동검, 석검, 옥, 부장토기 등을 유력자와 관련해 보고 있다. 청동검과 옥은 제작 기술이나 산지의 한정된 점에서 교역을 통해 유력한 집단이나 신분 소유자 무덤에 부장된 것으로, 석검은 신분을 상징하거나 지위를 나타내주는 유물로 집단에서 상위신분의 소유자로 볼 수 있다. 비파형동검이나 석검의 부장은 전투 지휘자로서 유력자 또는 유력 집단의 등장을 반영하는 한다고 보는 견해도 있다(손준호 2011). 토기 또한 단지형으로 부장 의례적 측면에서 일반인과는 다른 신분으로 추정이 가능하다(송영진 2006).

이런 점에서 보면 청동기시대는 유력자 분묘가 등장하였다고 하겠지만 유력자들이 집단 내에서 어떤 역할을 하였는지, 그 지위는 어떻게 형성되었는지 등 진전된 연구가 있어야 한다. 집단의 상징적 기념물이나 매장풍습과 의례를 통해 청동기시대 유력자들은 사회적 갈등을 해결하고 질서를 유지하기 위한 수단으로 활용하였다고 한다. 분묘를 통해 일부는 비교적 계층분화가 이루어져 유력자 신분이 뚜렷하게 나타나지만 대부분의 경우 계층분화가 덜 이루어져 비교적 수평적 평등사회에 가까운 자료들이다.

3) 유력 집단의 형성

청동기시대의 사회 구조에서 유력집단의 출현 과정은 개인적 권력이나 집단을 상징하는 차별적인 묘역을 가진 지석묘, 대형의 상석을 가진 우월적 입지, 공동체적 가치를 추구하는 신전이나 제단 지석묘 등을 들 수 있다. 하지만 주로 지석묘를 중심으로 하여 그 군집 수, 부장유물, 석실의 구조와 배치상에서 추론하고 있는 실정이다. 지석묘의 군집 안에서의 분포 수 차이는 지석묘를 축조한 집단의 규모나 축조 기간과 관련되어 축조집단간의 세력이나 사회적인 위치를 반영한 것으로 볼 수 있다.

유력집단으로 볼 수 있는 분묘는 군집 수가 많고 비교적 부장유물이 많은 분묘군, 거대 묘역 분묘와 함께 조성된 대규모 분묘군 등을 들 수 있다. 동일한 집단에 의해 분묘들이 대규모로 조성된다고 하는 것은 같은 집단들이 누세대적으로 분묘를 조성한 것을 의미한다. 이런 분묘군에서 세대별로 조성된 분묘군들이 조합되고 있는 점과 상징 유물을 부장한 분묘가 다수 존재한 점에서 세대공동체에서 유력 집단의 분묘군으로 상정할 수 있다. 초대형 묘역을 가진 분묘와 함께 조성된 분묘군은 거대한 묘역이 분묘군내에서 독립성이 강하고, 규모와 형태에서 세대공동체에서 상징성을 보여주는 것이다. 이러한 양상에서 주변 분묘군과 차별화된 상징적인 분묘 조성은 유력 집단의 등장을 의미하고, 집단의 위계화를 상정할 수 있는 근거이다. 혈연집단의 공동 묘역에서 세대공동체장과 같은 강한 유력자의 존재와 함께 더 발전된 세대공동체 내의 유력자들의 분묘군으로 볼 수 있을 것이다. 유력 집단은 유력자들의 지위를 합법화하면서 집단의 우월적 존재를 과시하고, 정치적 이데올로기로 조상 숭배를 신성시하기 위해 많은 노동력을 투입하는 대규모 묘역을 조성하거나 초대형 묘역분묘를 축조하는 배경이 되었을 것이다. 하지만 이런 양상은 전 지역에서 각기 다른 분묘 형태와 구조로 확인되지만 청동기시대 중기의 남부지역에서 뚜렷하게 나타나고 있다.

3. 집단간 지역권과 영역권이 형성된 사회인가

분묘에서 일정한 범위를 가진 문화권 또는 영역권이 존재하였는가. 이는 분묘의 형식, 구조적 특징, 부장유물과 그 양상 등에서 접근할 수 있을 것이다. 지석묘의 외형적인 형태는 축조집단의 상징적 의미를, 구조적 특징은 분묘 집단들 간에 축조 방식의 공유를, 부장유물은 축조집단의 문화적 수준과 내세관이 반영되고 있다고 보이기 때문이다.

지석묘 중 입지의 우월성이나 규모의 웅장함, 형태적 특이성을 가진 대형 지석묘의 존재는 무덤의 기능 보다는 공동체 의식을 돈독히 하는 상징 기념물로 축조되었음을 시사한다. 즉 일정 영역을 바탕으로 한 지연집단들의 공동체사회를 구성하는 정신적인 어떤 상징 기념물이 있을 것으로 상정할 수 있을 것이다. 이의 분포는 같은 문화권이나 영역권으로 설정할 수 있지 않을까 한다. 동북아시아 지역이 하나의 지석묘 문화권을 형성하고 있지만 탁자식과 기반식이라는 특징적인 형태가 지역을 달리해 분포하고 있다. 이와 같은 양상에서 단독으로 입지한 대형 지석묘로 보아 한강유역을

그림 8 _ 대표적 탁자식 상징지석묘(포천 금현리)

그림 9 _ 대표적 기반식 상징지석묘(화순 벽송리)

경계로 탁자식 지석묘 문화권과 기반식 지석묘문화권으로 크게 설정할 수 있을 것이다. 분묘 축조와 부장유물의 양상, 부장습속의 공유, 지석묘 밀집분포 양상 등에서 청천강유역을 경계로 중국 동북지역과 한반도를 각각의 지역권(문화권)으로 나누기도 한다(배진성 2012).

위의 문화권 안에서 지역에 따라 무덤의 형태와 구조에서 차이가 있고, 부장유물의 양상에서 좀더 세분된 소문화권을 설정할 수 있다. 무덤의 형태와 구조에서도 대동강유역을 중심으로 한 넓은 적석묘역에 5~6기의 석실이 있는 집장묘 성격이 유행하지만 남해안지역에서는 거대한 묘역을 가진 단장묘가 성행하여 지역적 차이가 크다. 분묘의 부장유물로 보면 청천강 이남지역에서 석검과 석촉, 관옥이 부장유물로 출토되어 하나의 부장풍습을 가진 문화권을 형성하고 있다고 할 수 있다. 석검의 세부 형식은 북한지역은 세장한 경부에 홈이 있는 유경식 석검이 출토된 반면에 남한지역의 짧은 경부 양쪽에 홈이 있는 유경식 석검으로 차이가 있다. 이단병식 석검은 주로 남한지역에서 광범위하게 출토되지만 이중 유절병식은 경남 남해안에서 낙동강유역에 집중되어 있다. 일단병식 석검도 유절병식이 남한 전역에서 출토되지만 유단병식은 보성강유역과 여수·고흥반도에 집중되어 있다(이재언 2016). 이처럼 유물 형식에 따른 부장행위는 부장풍습이 공유된 지역으로 하나의 지역권으로 볼 수 있다. 시기적인 차이가 있지만 지역에 따라 상이한 요소들은 소단위의 집단의 성향을 반영한 것으로, 이를 좀더 세분하면 각 지역별로 소단위 영역권이나 생활권도 설정할 수 있을 것이다.

지역권 또는 영역권 추론 연구는 초대형 지석묘간의 거리, 지석묘의 밀집분포권 지역간 거리, 지석묘의 분포범위 등에서 논의되었다. 당시 하나의 영역권을 가진 지역공동체의 상징기념물인 초대형 탁자식 지석묘간의 거리는 중국 동북지역이 30~40km와 60~70km로, 북한지역이 30km와 60km 내외라고 한다(하문식 1999). 전남지역의 지석묘 밀집분포권들 간의 거리가 30~40km라는 견해와도 일치하고 있다(이영문 1993). 또 지석묘 축조집단의 생활권 경계나 교통로에 분묘 배치는 전남지역 지석묘의 대밀집분포권 안에서 3~6개의 소밀집군간의 거리는 6~10km로, 한강유역과 금강 갑천지역의 지석묘 밀집군을 중심으로 반경 3.5km(7.0km의 범위) 범위 안에 있다고 한다(박순발 1997). 또 여수반도의 대군집 지석묘는 적게는 2~3km, 많게는 5~10km의 거리를 두고 있다(최성훈 2015). 이러한 분석은 동시기에 지석묘를 축조한 집단의 존재가 전제되어야 하지만 이 또한 의미있는 분석으로 참고가 될 수 있을 것이다. 이러한 범위에서 30~40km는 지역공동체 집단의 영역권으로, 5~10km는 혈연공동체 집단의 생활권으로 설정할 수 있지 않을까 한다.

4. 전문집단과 교역이 활발한 사회인가

청동기시대는 전문집단의 존재와 활발한 교역이 이루어졌던 것으로 보고 있다. 지석묘의 축조와 관련하여 상석의 채석, 운반, 축조 기획에서 전문인의 존재와 계급 발생을 논하고(최몽룡 1981), 청동검과 석검, 옥 등은 재료의 희귀성이나 제작의 전문성으로 전문인과 전문집단을 추론하고 있다.

비파형동검의 형태적 다양성은 제작에 각기 다른 주범이 사용되었거나 제작 방법의 차이에서 나타난 현상이다. 전남지방 출토 비파형동검에 대한 비파괴 형광 X-선 분석에서 한 석실에서 공반된 유물, 동일 분묘군, 인접 지역에서 성분 계열이 같게 측정되었다. 동일한 성분 계열은 동일한 주물에 의해 제작되었다는 점에서 청동검 제작 집단의 존재를 시사한다(이영문 1998). 비파형동검의 납동위원소 분석에 의해 남한산으로 판명되고, 여러 차례에 주조가 이루어진 점들은 청동기를 제작하던 전문 집단이 남한지역에 존재하였을 가능성이 많다. 또한 일부 동일한 주범에 의해 동일 제작 집단에 의해 주조되었을 가능성도 매우 높다.[3]

석검에 사용된 석질은 산지가 한정되고, 형태와 재질이 동일한 석검이 광범위하게 출토된 점에서 석재의 구입과 석검 제작 집단이 있었을 것으로 보고 있다. 무늬가 있는 석검과 병부가 과장된 석검은 남해안지역에 주로 발견되어 석질에 대한 식견과 제작 방법을 공유한 전문인에 의해 제작되었을 것으로 보고 있다(이종철 2016). 분묘 축조 집단들이 자체 제작하였을 가능성도 많지만 아직 석검 제작장이 발견되지 않고, 동일 석검이 원거리에서도 발견되어 전문집단에 의해 생산하여 교역품으로 주변 집단에 공급하였을 가능성도 있다.

부장품으로 선호한 옥은 산지가 매우 한정되고, 관옥이 벽옥제로, 곡옥이나 환옥 등이 천하석제로 제작되어 옥의 형태와 옥 재질에 차이가 있다. 남강댐유역에서 천하석제 옥의 제작과정을 보여주는 일련의 유적이 확인되어 옥을 제작 생산하는 전문집단으로 상정되고 있다. 여기서 생산된 동일한 형태의 곡옥과 소옥, 환옥 등은 특히 남해안 지역 분묘의 부장품으로 다수 발견되고 있다. 그 범위는 40~70km까지 미치고 있는 것으로 알려져 있다(최종규 2002). 이는 교

그림 10 _ 교역품 상징 천하석제 옥(여수 평여동)

---

3) 부여 송국리, 여수 적량동 7호, 창원 진동리 출토 완형의 비파형동검은 33.0cm 내외로, 경부 길이, 검신 길이, 검신하단 길이, 융기부 두께에서 0.1cm에서 0.5cm 이내로 차이가 거의 없다. 이 세 점 중 마산 진동리 동검은 후대에 날부분을 갈아 직선화 되어 돌기부 폭 차이만 있을 뿐 크기나 형태에서 거의 같다.

역을 통해 주변 지역으로 유통되어 각 분묘집단들이 부장유물로 선호하였다고 볼 수 있는 것이다.

이러한 특정 유물은 제작에 전문 장인과 교역의 존재를 시사한 것이다. 특히 청동기시대 중기에는 다양한 전문 장인집단이 존재하여, 집단간 활발한 교역이 이루어졌다고 할 수 있다. 분묘의 부장유물로 선호된 석검, 옥 등의 교역이 활발한 것은 집단 간에 분묘 조성이 경쟁적으로 성행한 것과 무관하지 않을 것이다.

Ⅳ. 분묘로 본 사회의 변천

청동기시대의 시기 변천에서 전기부터 분묘 축조가 이루어졌으며, 중기에 급격히 분묘 조성이 성행하고 더욱 발전된 분묘들이 등장한다. 분묘에 나타난 사회상도 전기와 중기는 매우 다른 양상으로 전개되는 양상이다. 청동기시대는 평등사회에서 유력자가 등장하고 유력집단이 형성되면서 계층사회로 이행하는 시기이다. 시기에 따라 유력집단의 유력자와 그 가족 무덤을 축조하다가 혈연집단 간의 공동 묘역에서 유력자만 거대한 개인묘로 발전해 가는 양상이다. 최근에는 다양한 취락에서 분묘군의 존재, 대규모 취락과 소규모 취락의 조합, 거점 취락의 등장 등에서 취락간의 계층화도 논의되고 있다(이형원 2009; 박영구 2015).

1. 청동기시대 전기 사회

청동기시대 전기에는 다양한 분묘가 조영되었지만 발견된 수는 그리 많지 않다.[4] 이는 당시 사회에서 화전 같은 밭농사 중심으로 취락단위의 빈번한 이동으로 분묘를 조성되지 않는 환경을 이유로 들 수 있으며, 분묘 공간이 취락 집단의 영역을 표시하는 기능으로 보기도 한다(이형원 2012). 전기에 분묘 공간이 조성되지 않는 분묘를 유력자 무덤이면서 취락 상징 영역 표시 기능, 즉 타 집단에 대한 배타적 점유권 확보를 위해 상징물이자 기념물로 분묘가 축조되었다고 한다. 이러한 분묘들은 단독이나 2~5기 내외의 소군집을 이루어 조영되지만 분묘간 조합된 양상은 확인되지 않는다. 지석묘에서는 중심 무덤이 소분구형 성토가 조성되거나 소분구형으로 적석된 장방형의 구획이 특징적이다. 부장유물에서 유사한 양상을 보여주고 있는데, 검류(이단병식 석검, 비파형동검), 촉류(삼각

---

4) 분묘의 형태나 구조, 축조방식 등에서 시기를 구분하기란 쉽지 않고, 전기에 속한 유물이 발견된 것만을 전기 분묘로 보기 때문이다.

만입촉, 이단경촉), 옥(관옥), 호형토기 (적색마연호, 채문호) 등이 세트로 부장되거나 2종 조합 또는 단독 부장 등에서 차이가 보인다. 전기 분묘의 특징 중 하나인 관외 부장은 석관묘와 토광묘에서 주로 호형토기가 부장되지만 지석묘 등 타 분묘에서는 보이지 않는다. 전기 분묘에서는 지석묘와 석관묘의 묘제 등이 아직 큰 분화는 이루지 않고, 작은 규모의 묘역지석묘의 출현하고, 대형의 주구묘가 등장하여 당시

그림 11 _ 전기 토광묘 출토 채문토기·옥·삼각만입촉
(나주 장동리)

의 사회를 추론하는 자료가 된다(김권중 2008).

이러한 전기 분묘에 나타난 사회상의 논의는 군집하지 않고 소군집이나 단독 입지하고 있어 소수 집단에 한정해서 유력자 분묘를 조성한 것으로 보며, 전기에 주구묘나 구획묘와 같은 새로운 형태 등장도 일반 분묘와 차별화된 분묘 조성이라는 점에서 유력자의 등장으로 추정하기도 한다. 부장유물의 조합상의 차이, 군집 수와 부장유물의 조합을 통해 나타난 현상들은 당시 계층성을 반영한 것이라 한다(배진성 2007).

2. 청동기시대 중기 사회

청동기시대 중기는 다양한 분묘들이 군집을 이루며, 분묘 축조가 매우 활발하지만 지역에 따라 분묘의 유형이 다른 지역화된 양상이다. 남부지역에서 지석묘와 묘역 분묘가 성행하고, 호서지역에서 석관묘 중심에 토광묘와 옹관묘가 한 묘역을 형성하고, 영남지역에서는 석관묘가 유행하고, 호남지역에서는 지석묘가 집중 조성된다. 중기 분묘의 특징으로는 대규모 분묘군이 조성되고, 거대한 개인묘가 등장하고, 부장품의 종류와 양이 전기에 비해 한정된다. 사회분화를 반영하는 분묘 간에 차별화가 본격적으로 시작되고, 각 분묘 축조 집단마다 지역별로 다양하게 전개되면서 영역화되는 양상이다.

중기의 분묘에서 본 사회상은 유력사의 개인묘가 지속적으로 조영되고, 대규모의 분묘군 조성과 거대 개인묘 중심의 분묘군에서 유력집단의 등장을 상정할 수 있다. 이 집단들은 일정한 지역에서 중심적인 역할을 수행하였다고 추정된다. 중기에 취락 규모의 확대로 대규모 취락이 등장과 관련되어 중심취락과 주변취락 간에 네트워크를 형성하였다고 보는 것과 무관하지 않을 것이다. 분묘와 취락과의 관계에서 공동체 성원의 다수가 매장된 것과 소수만 묘역을 조성한 것으로 구분된 것

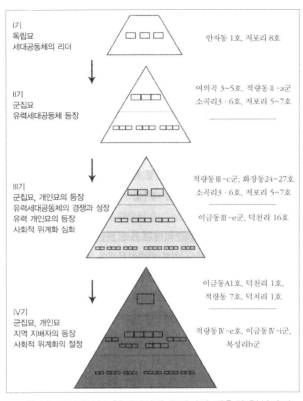

| I기
독립묘
세대공동체의 리더 | | 안자동 1호, 저포리 8호 |

| II기
군집묘
유력세대공동체 등장 | | 여의곡 3~5호, 적량동 II -a군
소곡리3 · 6호, 저포리 5~7호 |

| III기
군집묘, 개인묘의 등장
유력세대공동체의 경쟁과 성장
유력 개인묘의 등장
사회적 위계화 심화 | | 적량동 III -c군, 화장동24~27호
소곡리3 · 6호, 저포리 5~7호

이금동 III -e군, 덕천리 16호 |

| IV기
군집묘, 개인묘
지역 지배자의 등장
사회적 위계화의 절정 | | 이금동A1호, 덕천리 1호,
적량동 7호, 덕치리 1호

적량동 IV -e호, 이금동 IV -i군,
복성리b군 |

그림 12 _ 분묘로 본 청동기시대 유력자와 계층화 형성과정
(김승옥 2007)

도 당시 사회 발전이 진전된 양상으로 파악된다. 지역별 또는 취락별의 차이는 위계나 계층이 뚜렷해지는 사회상을 반영한 것으로도 이해할 수 있다. 남해안지역에서는 거대한 규모의 분묘군이 조성되거나 연접묘역을 대규모로 조성한 것에서 유력자나 유력집단의 존재를 시사한다. 대표적으로 여수반도 내 여수 상촌III 지석묘군의 경우 최대 군집묘 조영, 대형의 상석의 존재, 연접된 묘역시설, 비파형동검과 석검의 부장 등으로 볼 때 이 일대에서 가장 유력한 집단 분묘군의 위상을 보여주고 있다(강진표 2012).

3. 청동기시대 후기 사회

청동기시대 후기는 중기와는 완전히 다른 양상으로 전개되고 있다. 후기에 분묘 축조가 미약한 이유는 외부의 영향으로 집단들의 빈번한 이동으로 보기도 하고, 점토대토기 집단이 지석묘 등 전통 분묘 축조 집단인 재지계 집단과의 갈등관계 속에서 불안정한 사회적 환경과 관련되었을 것으로 보는 측면이 있다. 분묘 부장유물도 전 시기와 완전히 다른 세형동검이나 의기류 등을 포함한 풍부한 청동기가 부장된 분묘와 일부의 청동기와 원형점토대토기, 흑도장경호 등이 출토된 목관묘나 목관묘 계통의 토광묘로 통일된 양상이다. 다양한 청동기를 부장하는 분묘와 개별유물을 한 두점 부장한 분묘로 확연하게 구분된다.

호서와 영산강유역의 적석목관묘에서 다량의 청동기 부장묘는 일반적으로 수장묘로 보고 있지만 의기류가 공반되고 분묘군이 조영되지 않는 점에서 제의적 성격을 가진 분묘로 해석하기도 한다. 분묘군이 집단 조영된 만경강유역의 청동기 부장묘는 제의유물 등 개인적인 유물의 성격을 띤 것으로 사회적 유대관계나 계층 차이를 발견할 수 없으며, 영산강유역에서 청동기 부장묘는 결속력이 높은 지석묘사회에서는 확산되지 못하고 단절된 양상이다. 풍부한 청동기가 부장된 적석목관묘의 경우 의기나 무기가 주를 이루고 있어 제사를 관장하면서 일정 지역을 통치한 정치적 지배자 출현으로 보고 있다. 이 무덤들은 군집된 경우는 매우 드물고 단독으로 발견되고 있다. 이는 가족묘의 성격을 띤 중기와는 다른 양상으로, 일정한 지역을 통치하는 지역공동체의 수장으로 지역 내의 이해관계를 조정자의 역할을 담당하였을 것으로 보인다. 또 지역을 대표하여 제사를 지내는 집행자이며, 타 지역과의 교섭, 교역의 주체자로 정치적 권위와 권력을 강화해 나가 수장층이 형성되었을 것으로 추정된다.

분묘로 본 청동기시대의 사회의 변천은 혈연공동체 유력자의 단독묘나 그 가족묘에서 세대공동체 유력 집단의 공동묘역의 조성으로, 지역공동체의 수장들의 단독묘로 발전해 나갔다고 보여진다.

V. 분묘와 사회 연구의 과제

청동기시대 분묘에 드러난 사회 현상은 극히 일부분 일 것이다. 당시 사회의 조직이나 관습 등이 분묘에 그대로 반영되지 못하기 때문이다. 분묘에 나타난 사회 형상에 대한 추론도 고고학적 측면에서 사회 이론이나 방법론을 정립할 필요가 있다(우정연 2011; 김범철 2012). 민족지학적인 자료를 응용할 수 있지만 청동기시대 상황에 근거한 접근으로 많은 논의 과정이 있어야 할 것이다. 즉 고고학적인 자료를 기초해 활발한 적극적인 해석이 있어야 한다.

분묘 자료를 통한 사회상의 연구는 시기에 따른 분석이 기본적으로 진행되고 있지만 이를 좀 더 세분된 즉 동일 시기라는 관점에서 논의를 진행하는 것이 바람직하다. 동일 시기는 분묘 형태와 구조, 각 부장유물의 형식과 조합 등 세분된 시기구분에 근거하여 가설이라도 마련된 후 분석하는 것이 당시 사회상에 대한 올바른 해석과 변천에 접근할 수 있다고 본다. 물론 매우 어려운 작업이고, 지역적 차이가 크지만 지역 단위의 분석이 활발하게 논의된다면 가능하지 않을까 한다.

분묘에 보인 복잡한 여러 양상이 사회적 복합도를 반영하고, 피장자 개인의 사회적 지위와 비례한다는 가설이 있어야 한다. 따라서 매장시설의 규모, 입지적 위치, 장송의례의 규모와 지속기간, 피장자의 시신처리와 부장행위 등을 분석하면 당시 사회조직도 규명할 수 있을 것이다. 일정한 지역에 일정 규모 이상의 공동체 사회가 형성되었는지, 분묘군 사이나 분묘군 내에서 공동체 구성원간 신분 차이를 확실히 보여주는 근거가 있는지 등에 대해 연구가 있어야 한다. 일정한 지역을 기반으로 공동체 사회가 형성되었다고 하는 근거들이 두드러지지 않고 희박하기 때문에 적극적인 해석과 접근이 필요하다 할 것이다.

분묘를 통한 위계화 논의는 개인의 사회적 지위와 신분을 반영하고 있는가에 대한 것부터 시작되어야 한다. 고고학 자료에서 사회 신분을 나타내거나 계층을 직접적으로 알려주는 것은 아니며, 부장양상과 분묘의 규모는 반드시 일치하지 않는 점, 지역에 따라 부장양상과 분묘의 규모는 다르게 표출되고 있다는 점에서 신중하게 접근해야 된다. 부장유물이 피장자 신분의 위계화와 관련되는지, 부장유물 수와 종류에서 등급화가 가능한지 등 신분이나 계급과 관련된 논의는 활발하게 이루어져야 한다. 또 청동기시대 계층사회라면 하위집단의 무덤 모델과 이론적 근거가 마련되어야 한다. 사회적 위계화는 지역별로 다르게 진행될 수 있고, 각 지역마다 각기 다른 관점에서 해석할 필요가 있다. 즉 부장유물과 무덤 시설의 관계에서 계층사회의 수직적 계층화의 판단 근거가 희박하기 때문에 수평적 차별화, 연령과 성별 차이에 따른 신분의 분화 입증 정도, 당사자에게만 인정된 획득지위와 세습된 귀속지위 구분 등에 대한 논의가 활발해야 한다(홍형우 1994; 박양진 2006).

부장유물이 분묘 집단과 그 구성원들의 지위나 역할과 어떠한 관련이 있는지 분석 대상으로 삼아야 한다. 부장유물이 남한의 경우 무기(검, 촉), 장신구(옥, 유공 유물), 채색토기(채문, 적색마연)가 일반적이고 실생활용구들의 부장은 드물고 대부분 제의나 의례와 관련된다. 이러한 부장유물의 세트화나 단일화된 것이 축조집단의 성향인지 피장자와 밀접한 관련된 것이지 시기를 반영한 것인지 등 파악해야 할 문제이다. 부장유물이 자체 생산인지, 전문 장인에 의해 원료 취득과 제작으로 조달되었는지, 주변과의 교류나 교역을 통해 얻어진 것인지도 살펴보아야 한다. 부장유물이 인접 지역과의 교류 또는 교역에 의해 얻게 되었다면 교역 대상이 어떤 것이 있는가를 추정해 볼 수도 있고, 이를 통해 당시 교역로 또는 교통로 설정 등도 추론이 가능하다(김건구 2012).

부장행위는 집단의 성향을 나타내는 물적 증거이지만 이에 대한 고고학적 자료가 제한적이고 단편적으로 확인되는 경우가 많다. 지역적으로 빈도와 형식적 차이는 축조집단의 범위 및 성격을 나타내주는 것으로 판단해 볼 수 있는 것이다. 분묘 출토 유물의 해석에 있어 후대 유물의 매납 가능성이나 시기가 다른 유물이 출토되는 경우가 있다. 분묘 축조 이후에도 지속적인 제의 행위나 재사용에서 분묘 조영 집단의 성격을 살펴볼 수 있는 것이고, 지석묘에 후기 유물이 매납된 경우 기존의 지석묘 사회에서 새로운 문화 요소들이 제의와 관련한 매장풍습의 결과라는 인식도 가능하다.[5]

청동기시대의 분묘 조영 집단과 취락 형성 집단과의 관계에 대한 분석과 해석이 필요하다. 취락 수와 분묘 수는 일치하지 않는 경우가 대부분이기 때문에 어떻게 대응하는지 관심을 가져야 한다. 취락 구성원 중 무덤에 들어갈 수 있는 사람은 누구인지, 취락 내에서 분묘 조성이 허용된 범위는 어디까지인지, 성별·세대·계층의 양상이 분묘역에서 동일하게 확인되는지 그렇지 않은지 등일 것이다. 또한 분묘와 취락간의 관계에서 인접되어 있는지 또 상당한 거리를 두고 배치되었는지, 동일한 공간에 조성되었는지 또 입지적으로 차이가 있는지, 군집 분포수와 배치의 차이가 어떠한지

---

5) 지석묘에서는 후기의 유물 매납되거나 의례와 관련된 유물이 다수 발견되고 있어 그 연대를 낮추어 보려는 경향이 있다. 특히 호남지역에서 백제시대의 유물이 출토된 사례가 많다. 이는 지석묘이라는 거석 신앙의 숭배에서 후대의 무덤으로 재활용한 것들이다.

등에 따라 당시의 매장 관습이나 사회 조직 같은 것들도 추론할 수 있는 자료가 될 수 있다. 물론 한정된 발굴 자료이지만 적극적으로 해석하여 개별세대(주거), 세대공동체(주거군), 취락공동체(취락)의 분묘 조성을 둘러싼 사회적 관계를 살필 필요가 있는 것이다. 더불어 시기에 따른 변화 양상이나 지역별 공통점과 차이점도 규명한다면 분묘를 통한 사회의 변화 양상이나 지역권의 설정도 가능하리라고 본다(이형원 2010; 박주영 2015).

동북아시아지역에서 동일한 지석묘, 석관묘 축조라든지 비파형동검 등 청동기 공유 등에서 중국 요동에서 한반도가 하나의 대문화권을 형성하고 있다. 이 지역에서 일방적인 상호 교류와 이동으로 보는 측면이 강하지만 지역간 연계된 광역 영역에 걸친 사회네트워크 맥락에서 접근할 필요도 있지 않을까 한다. 지역단위의 분묘자료 분석을 통해 이를 좀 더 구체화시킬 필요가 있다.

참고문헌

1. 단행본

경남발전연구원 역사문화센터 엮음, 2012, 『무덤을 통해 본 청동기시대 사회와 문화』, 학연문화사.

한국고고학회편, 2007, 『계층사회와 지배자의 출현』, 사회평론.

김선우, 2016, 『한국 청동기시대 공간과 경관』, 주류성.

박영구, 2015, 『동해안지역 청동기시대 취락과 사회』, 서경문화사.

배진성, 2007, 『무문토기문화의 성립과 계층사회』, 서경문화사.

손준호, 2006, 『청동기시대 마제석기 연구』, 서경.

이성주, 2007, 『청동기·철기시대 사회변동론』, 학연문화사.

이영문, 2002, 『한국 지석묘사회 연구』, 학연문화사.

이영문, 2002, 『한국 청동기시대 연구』, 주류성.

이형원, 2009, 『청동기시대 취락구조와 사회조직』, 서경문화사.

유태용, 2003, 『한국 지석묘 연구』, 주류성.

하문식, 1999, 『고조선지역의 고인돌 연구』, 백산자료원.

平群達哉, 2013, 『무덤 자료로 본 청동기시대 사회』, 서경문화사.

2. 논문

강진표, 2012, 「호남지역 청동기시대 무덤 최근 조사성과」 『무덤을 통해 본 청동기시대 사회와 문화』, 학연문화사.

고일홍, 2010, 「무덤자료를 바라보는 새로운 시각」 『한강고고』 4호.

김권구, 2012, 「무덤을 통해 본 청동기시대 사회구조의 변천」 『무덤을 통해 본 청동기시대 사회와 문화』, 학연문화사.

김건구, 2015, 「영남지역으로의 비파형동검문화 확산경로와 시기별 변천」 『영남고고학』 72.

김경택, 2014, 「청동기시대 복합사회에 관한 일고찰」 『호남고고학보』 46.

김권중, 2008, 「청동기시대 주구묘의 발생과 변천」 『한국청동기학보』 3호.

김범철, 2012, 「거석기념물과 사회정치적 발달에 대한 고고학적 이해」 『한국상고사학보』 75.

김범철·박주영, 2012, 「호서지역 송국리형 분묘의 계층화 양상 논의」 『한국고고학보』 82.

김승옥, 2006, 「묘역식(용담식) 지석묘의 전개과정과 성격」 『한국상고사학보』 53호.

김승옥, 2007, 「분묘 자료를 통해 본 청동기시대 사회조직과 변천」 『계층 사회와 지배자의 출현』, 한국고고학회.

박순발, 1997, 「한강유역의 기층문화와 백제의 성장과정」 『한국고고학보』 36.

박주영, 2015, 「호서지역 송국리형 분묘의 지역성 연구」 『호서고고학』 32.

박양진, 2006, 「한국 지석묘사회 '족장사회론'의 비판적 검토」 『호서고고학』 14.

배진성, 2007, 「무문토기사회의 계층구조와 국(國)」『계층 사회와 지배자의 출현』, 한국고고학회.

배진성, 2011, 「분묘 축조 사회의 개시」『한국고고학보』 80.

배진성, 2012, 「청천강 이남지역 분묘의 출현에 대하여」『영남고고학보』 60.

손준호, 2011, 「청동기시대 전쟁의 성격」『고고학』 제10권 1호.

송영진, 2006, 「한반도남부지역의 적색마연토기연구」『영남고고학보』 38.

송만영, 2007, 「남한지방 청동기시대 취락구조의 변화와 계층화」『계층 사회와 지배자의 출현』, 한국고고학회.

안재호, 2000, 「한국 농경사회의 성립」『한국고고학보』 43.

안재호, 2012, 「묘역식지석묘 출현과 사회상」『호서고고학』 26.

우명하, 2016, 「영남지역 묘역지석묘 축조사회의 전개」『영남고고학』 75.

우정연, 2010, 「금강중하류 송국리형무덤의 상징구조에 대한 시론적 고찰」『한국상고사학보』 70.

우정연, 2011, 「금강중하류 송국리형무덤의 거시적 전통과 미시적 전통에 대한 시론적 고찰」『한국고고학보』 79.

유태용, 2005, 「지석묘에 부장된 청동제품의 사회적 기능에 대한 연구」『선사와 고대』 22.

윤호필, 2011, 「청동기시대 장송의례의 재인식」『무덤을 통해 본 청동기시대 사회와 문화』, 한국청동기학회.

이기성, 2006, 「석기 석재의 선택적 사용과 유통」『호서고고학』 15.

이동희, 2007, 「지석묘 축조집단의 단위와 집단의 영역」『호남고고학보』 26.

이상길, 1994, 「지석묘의 장송의례」『고문화』 45.

이상길, 2007, 「제사를 통해 본 권력의 발생」『계층 사회와 지배자의 출현』, 한국고고학회.

이성주, 2000, 「지석묘 : 농경사회의 기념물」『한국 지석묘 연구 이론과 방법』, 주류성.

이성주, 2006, 「한국 청동기시대 '사회'고고학의 문제」『고문화』 68.

이성주, 2012, 「의례, 기념물, 그리고 개인묘의 발전」『호서고고학』 26.

이영문, 1993, 「전남지방 지석묘사회의 영역권과 구조에 관한 검토」『선사와 고대』 5.

이영문, 1997, 「전남지방 출토 마제석검에 대한 연구」『한국상고사학보』 24.

이영문, 1998, 「한국 비파형동검문화에 대한 고찰」『한국고고학보』 38.

이영문, 2011, 「호남지역 지석묘 형식과 구조에 대한 몇가지 문제」『한국청동기학보』 8.

이영문, 2015, 「청동기시대 소형 석실의 특징과 의미」『문화사학』 44.

이재언, 2016, 「한반도 남부지역 청동기시대 부장풍습 연구」『한국청동기학보』 19호.

이종철, 2016, 「병부과장 석검과 그 제작 집단에 대한 시론」『한국상고사학보』 92.

이청규, 2007, 「계층사회와 지배자의 출현」『계층 사회와 지배자의 출현』, 한국고고학회.

이청규, 2011, 「요동과 한반도 청동기문화의 변천과 상호교류」『한국고대사논총』 63.

이청규, 2012, 「청동기시대 사회 성격에 대한 논의」『고고학지』 16, 국립중앙박물관.

이청규, 2012, 「요동과 한반도 청동기시대 무덤 연구의 과제」『무덤을 통해 본 청동기시대 사회와 문화』, 학연문화사.

이형원, 2012, 「남한지역 청동기시대 분묘공간 조성의 다양성」 『무덤을 통해 본 청동기시대 사회와 문화』, 학연문화사.

장용준·平群達哉, 2009, 「유절병식석검으로 본 무문토기시대 매장의례 공유」 『한국고고학보』 72.

최몽룡, 1981, 「전남지방 지석묘사회와 계급의 발생」 『한국사연구』 35.

최성훈, 2015, 「전남 동남부지역 지석묘사회 변천과정」 『한국청동기학보』 17호.

최종규, 2002, 「두호리 출토 천하석제 구옥에서」 『고성 두호리 유적』, 경남고고학연구소.

하문식, 1998, 「고인돌 장제에 대한 연구 화장을 중심으로」 『백산학보』 51.

하인수, 2000, 「남강유역 무문토기시대의 묘제」 『진주 남강유적과 고대 일본』.

황창환, 2013, 「영남지역 청동기시대 석제 무기」 『한국청동기학보』 13호.

홍형우, 1994, 「한국고고학에서 외국이론의 수용 족장사회에 대한 일고찰」 『한국상고사학보』 15.

제2장
의례와 사회

김권구　계명대학교

Ⅰ. 머리말

어느 시대나 각 사회가 처한 여건과 필요성에 맞게 의례가 만들어지고 거행된다. 그리고 그 의례는 의례 참여자의 의도와 전략에 따라서 거행되며 새로운 의미가 부여되며 새롭게 해석된다. 이러한 동태적인 과정을 거쳐서 의례는 시기별, 지역별로 크게는 유사하면서도 또 다른 면에서는 차별화된다. 어쩌면 지석묘와 석관묘 등의 묘제 속에 보이는 상이한 유물 부장방식, 차별적 입지, 묘역의 유무와 묘역넓이, 상석의 규모, 매장주체부의 깊이 등이 차별화되는 것은 이러한 동태적인 과정의 결과일 것이다. 분묘와 관련된 장송의례와 제사의례도 이러한 메카니즘에 따라 운영되고 변화된다. 따라서 청동기시대 장송의례와 제사의례를 비롯한 모든 의례는 해당 시기와 지역에 존재했던 사회구조와 위서 그리고 운영원리와 같은 정치·사회적 토대, 농경·수렵·어로·채집의 비중과 생업유형 그리고 생업기술을 반영하는 생업적 토대, 우주관 또는 세계관과 관련된 이념적·종교적 토대에 영향을 받으며 개별적으로 특색 있게 전개되었다. 따라서 의례의 성격과 영향력 그리고 의미를 제대로 이해하기 위해서는 그러한 의례가 행해지던 청동기시대 사회의 정치적 기반, 경제적 기반, 군사적 기반, 종교적·이념적 기반을 염두에 두고 관련 의례를 살펴볼 필요성이 커졌다.

청동기시대 의례에 관한 연구는 일찍이 검의 파기, 무문토기의 파쇄, 단도마연토기의 부장과 의미, 마제석검 부장의 의미변화와 상징성, 청동기의 매납행위 등을 중심으로 논의된 바 있다. 그러나 그러한 의례행위나 의례와 관련된 행위를 필요로 하거나 전략적으로 택한 사회와 관련하여 연구되지는 못했다.

청동기시대에도 생업의례, 장례의례, 제사의례, 천신의례, 지신의례, 수변제사의례, 조상숭배의례, 입석의례, 태양숭배의례, 집단의 안녕기원의례 등이 확인된다. 이들 의례들은 서로 결합되어 다양한 형태로 나타날 수 있다. 그러나 이 글에서는 그 중에서 청동기시대 장송의례와 제사의례를 중심으로 그러한 의례가 출현한 사회와 관련하여 검토해보자 한다.

II. 장송의례와 제사의례의 다면적 기능검토

1. 의례를 바라보는 주요 이론적 시각

일찍이 의례는 인류학의 구조기능주의적 관점이나 심리적 관점에서 연구되거나 이해되었다. 의례를 심리적 측면이나 구조기능주의적 측면에서 바라본다면 의례의 기능을 집단의 심리적 안정 희구의 측면에서 이해하고 해석하려는 견해로서 나름대로 의미가 있다. 또 장송의례의 차이를 동일한 세계관과 규범을 공유하는 종족 사이의 문화차이로 보려고 하는 전통고고학의 시각도 있다. 체계이론의 틀에서는 의례를 서로 연관된 여러 하위구조 속에서 체계를 유지하기 위하여 체계에 맞지 않는 요소를 억제하는 부정적 환류작용(negative feedback) 기능의 입장에서 이해하려 한다. 그러나 구조기능주의나 체계이론만으로는 의례의 동태적 변화과정이 무시되고 또 구조나 체계 속에서 활동하는 개인들이 무시되는 경향이 있다는 비판을 받는다. 마르크스주의 고고학의 시각에서 의례는 사회적 모순을 은폐하거나 갈등을 완화시키는 기능을 하는 것으로 이해되며 사회 속에서 활동하는 개인이 무시된다는 비판과 모든 상황을 동일한 분석의 틀로 이해함으로써 각 사회마다의 맥락이 무시된다는 비판을 받는다. 전통적 마르크스주의 고고학에서 상부구조로 분류되는 의례는 하부구조인 생산기술과 생산양상의 영향을 받는다고 생각했지만 신마르크스주의 고고학에서는 실제 상부구조가 하부구조에도 영향을 주며 의례는 해당 사회에서 권력의 재생산과정에서 독립변수적인 역할을 할 수 있다고 본다. 과정주의 고고학은 체계이론의 시각을 받아들여 의례는 하나의 하위체계로서 정치체계, 경제체계, 사회체계, 기술체계, 대외교역체계 등의 다른 하위체계와 더불어 전체 사회체계를 구성하면서 서로 자극을 주며 상호작용하는 것으로 여겨졌고 그러한 연계된 관점에서 연구되었다. 작주이론(agency theory)에서는 사회체계나 상부구조와 하부구조와 같은 구조적인 인식의 틀보다는 그러한 체계나 구조 속에서 활동하며 의례의 내용과 의미를 바꾸어 가는 개인과 그들의 실천과정 속에서 의례를 연구하고 해석하고자 한다. 아무튼 의례를 바라보는 다양한 관점이 있음을 인식하여야 하며 각각의 이론은 의례를 다양한 각도에서 이해하도록 도와준다.

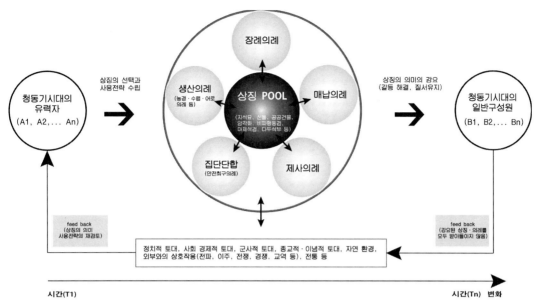

그림 1 _ 의례와 상징의 사용과 변화과정에 관한 모델(김권구 2007, 87쪽)

2. 주요 의례연구사

청동기시대 장송의례와 관련된 연구는 1990년대 중반부터 시작되었다. 1994년 지석묘의 축조 과정별 의례양상을 주목하고 정리한 이후(이상길 1994, 95~113쪽) 생활의례와 생산의례, 장송의 례, 청동기의 매납과 의례 등과 관련된 사례를 분석하며 의례행위의 판단기준을 논한 바 있다(이상 길 2000). 또 진주 평거 3-1지구 33호 묘역지석묘와 산청 매촌리 묘역지석묘 등에서 확인되는 토기 파쇄나 진주 평거 3-1지구 35호 석관묘, 산청 매촌리 35호 석관묘, 진주 소호동유적 12호묘 등에서 확인되는 석기파쇄 등과 같은 유물의 파쇄를 의례와 관련된 것으로 본 연구도 있었다(고민정 2012, 196쪽). 유절병식석검으로 본 매장의례의 공유와 마제석검의 파쇄행위로 본 부장관습, 가지무늬토 기와 관련된 부장행위와 풍습, 무기형 부장품 등장의 사회적 의의 등에 관한 지석묘사회의 매장의 례에 관한 연구도 진행되어 의례에 대한 심층적 연구도 진행되었다(平郡達哉 2013, 152~212쪽). 청 동기시대 의례와 사회적 성(gender) 문제를 다루면서 청동기시대의 의례가 세속적인 권위와 남성 중심적 가치관을 가진 의례를 강조하고 있다는 연구도 나온 바 있다(김권구 2000, 13~14쪽). 취락 에서의 祭場양상, 분묘를 통해본 권력자의 등장양상, 청동기의 매납과 지배자의 제사를 다루고 초기 농경사회의 제사로서 구획시설의 등장과 의미 그리고 제사의 대상과 주도자 등을 다루면서 제사를 통해본 권력의 등장문제를 다루어 의례가 행해지는 사회적 토대에 대해서도 주목하며 복합사회에서 의 의례전계양상을 일찍이 사회발전양상과 연계시킨 바 있는데(이상길 2007, 179~220쪽) 의례를 그 의례가 행해지던 사회의 맥락 속에서 이해하려는 관점을 가졌다는 점에서 탁견이라 할 수 있다.

3. 장송의례와 제사의례의 기능

장송의례는 죽은 자의 영혼을 위로하고 내세에서도 영생하라는 기원을 담으면서 상주의 역할을 통하여 죽은 자가 행하던 사회적 역할이 자연스럽게 상주에게 또는 집단의 대표에게 승계하게 하는 역할을 한다는 점에서 심리적인 측면에서 이해할 수 있다. 여기에는 현생의 지위와 권력이 내세에도 이어지기를 바라는 繼世信仰이 포함되기도 한다. 또 죽은 자를 위협하는 나쁜 요소를 물리치는 辟邪信仰이 융합되기도 한다. 다른 한편 장송의례는 죽은 자가 가졌던 지위나 권력을 자연스럽게 승계하고 정당화하는 수단으로서 전략적으로 사용되며 당시 사회의 갈등이나 모순을 감추거나 중성화하는 수단으로 사용되었다는 시각에서 접근되기도 한다. 또 집단의 안녕과 풍요 그리고 단결을 희구하는 기능도 하면서 집단차원에서의 종족성과 집단의 영역을 장송의례과정에서 주변집단에 알리는 다면적 기능을 상황적 필요에 맞게 하는 것으로 보인다.

제사의례도 죽은 영혼을 불러내어 기억하고 위로하는 심리적 기능을 강조하는 시각이나 특정 종족이 공유하는 문화적 특성의 하나라는 시각에서 검토될 수 있고 다른 한편 죽은 자의 지위와 권력이 정당하게 계승되었음을 다시 기억시키고 사회구성원의 재합의를 도출하며 사회적 갈등을 완화하고 감추는 수단으로 활용된다는 시각에서 접근되기도 한다. 또 장송의례나 제사의례에 참여하는 개인들의 행위나 전략적 선택이 중요하다는 시각에서 의례연구가 진행되기도 한다. 〈그림 1〉에서 보여주듯 장송의례와 제사의례는 사회의 다른 의례와 연계되어 있으며 시대별/지역별로 그 토대에 맞게 의례의 내용과 기물에 상징적 모티브를 사용한다. 이는 마치 생업별로는 현대의 농촌에서는 농촌의 특성에 맞는 장례의례와 제사의례가 시행되고 도서지방 등 어촌마을에서는 그에 맞는 장례의례와 제사의례가 이루어지며, 사회발전단계별로는 무리사회, 부족사회, 수장사회(chiefdom), 국가에서는 각기 그 단계에 맞는 장송의례와 제사의례가 지역별로 다양하게 전개되는 것과 유사하다고 할 수 있다. 그리고 제사의례도 또한 장송의례와 마찬가지로 죽은 자의 재생과 안녕, 벽사, 집단의 단합과 영역 과시, 권력의 재탄생 표시, 갈등의 완화와 해결도모 등과 관련된 다양한 상징과 의미를 부여하며 진행되었다고 볼 수 있다.

의례의 내용과 의례도구의 모티브도 청동기시대 사람들의 의도와 전략 그리고 사회와 밀접하게 관련되어있다. 따라서 여기에서는 장송의례와 제사의례의 양상을 살펴보고 그 유형을 분류하며 그러한 의례가 출현하고 확산된 시대의 사회를 함께 주목하여 검토하고자 한다.

Ⅲ. 청동기시대 장송과 제사 관련 의례의 유형

1. 무덤 축조과정과 장송과정 속의 의례

청동기시대 전기부터 축조되는 것으로 알려진 지석묘와 지석묘군은 확실히 장송의례가 행해진 장소라고 할 수 있다. 그리고 이러한 장송의례는 차별적인 입지, 면적이 넓어지는 묘역, 규모가 커지는 상석이나 하부구조, 차별화되는 부장품의 종류와 양이 암시하듯 청동기시대 후기에 지역별, 집단별로 차별화됨을 알 수 있다.

청동기시대 장송의례로는 지석묘의 축조와 관련한 의례는 지석묘가 탁자식지석묘, 바둑판식지석묘, 개석식 지석묘의 종류에 따라 차이가 있겠으나 축조단계에 따라 상정될 수 있는 의례의 종류는 이상길에 의해 제기된 이후 최근 연구에서 보다 세분화되었다. 축조 I단계의 山川儀禮와 地神儀禮, 축조 Ⅱ단계의 整地儀禮, 採石儀禮, 運搬儀禮, 穿壙儀禮, 築造儀禮, 埋葬儀禮 및 埋納儀禮, 密封儀禮, 上石儀禮, 墓域儀禮, 축조 Ⅲ단계의 祭祀儀禮로 나눌 수 있다(윤호필 2013, 137~138쪽). 이들 의례가 서로 융합되거나 분리되어 지석묘축조과정에서 이루어진 것으로 볼 수 있다.

지석묘 축조과정상의 의례가 석관묘 또는 옹관묘의 경우에도 그 성격에 맞게 이루어졌을 것으로 보인다. 석관묘의 경우 산천의례, 지신의례, 정지의례, 채석의례, 운반운례, 천광의례, 매장의례와 매납의례, 밀봉의례, 묘역의례, 제사의례가 이루어졌을 가능성이 있고 옹관묘라면 산천의례, 지신의례, 정지의례, 옹관운반의례, 천광의례, 매장의례와 매납의례, 밀봉의례, 묘역의례, 제사의례가 적절한 절차 속에 비중을 달리하여 이루어졌을 가능성이 크다.

2. 발굴된 분묘관련 의례의 유형

분묘의례와 관련된 것으로 추정되는 의례양상을 분류할 기준을 세우는 것이 어렵지만 그 의례양상을 유형화하여 살펴보면 다음과 같다.

1) 器物을 세우는 유형(Ⅰ유형)

김천 송죽리 1호 지석묘의 서장벽의 중앙부로부터 서편으로 70cm 떨어진 곳에서 확인된 의례관련 구조물에서 날이 위로 향하게 묻힌 형태의 유구석부는 그 주변 시설의 형태로 보아 자루가 달린 채로 묻힌 것으로 추정되는데 이 사례와 더불어 김천 송죽리 4호 지석묘의 인근에 땅에 꽂힌 채로 발견된 비파형동검(김권구 외 2007, 179 · 185~189쪽)은 지석묘관련 장송의례 또는 제사의례와 관

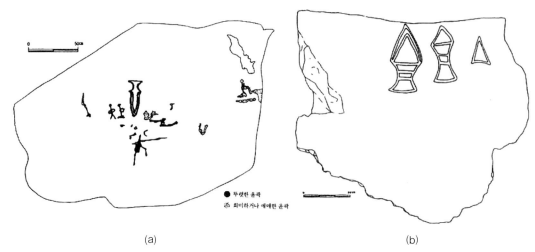

그림 2 _ (a) 여수 오림동 5호 지석묘 암각화(전남대학교박물관 · 여수시 1992, 81쪽)
(b) 포항 인비동 16호 지석묘 암각화(국립경주박물관 1985, 136쪽)

련되는 것으로 보인다. 또 산청 매촌리 지석묘유적의 경우에도 묘역처럼 생긴 석렬 안에 아무런 매장주체부가 없이 입석이 세워진 경우가 조사된 바 있다.

2) 대표적인 器物을 새기는 유형(Ⅱ유형)

마제석검을 지표에 거꾸로 꽂고 제사지낸 장면이 묘사된 여수 오림동 5호 지석묘의 사례와 이단병식석검이나 무경식석촉으로 추정된 물상이 지석묘상석에 새겨진 포항 인비동 16호 지석묘의 사례(그림 2)는 대표적인 기물을 유구에 새기는 유형이다. 제사의례 또는 조상숭배의례, 권력재탄생의례 등과 관련된 의례였을 것으로 추정된다. 포항 인비동 16호 지석묘도 상석이 뒤집혀졌다면 암각화에 묘사된 마제석검이 땅을 향하는 것이 되어 여수 오림동 5호 지석묘 암각화의 마제석검과 같이 땅을 향하는 것이 되어 주목된다.

3) 의례관련유구가 불을 맞아 붉게 피열된 흔적이 있는 유형(Ⅲ유형)

대구 상동 1호 지석묘의 매장주체부에 연접된 반월형 석렬유구에서는 불에 맞은 흔적이 확인되고 있고(그림 3) 또 대구 신서혁신도시 B-5구역 4~7호 석관묘(한국문화재보호재단 2012, 217~222쪽)의 경우 모두가 피열된 수혈을 굴착하고 축조되었는데 이들은 벽사의례 또는 정화의례와 관련될 가능성이 있다.

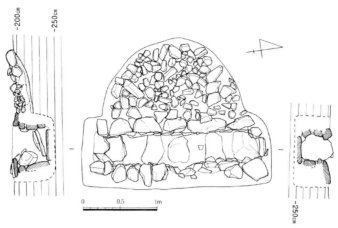

그림 3 _ 대구 상동 1호 지석묘 반원형 돌무지(신종환 2000, 14~15쪽)

4) 기물을 파쇄하는 유형(Ⅳ유형)

破碎儀禮와 淨化儀禮가 장송의례과정에서 확인되어 주목을 끈다(김
권구 2015, 118~143쪽). 장송의례의 과정에서 보이는 파쇄의례의 사례
로 석검이나 비파형동검을 부셔서 부장하는 양상도 발견되어 주목을 끈
다. 대구 대천동 A군 40호묘 출토 마제석검은 검신부와 병부가 파쇄되
고 심부는 한편만 파쇄된 채로 발견되어 의도적으로 부셔서 부장한 것
으로 보인다(하진호 외 2009, 84~88쪽)(그림 4). 산청 매촌리 15호 석
관묘와 1호 묘역지석묘에서도 마제석검이 파쇄되어 출토되어 인위적인
파쇄의 결과였을 가능성이 크다(사진 4). 또 여수 월내동 上村 支石墓 Ⅱ
7호 지석묘, 여수 월내동 上村 支石墓 Ⅲ 92호 지석묘와 116호 지석묘에
서도 비파형동검이 파쇄된 채로 조사되어 장송과정에서 인위적인 파쇄
가 일어난 것으로 보인다(사진 1~3).

진주 평거 3-1지구 33호 묘역지석묘와 산청 매촌리 묘역지석묘 등에
서 확인되는 토기파쇄나 진주 평거 3-1지구 35호 석관묘, 산청 매촌리
35호 석관묘, 진주 소호동유적 12호묘 등에서 확인되는 석기파쇄 등과
같은 유물의 파쇄와 같은 토기와 석기의 파쇄가 수반되는 의례행위도
있었던 것으로 보인다(고민정 2012, 196쪽). 이들 유물파쇄의례는 장송
의례나 제사의례의 한 과정에서 행해진 것으로 추정된다.

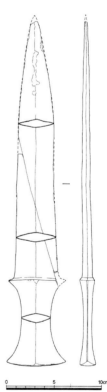

그림 4 _ 대구 대천동
511-2번지 유적 A군
40호묘 출토 절단된
마제석검
(하진호 외 2009, 87쪽)

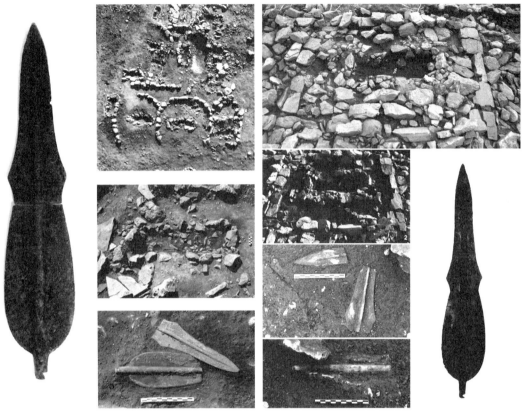

사진 1 _ 여수 월내동 상촌 지석묘 Ⅱ 7호지석묘 출토
비파형동검(이영문 외 2012a, 11쪽)

사진 3 _ 여수 월내동 상촌 지석묘 Ⅲ 116호 지석묘
비파형동검의 출토양상(이영문 외 2012b, 5쪽)

사진 2 _ 여수 월내동 상촌 지석묘 Ⅲ 116호 지석묘(東北亞支石墓研究所 2010, 19쪽)

(a)   (b)

사진 4 _ 산청 매촌리유적 마제석검 출토양상:
(a) 15호 석관묘 마제석검 출토양상, (b) 1호 묘역지석묘 마제석검 출토양상(우리문화재연구원 2009, 15쪽)

5) 분묘에 직접 제사를 하는 유형(V유형)

창원 진동리 유적이나 진안 여의곡유적 등을 포함한 대부분의 지석묘는 지석묘개별로 제사를 지내는 경우로 추정되는데 이러한 유형을 V유형으로 분류하였다. 개별분묘에서의 조상숭배의례로 볼 수 있다.

6) 분묘인근에 입석유구가 존재하는 유형(VI유형)

집단의 경계를 확고히 하면서 주변의 다른 집단에 알리기 위하여 마을의 경계에 입석을 세운 것으로 판단되는 유구들이 다수 확인되고 있다. 이들 입석은 청동기시대 집단의 경계를 재확인하고 주변 집단에 알리는 의례가 행해졌을 가능성이 있다. 아마도 일종의 집단의 안녕을 빌고 벽사사상을 담으면서 단합을 도모하는 의례와 관련되었을 것으로 추정된다. 그러나 입석 중에는 마을의 경계에만 세워지지 않고 묘역의 중심에 세워져서 조상제사의 한 방식으로도 이루어지기도 한 것으로 보인다. 이러한 조상제사 또는 집단상징의례와 관련된 입석의례는 또한 대구 진천동입석의 사례에서 암시되듯 수변의례 등과도 융합되는 양상도 보인다. 대구 진천동 입석유구의 경우 장방형석축 속에 세워진 입석이 있고 입석에는 성혈과 동심원문이 새겨져 있고 주변에서는 석관묘 등 청동기시대 분묘가 발굴되었고 바로 인근에 구하도가 확인되었다(이백규 외 2000, 13~18쪽)(그림 5).

7) 사당 또는 신전을 중심으로 한 의례유형(VII유형)

사천 이금동 60호 건물지와 61호 건물지의 경우 지석묘군 인근에 있는 대형건물지로서 신전에서

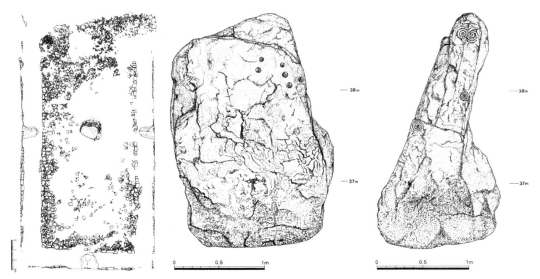

그림 5 _ 대구 진천동 입석과 석축유구 그리고 입석에 새겨진 성혈과 동심원문 암각화(이백규 외 2000, 15~18쪽)

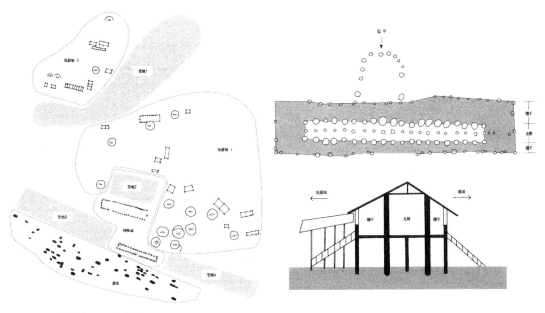

그림 6 _ 사천 이금동유적 유구(아랫부분의 지석묘군과 윗부분의 주거지군 사이에 입지하는 대형건물지 60호와 61호)
배치모식도(左)와 61호 대형건물지 평면도(右上)와 복원악도(右下)(경남고고학연구소 2003, 343~345쪽)

통합하여 장례의례와 조상숭배 등을 위한 제사의례를 행하는 유형이 있다(그림 6). 이것은 개별 지
석묘 앞에서 행하는 의례보다 더 발전되고 조직화된 장례의례나 조상숭배를 위한 제사의례라고 평
가된다. 사천 이금동 지석묘군의 경우 중심취락의 묘역으로 볼 경우 중심취락에 속한 중하위취락

거주자들도 함께 묻혔을 가능성과 별도로 묻혔을 가능성을 염두에 둘 필요가 있고 지석묘군 바로 인근에서 조사된 주거지군은 중심취락의 묘역을 관리하는 취락을 염두에 둘 수 있고 아니면 중심취락의 일부일 수도 있겠다. 그리고 지석묘군과 주거군 사이에 존재하는 신전으로 추정되는 사천 이금동의 정면길이 26m, 측면길이 5m에 달하는 대형건물지(경남고고학연구소 2003, 134쪽)는 묘역의 신전이나 중심취락의 신전일 가능성이 있다. 일본 오사카소재 야요이시대 이케가미소네유적(池上曾根遺蹟)에서 확인된 신전으로 추정되는 대형건물지는 이금동유적의 대형건물지의 해석에 참고가 된다.

8) 마제석검의 부장(Ⅷ유형)

지석묘 등에 마제석검을 부장하는 것은 피장자의 위서(rank)를 표시하거나 아니면 벽사의 의미 등 다양한 의미로 부장하였을 것이다. 마제석검의 부장은 기물의 부장을 통한 계세사상이나 벽사사상을 표현하는 의례로 볼 수도 있다고 본다. 마제석검의 부장위치가 이때 지역별/시기별로 차별화된 마제석검의 의미를 나타낸다고 할 수 있다. 이러한 완형의 마제석검 부장은 마제석검을 파쇄하여 부장하는 경우와는 다른 의미를 가지는 것으로 파악된다. 마제석검을 파쇄하여 부장하는 양상은 피장자의 위서관계나 벽사희구의 표현이 아니라 피장자가 소유했던 권력이 후계자에 의해 재생산되는 것을 강조하는 의례과정에서 발생한 것으로 보는 것이 합리적이다.

그러나 청동기시대 전기에는 피장자의 현실적 권력이나 계서를 상징하여 실제 석검의 형상을 닮았고 청동기시대 후기에는 마제석검이 청도 진라리 3호 지석묘 출토 마제석검처럼 장대화되거나 김해 무계리유적출토 마제석검처럼 손잡이부분이 비실용적으로 커져 의기화하는데 이는 마제석검의 상징성이 피장자의 위서나 권력의 표현보다는 벽사적 기능의 강조로 변화된 것을 암시하는 것일지도 모른다.

9) 단도마연토기의 부장(Ⅸ유형)

지석묘에는 단도마연토기가 부장되는데 부장위치는 지역별로 다양하다. 산청 매촌리지석묘군의 경우 지석묘나 석관묘의 매장주체부의 벽체 등에 감추어진 모습으로 부장되는 경우도 있는데(사진 5~6), 이는 지신의례나 피장자의 재생을 기원하기 위한 상징적인 器物일 가능성이 있으며 이럴 경우 지신의례나 피장자 재생의례를 표상하기 위한 상징적 부장행위일 가능성이 있다.

위에서 소개한 주요 의례행위의 유형과 각 의례행위유형과 관련된 의례종류를 정리한 것이 〈표1〉이다.

사진 5 _ 산청 매촌리 석관묘 단도마연토기 출토양상:
(a) 7호 석관묘, (b) 27호 석관묘, (c) 4호 석관묘, (d) 10호 석관묘(우리문화재연구원 2009, 13쪽)

사진 6 _ 산청 매촌리 석관묘 단도마연토기 출토양상: 5호 석관묘(우리문화재연구원 2009, 13쪽)

표 1 _ 분묘의례 관련 주요 발굴사례와 의례의 유형

No.	유적명	시대	양상	의례행위유형	의례종류	참고문헌
1	김천 송죽리 4호 지석묘 앞 대지	청동기 시대 전기	비파형동검을 땅에 꽂음	의례관련유구 인근에 器物을 세우는 유형 (I유형)	장송의례 / 제사의례	김권구 외 (2007, 188)
2	포항 인비동 16호 지석묘	청동기 시대 전기	지석묘 상석에 마제석 촉과 이단병식마제석검 이 새겨져 있음	의례관련유구에 대표 적 기물을 새기는 유형 (II유형)	장송의례 / 제사의례	국립경주 박물관 (1985, 103~157)
3	김천 송죽리 1호 지석묘 관련 의례유구	청동기 시대 후기	유구석부을 세워 놓음	의례관련유구 인근에 器物을 세우는 유형 (I유형)	장송의례/ 제사의례	김권구 외 (2007, 179)
4	대구 상동 1호 지석묘 매장 주체부에 연접된 반원형 석렬유구	청동기 시대 후기	불 맞은 흔적(무엇인가 를 태우고 그 결과 매장 주체부 장벽도 불에 맞 았음	의례관련유구가 불을 맞아 붉게 피열된 흔적 이 있는 유형(III유형)	장송의례 (벽사의례/ 정화의례)	신종환 (2000, 14~15)
5	대구 대천동 511-2번지 유적 A군 40호묘	청동기 시대 후기	마제석검이 2부분으로 파쇄된 채 부장됨	의례관련유구에서 器物이 파쇄 되는 유형 (IV유형)	장송의례 (권력재생 산의례)	하진호 외 (2009)
6	대구 신서혁신도시 B-5구역 4호 석관 묘, 5호 석관묘, 6호 석관묘, 7호 석관묘	청동기 시대 후기	석관묘 4~7호 모두가 피열된 수혈을 굴착하 고 축조되었고 수혈의 내부에 목탄이 채우진 상태임	의례관련유구가 불을 맞아 붉게 피열된 흔적이 있는 유형 (III유형)	장송의례 (벽사의례 또는 정화의례)	한국문화재 보호재단 (2012)
7	여수 월내동 상촌 지석묘 II 7호 지석묘	청동기 시대 후기	비파형동검이 2편으로 파쇄되어 출토됨	의례관련유구에서 器物이 파쇄되는 유형 (IV유형)	장송의례 (권력재생 산의례)	이영문 외 (2012a, 11)
8	여수 월내동 상촌 지석묘 III 92호 지석묘	청동기 시대 후기	비파형동검 2편으로 파쇄. 모두 절단면이 일직선인점이 인위적 파쇄를 암시함	의례관련유구에서 器物이 파쇄되는 유형 (IV유형)	장송의례 (권력재생 산의례)	이영문 외 (2012b, 264)
9	여수 월내동 상촌 지석묘 III 116호 지석묘	청동기 시대 후기	비파형동검을 3편으로 파쇄하여 부장. 3편이 결합됨	의례관련유구에서 器物이 파쇄되는 유형 (IV유형)	장송의례	이영문 외 (2012b, 315)
10	창원 진동리유적	청동기 시대 후기	원형 분구형 묘역 및 매장주체부	분묘별 장송의례와 제사의례유형(V유형)	장례의례/ 장례의례/ 제사의례 (조상숭배)	경남발전 연구원 역사 문화센터 (2008)
11	대구 진천동 입석	청동기 시대 후기	동심원문, 성혈 등이 입석에 묘사되고 입석은 석렬로 둘러싸임	입석유구 인근에 분묘가 확인되거나 입석에 동심원문 등이 새겨진 유형의 의례유형(VI유형)- 의례중심지로서의 대 상물 입석	제사의례 (조상숭배)	李白圭 외 (2000)

No.	유적명	시대	양상	의례행위유형	의례종류	참고문헌
12	사천 이금동 60호/61호 건물지	청동기시대 후기	지석묘군과 관련된 사당 또는 의례중심건물로 추정	사당 또는 신전을 중심으로 한 의례유형 (VII유형)	제사의례 (조상숭배)	경남고고학 연구소 (2003, 343~345)
13	산청 매촌리 지석묘군	청동기시대 후기	1호 의례유구 등에 산재한 무문토기편 (파쇄), 산청 매촌리 35호 석관묘 석기파쇄 (검신부가 반파된 유병식 석검이 남장벽 바닥에서 출토됨)	의례관련유구에서 器物이 파쇄되는 유형 (IV유형)	장례의례	우리문화재 연구원 외 (2009, 15; 2011)
14	산청 매촌리 15호 석관묘	청동기시대 후기	석검이 두 편으로 파쇄됨	의례관련유구에서 器物이 파쇄되는 유형 (IV유형)	장례의례	우리문화재 연구원 (2009, 15)
15	산청 매촌리 1호 묘역지석묘	청동기시대 후기	석검이 두 편으로 파쇄됨	의례관련유구에서 器物이 파쇄되는 유형 (IV유형)	장례의례	우리문화재 연구원 (2009, 15)
16	진주 평거 3-1지구 33호 묘역지석묘/ 35호 석관묘	청동기시대 후기	평거 3-1지구 33호 묘역지석묘의 경우는 토기파쇄양상/평거 3-1지구 35호 석관묘 석기파쇄부장	의례관련유구에서 器物이 파쇄되는 유형 (IV유형)	장례의례/ 제사의례 (조상숭배)	고민정 (2012, 196) 재인용
17	진주 소호동유적 12호묘	청동기시대 후기	충전토 상부에 부러진 석검매납	의례관련유구에서 器物이 파쇄되는 유형 (IV유형)	장례의례/ 제사의례 (조상숭배)	고민정 (2012, 196) 재인용
18	여수 오림동 5호 지석묘	청동기시대 후기	세워진 마제석검과 제사를 지내는 인물암각화	마제석검을 땅에 세우고 의례를 지내는 장면을 묘사한 암각화가 있는 유형(II유형)	제사의례 (조상숭배)	이영문 외 (1992, 131~134)
19	달성 평촌리 3호 석관묘 등 다수의 지석묘	청동기시대 후기	마제석검 부장 또는 완형의 마제석검 착장	마제석검 부장 (VIII유형), 청동기시대 전기에는 피장자의 현실적 권력이나 계서를 상징하였고 청동기시대 후기에는 마제석검이 의기화하여 벽사적 기능이 더 강조되는 방향으로 변화하지 않았나 판단됨.	장례의례 (벽사기원/ 위서의 상징)	경상북도문 화재연구원 (2010, 7\84~87)
20	산청 매촌리지석묘 외 다수의 지석묘	청동기시대 전기/ 후기	단도마연토기 부장	단도마연토기의 부장 (IX유형)	장례의례 (지신의례/ 재생기원 의례)	우리문화재 연구원 (2009, 13; 2011) 등 다 수의 보고서

3. 분묘의례의 시기별 전개양상

〈표 1〉에서 정리된 분묘의례의 양상을 시기별로 정리하면 청동기시대 조기의 사례는 확인되지 않아서 알 수 없으나 청동기시대 전기에는 지석묘의 축조와 더불어 점차 개별 지석묘를 중심으로 한 장송의례와 조상숭배 등과 관련된 제사의례가 이루어지고 있음을 보여준다. 즉 비파형동검을 땅에 꽂는 의례(I유형)와 지석묘 상석에 기물을 새겨 암각하는 의례(II유형)가 확인되고 개별 지석묘에 장례의례와 제사의례를 지내는 의례유형(V유형)만 출현하는 것으로 추정된다. 이들은 조상숭배의례와 권력재생산의례 등과 관련된 장송의례 및 제사의례로 평가된다.

그러나 청동기시대 후기에 들어서면 〈표 1〉에서 보이는 I~IX유형에 이르는 모든 의례가 분화되어 출현하는 것으로 보인다. 그리고 사당이나 신전을 중심으로 한 장송의례와 제사의례, 파쇄의례, 입석을 중심으로 한 장송의례와 제사의례 등 다양한 유형의 의례가 확산되고 있음을 보여준다. 그리고 이러한 다양한 종류의 의례는 청동기시대 후기 지역별 중심취락의 분묘군의 묘역에서 이루어지는 양상이다. 앞에서 언급한 다양한 의례유형은 청동기시대 후기 영남지역과 호남지역의 자료가 다수여서 여타지역의 경우는 또 다른 양상을 보여줄 것으로 판단된다. 이러한 다양한 종류의 의례유형은 분묘를 매개로한 사회분화의 표현전략의 결과일 가능성이 크며 이와 관련된 이념과 믿음의 변화를 반영한다고 보아야 한다.

IV. 청동기시대 의례와 사회

어느 시대를 막론하고 그 시대적 · 지역적 여건에 맞게 특정한 의례가 출현하여 시행된다. 청동기시대의 경우 조기-전기-후기로 가면서 대형주거지로 구성된 10동 이내의 소규모 정주취락(조기)-10동에서 20동 내외의 중소규모 정주취락과 환호취락의 등장(전기)-30동 이상의 대규모 정주취락 및 중심거점취락, 환호취락, 기능이 전문화된 취락 등의 등장(후기)이 이루어지고 생업의 경우에도 밭농사 중심의 농경(청동기시대 조기와 전기)에서 논농사의 비중이 점차 확대되고 생업에서 차지하는 농경의 비중이 증대하면서 농경의 집약화가 확산되는 양상(청동기시대 후기)으로 변화된다. 또 청동기시대 후기에 들어와 불안정성은 있지만 사회분화가 진행되면서 점차 사회적 불평등이 제도화되기 시작하며 수장의 권한이나 영향력이 지석묘의 입지나 규모 그리고 부장품뿐만 아니라 취락의 규모와 위계에도 반영된다. 이러한 정치 · 사회 · 경제 · 이념적인 여건에 맞게 다양한 유형의 생업이 그 이전의 전통을 토대로 하면서 발전하는 양상을 보인다.

지석묘 축조관련 장송의례와 제사의례는 청동기시대 후기로 가면서 보다 다양화되는 양상을 보인다. 청동기시대 전기에는 지석묘군에서 개별 지석묘 단위로 이루어지되 어느 정도 유사한 양상을 띠는데 이것은 지석묘나 석관묘의 축조과정과 장송과정에서 크게 보아 마제석검, 마제석촉, 단도마연토기 등 유사한 양상의 부장품을 묻고 지석묘와 석관묘의 묘제 등에서도 아직 큰 분화는 이루지 않고 작은 규모의 묘역지석묘의 출현으로 암시된다. 그러나 청동기시대 후기로 가면서 입지를 차별화하거나, 묘역의 넓이를 크게 잡거나, 상석의 크기를 차별화하거나, 하부구조를 거대하게 만들거나, 부장품의 종류와 양을 차별화하면서 당시의 사회분화를 반영하는 묘제와 장제를 채택함을 보여준다. 이는 유사한 지석묘나 석관묘 또는 옹관묘의 장송의례라 하더라도 지역별로 또는 시기별로 다양화되는 전략이 정치적, 사회적, 경제적, 문화적 상황에 맞게 채택되었음을 강하게 암시한다. 그런데 어느 요소를 사회경제적 또는 정치경제적 목적으로 강조할 것인가는 해당 집단이 활용 가능한 요소들 중에서 지역적 전통과 당시 사람들의 정신적 경향성에 의하여 영향을 받으며 선택된다고 판단된다. 예를 들어 비파형동검의 부장이나 파쇄는 비파형동검 교환네트워크에 있는 집단에 의하여 장송의례 속에서 이루어지는 것이며 따라서 비파형동검 교환네트워크에 있는 않은 집단은 그러한 선택을 할 수 없게 된다.

또 청동기시대 전기 후반에 나타나서 청동기시대 후기에 상대적으로 뚜렷해지는 농경의 확산과 생업에서 차지하는 비중의 증대 그리고 농경의 집약화양상은 집단별 사회적 잉여생산물의 축적이 가능하도록 하는 토대가 되었고 이러한 경제적 토대로 집중화되는 잉여생산물을 보관하고 통제하는 수장층의 등장[1]은 그들의 권력이나 영향력을 표현하는 방식의 하나로 분묘와 부장품의 차별화가 이루어졌다. 이러한 차별화는 분묘의 입지와 규모(분묘의 면적, 지석묘상석의 크기, 지석묘 지하시설의 규모), 부장품의 종류와 양을 통하여 나타났다. 따라서 수장의 권력 강화와 불평등이 불안정하지만 보다 뚜렷해지는 청동기시대 후기에 의례 I유형에서 IX유형에 이르는 다양한 종류의 의례가 채택되고 한반도 남부지역에서 시행되는 양상이다(〈표 1〉 참조). 또 개별 분묘에서의 의례와 더불어 신전, 제단, 입석 등의 집단의 상징적 공간이나 기념물에서의 통합의례도 이루어진 것으로 보인다.

또 청동기시대의 수장사회(chiefdom)를 단순수장사회와 복합수장사회로 구분한다면 전자에서 후자로 오면서 다양한 종류의 장송의례와 제사의례가 생겨나며 융합되는 양상을 위의 사례는 보여준다. 그리고 청동기시대 수장사회를 개인 지향적 사회와 집단 지향적 사회로 나눈다면 전자의 사회에서 보이는 의례의 양상은 개인의 권력이나 계서를 강화하거나 강조하는 장송의례와 제사의례의 양상을 보이며 후자의 사회에서는 공동체의 가치를 강조하는 장송의례와 제사의례가 나타나는 양상으로 보인다. 예를 들어 창원 덕천리 지석묘와 같은 차별적인 묘역을 가진 지석묘, 창녕 유리 지석묘와 같이 넓은 벌판을 내려다보는 야산 정상부에 입지하는 우월적 입지를 가진 지석묘, 언양 서부리 지석묘와 같은 커다란 상석을 가진 지석묘는 수장의 개인적 권력을 정당화하거나 재생산하는

---

1) 청동기시대 전기와 후기의 사회상 변화양상을 취락, 주거지, 무덤, 의례, 생산과 유통, 경작도구 등을 기준으로 비교한 윤호필의 연구에 나오는 〈표 4〉(윤호필 2010, 15쪽)를 참고하기 바란다. 지면 관계상 반복적 기술을 생략한다.

것을 강조하던 사회의 지석묘일 가능성이 있다. 그러나 사천 이금동의 지석묘군은 지석묘군이 열을 지으며 신전을 가지고 있어서 공동체적 가치를 강조하는 집단의 장송의례와 제사의례가 이루어졌던 사례일 수도 있다. 물론 이러한 해석은 주관적이어서 당시 사람들의 권력과시방식과 권력재생산 방식, 차별화된 입지 또는 묘역에 대한 관념, 상석의 규모와 매장주체부의 규모에 대한 관념, 부장품의 종류와 양에 대한 관념 등 다양한 이념적·상징적 의미해석에 따라 다를 수 있음은 물론이다.

Ⅴ. 맺음말

청동기시대 분묘관련 의례는 우리나라 청동기시대의 정치-경제-사회-문화적 여건을 반영한 정착농경사회의 문화적-이념적 상징체계이며 청동기시대 후기에 다양한 유형의 장송의례와 제사의례로 변화되고 지역화되는 양상이다. 분묘의 의례도 청동기시대 후기에는 개별묘역에서의 의례와 더불어 사천 이금동 신전추정유구와 같이 신전이나 제단 그리고 대구 진천동 입석유적과 같은 취락의 상징 기념물에서 행해지는 의례도 출현하였던 것으로 보인다.

이러한 장례의례와 제사의례는 조상숭배사상, 벽사사상, 권력재생산의도, 지신사상, 천신사상, 태양숭배사상 등과도 복합적으로 결합되며 지역별로 전개되었으며 이러한 의례과정 속에서 집단의 경제적 기반인 생업활동 영역을 주변 집단에 표시하고 집단의 단결을 확인하는 의도로도 사용되었을 것으로 보인다. 따라서 청동기시대 분묘의례는 크게 장송의례와 제사의례로 나눌 수 있지만 농경정착사회의 사회통합의례/조상숭배의례로서 다양한 신앙과 융합하며 청동기시대에 전개되었던 것으로 보인다. 그리고 청동기시대 분묘관련 의례는 기본적으로 거점취락 또는 중심취락을 중심으로 차별화가 전개되었으며 청동기시대 후기에 그 차별화가 더 심화되었고 그러한 분묘의례 차별화의 심화는 청동기시대 후기 정착농경사회의 사회적 분화를 표시하는 당시 사람들의 상징적인 문화적 선택과 사회적 전략의 결과였던 것으로 보인다. 중심취락의 묘역에는 하위취락의 거주자들도 묻히며 지석묘군의 축조와 장송의례와 제사의례를 통한 사회통합의례가 행해지는 경우도 다수 있었던 것으로 보인다.

앞으로 청동기시대 의례에 대한 이해를 높히려면 장송의례와 제사의례 등 여러 의례과정에 대한 지역별-시기별 전개양상의 체계적 정리와 연구가 필요하다. 이 글은 영호남지역의 의례와 관련된 것으로 보이는 주요 발굴사례를 정리하고 유형화한 후 의례의 종류를 추정한 시론적 글이어서 추정적으로 논리전개가 된 부분이 다수 있음을 밝힌다. 앞으로 자료의 축적과 더불어 보완되어야 할 것으로 판단된다.

참고문헌

고민정, 2012, 「영남지역 청동기시대 묘제 최근성과」 『무덤을 통해 본 청동기시대 사회와 문화』, 경남발전 연구원 역사문화센터 엮음, 학연문화사, 165~199쪽.

慶南考古學硏究所, 2003, 『泗川 梨琴洞 遺蹟』.

경남발전연구원 역사문화센터, 2008, 『馬山 鎭東 遺蹟』.

경상북도문화재연구원, 2010, 『달성 평촌리 · 예현리 유적 -본문-』.

국립경주박물관, 1985, 「월성군 · 영일군 지표조사보고」, 『국립박물관 고적조사보고』 제17책, 국립중앙박 물관, 103~157쪽.

김권구, 2000, 「선사시대 의례와 사회적 성(gender)의 고찰」 『考古歷史學志』 제16집, 1~21쪽.

김권구, 2007, 「청동기시대 상징과 사회발전 -불평등사회의 상징에 대한 고찰-」 『石心 鄭永和敎授 停年退 任紀念 天馬考古學論叢』, 石心 鄭永和敎授 停年退任紀念 天馬考古學論叢 刊行委員會, 75~97쪽.

김권구, 2012, 「청동기시대-초기철기시대 고지성 환구(高地性 環溝)에 관한 고찰」 『한국상고사학보』 제76 호, 51~76쪽.

김권구, 2015, 「青銅器時代와 初期鐵器時代 段器樣相에 대한 考察」 『牛行 李相吉 敎授 追慕論文集』, 이상 길 교수 추모논문집 간행위원회, 118~143쪽.

김권구 · 배성혁 · 김재철, 2007, 『金泉松竹里遺蹟』 II, 계명대학교 행소박물관.

東北亞支石墓硏究所, 2010, 「여수 GS칼텍스공장확장예정부지 내 문화유적 발굴조사(4차)」.

申鍾煥, 2000, 『大邱 上洞支石墓 發掘調査 報告書』, 국립대구박물관 · 대구광역시수성구.

우리문화재연구원, 2009, 「산청 매촌리 유적」(우리문화재연구원 지도위원회 및 현장설명회 자료집).

우리문화재연구원 · 주 한서, 2011, 『山淸 梅村里 遺蹟』.

윤호필, 2010, 「농경으로 본 청동기시대의 사회」 『慶南硏究』 3, 4~25쪽.

윤호필, 2013, 『축조와 의례로 본 지석묘사회 연구』, 목포대학교 박사학위논문.

李白圭 · 吳東昱, 2000, 「辰泉洞 先史遺蹟」 『辰泉洞 · 月城洞 先史遺蹟』, 경북대학교박물관 · 대구광역시달 서구, 1~90쪽.

李相吉, 1994, 「支石墓의 葬送儀禮」 『古文化』 제45집, 95~113쪽.

李相吉, 2000, 『青銅器時代 儀禮에 관한 考古學的 研究』, 대구효성가톨릭대학교 박사학위청구논문.

李相吉, 2007, 「祭祀를 통해 본 권력의 발생」 『계층사회와 지배자의 출현』, 한국고고학회편, 사회평론, 179~220쪽.

이영문 · 강진표 · 김석현 · 최성훈 · 이재언, 2012a, 『麗水 月內洞 上村 支石墓 II』, 동북아지석묘연구소.

이영문 · 강진표 · 김석현 · 최성훈 · 이재언, 2012b, 『麗水 月內洞 上村 支石墓 III(본문)』, 동북아지석묘연구소.

李榮文 · 鄭基鎭, 1992, 『麗水 五林洞 支石墓』, 전남대학교박물관 · 여수시.

하진호 · 허정화 · 권헌윤, 2009, 『大邱 大泉洞511-2番地遺蹟』 II, 영남문화재연구원.

한국문화재보호재단 · 한국토지주택공사, 2012, 『大邱 新西洞 遺蹟 II -대구 신서혁신도시 개발사업부지 B 구역 문화유적(1차)-』(한국문화재보호재단 학술조사보고 제250책), 208~222쪽.